储能规模化发展政策体系、商业模式与综合影响

吴 微　姜大霖　杜之利　著

电子工业出版社
Publishing House of Electronics Industry
北京·BEIJING

未经许可，不得以任何方式复制或抄袭本书之部分或全部内容。
版权所有，侵权必究。

图书在版编目（CIP）数据

储能规模化发展政策体系、商业模式与综合影响 / 吴微，姜大霖，杜之利著. —北京：电子工业出版社，2024.5
ISBN 978-7-121-47771-3

Ⅰ.①储… Ⅱ.①吴… ②姜… ③杜… Ⅲ.①储能—能源发展—研究 Ⅳ.①F407.2

中国国家版本馆 CIP 数据核字（2024）第 083953 号

责任编辑：李筱雅
印　　刷：天津画中画印刷有限公司
装　　订：天津画中画印刷有限公司
出版发行：电子工业出版社
　　　　　北京市海淀区万寿路 173 信箱　邮编：100036
开　　本：720×1000　1/16　印张：13.5　字数：229 千字　彩插：6
版　　次：2024 年 5 月第 1 版
印　　次：2024 年 5 月第 1 次印刷
定　　价：99.00 元

凡所购买电子工业出版社图书有缺损问题，请向购买书店调换。若书店售缺，请与本社发行部联系，联系及邮购电话：（010）88254888，88258888。
质量投诉请发邮件至 zlts@phei.com.cn，盗版侵权举报请发邮件至 dbqq@phei.com.cn。
本书咨询联系方式：（010）88254134，lixy@phei.com.cn。

前　言

在应对气候变化、能源低碳转型和经济结构转型的背景下，电力系统面临着新的挑战：一方面，可再生能源渗透率的提升对电力系统的稳定性和可靠性造成冲击；另一方面，随着第三产业和居民用电比例的提高，电力系统需求侧负荷特性不断恶化。储能技术的应用是解决相关问题与挑战的关键。

本书主要分析国内外储能发展情况，并比较政策异同，同时对储能规模化运用的经济性、环境性进行评估，论证多种商业运用模式，并提出相应政策建议。本书可以为储能行业的投资者、研究者与政策制定者提供参考，也可以供高等院校师生学习参考。

本书的内容安排如下：第 1 章介绍了国外储能发展现状与政策体系，研究了典型国家与地区储能应用模式和发展特点，介绍了典型国家与地区新型储能发展激励政策，总结了国外储能发展的政策及带来的启示；第 2 章考察了中国储能发展现状与政策环境，对中国储能发展的现实需求、政策环境、市场条件及障碍与挑战进行研究；第 3 章分析了储能应用的商业模式与案例，对电源侧、电网侧和用户侧应用情景进行研究；第 4 章建立了能源—经济—环境模型，利用可计算一般均衡模型进行情景模拟，并基于该模型开展储能发展的"能源—经济—环境"影响评价，模拟在不同储能发展模式或不同技术水平下，储能发展对于经济与环境的影响；第 5 章对储能发展的政策体系与市场化机制进行深入探讨，从电力市场体系、商业模式、产业链发展和财税支持政策多个角度进行研究。

本书的编写得到了国家自然科学基金青年科学基金项目（72104206）和国家能源集团科技项目（GJNY-21-143）等的支持。书稿的主要内容由吴微、姜大霖和杜之利共同完成。书稿的整理与修改得到了厦门大学中国能源政策研究院葛俊云、张乃山、周登利、杨爽、倪从汶、陈平、魏雄的协助；国家能源集团技术经济研究院刘大正在书稿出版过程中进行了大量的沟通与协调工作；电子工业出版社的李筱雅编辑对书稿提出了细致、专业的修改建议。在此对所有人的贡献表示衷心感谢。

由于编者水平有限，书中错误和不当之处在所难免，欢迎读者批评指正。

目　录

第1章　国外储能发展现状与政策体系 ·· 1
 1.1　全球储能市场发展现状 ··· 1
 1.2　典型国家与地区储能应用模式和发展特点 ······························· 7
  1.2.1　美国 ··· 7
  1.2.2　欧洲 ·· 19
  1.2.3　澳大利亚 ·· 21
  1.2.4　韩国 ·· 24
  1.2.5　日本 ·· 25
 1.3　典型国家与地区新型储能发展激励政策 ································· 26
  1.3.1　美国 ·· 26
  1.3.2　欧洲 ·· 31
  1.3.3　澳大利亚 ·· 38
  1.3.4　韩国 ·· 42
  1.3.5　日本 ·· 45
 1.4　国外储能发展的政策启示 ··· 47

第2章　中国储能发展现状与政策环境 ·· 51
 2.1　中国储能发展的现实需求 ··· 51
  2.1.1　风光渗透率提升背景下电源侧储能需求 ························ 51
  2.1.2　电力负荷特性变化下需求侧储能需求 ··························· 52
 2.2　中国储能建设的发展现状 ··· 55
  2.2.1　抽水蓄能的建设历史及发展现状 ·································· 55
  2.2.2　新型储能的发展现状 ·· 58

2.2.3 储能产业布局现状分析 ……………………………………… 59
2.3 中国储能发展的政策环境 …………………………………………… 68
　　2.3.1 储能发展的总体战略规划 …………………………………… 68
　　2.3.2 电源侧储能发展相关政策 …………………………………… 70
　　2.3.3 电网侧储能发展相关政策 …………………………………… 75
　　2.3.4 用户侧储能发展相关政策 …………………………………… 77
　　2.3.5 国家与地方储能发展规划 …………………………………… 79
2.4 中国储能发展的市场条件 …………………………………………… 86
　　2.4.1 电源侧储能发展的盈利模式 ………………………………… 86
　　2.4.2 储能参与辅助服务盈利模式 ………………………………… 88
　　2.4.3 用户侧储能应用主体与盈利模式 …………………………… 91
2.5 中国储能发展的障碍与挑战 ………………………………………… 95
　　2.5.1 新能源并网消纳压力大 ……………………………………… 95
　　2.5.2 储能收益机制不健全 ………………………………………… 96
　　2.5.3 储能建设标准体系不健全 …………………………………… 97
　　2.5.4 电力市场机制尚未形成 ……………………………………… 98
　　2.5.5 电化学储能电站事故频发 …………………………………… 101

第3章 储能应用的商业模式设计与案例分析 …………………………… 103
3.1 电源侧储能应用商业模式与案例 ………………………………… 103
　　3.1.1 电源侧储能应用场景 ……………………………………… 103
　　3.1.2 电源侧辅助服务 …………………………………………… 106
　　3.1.3 应用技术需求 ……………………………………………… 109
　　3.1.4 市场空间展望 ……………………………………………… 110
3.2 电网侧储能应用商业模式与案例 ………………………………… 112
　　3.2.1 电网侧储能应用场景 ……………………………………… 112
　　3.2.2 应用技术需求 ……………………………………………… 124
　　3.2.3 市场空间展望 ……………………………………………… 124
3.3 用户侧储能应用商业模式与案例 ………………………………… 125

		3.3.1 工商业用户应用场景	125
		3.3.2 分布式发电应用场景	133
		3.3.3 应用技术需求	140
		3.3.4 市场空间展望	140
	3.4	共享储能	141
		3.4.1 共享储能概念	141
		3.4.2 共享储能盈利模式	144
		3.4.3 共享储能发展展望	145

第 4 章 储能产业发展的中长期综合影响评价 … 147

	4.1	耦合储能的能源—经济—环境模型	147
		4.1.1 可计算一般均衡模型	147
		4.1.2 耦合储能的生产函数	157
		4.1.3 模型动态化	158
	4.2	基准情景结果	161
		4.2.1 基准情景参数设置	161
		4.2.2 基准情景模拟结果	162
	4.3	储能发展影响评价	165
		4.3.1 规划情景下储能发展影响	165
		4.3.2 多情景下储能发展影响评价	169

第 5 章 储能发展的政策体系与市场化机制设计 … 178

	5.1	促进新型储能发展的电力市场体系	178
		5.1.1 以现货市场的发展引导储能投资优化布局	178
		5.1.2 探索建立跨区域储能容量交易市场	179
		5.1.3 完善容量补偿机制，逐步建立储能容量市场机制	179
		5.1.4 加快电力辅助服务市场建设，建立联合出清模式	180
		5.1.5 完善需求响应机制	181
	5.2	推动储能应用场景与商业模式创新	182

  5.2.1 加速大型能源基地储能部署 ·················· 182
  5.2.2 完善分布式"光伏+储能"示范政策 ············ 183
  5.2.3 拓展用户侧储能应用场景 ···················· 183
  5.2.4 探索共享储能盈利新模式 ···················· 184
 5.3 完善新型储能产业链发展支持政策 ················ 184
  5.3.1 加强新型储能产业链的研发资助 ·············· 185
  5.3.2 增强新型储能产业链保障能力 ················ 186
  5.3.3 加快完善资源回收体系，促进电池梯次利用 ······ 187
  5.3.4 推动储能与可再生能源配额及绿色电力证书的结合 ···· 188
 5.4 促进储能发展的财税支持政策 ·················· 188
 5.5 关于促进储能发展的政策建议 ·················· 190
  5.5.1 主要结论 ································ 190
  5.5.2 政策建议 ································ 204

参考文献 ·· 206

第1章 国外储能发展现状与政策体系

1.1 全球储能市场发展现状

随着"双碳"目标的确立，以智能电网、高比例可再生能源和能源互联网等为代表的新型能源系统正在成为储能市场发展的趋势。储能技术是新型能源系统重要的组成部分与关键支撑。近年来，世界多国政府陆续出台针对储能产业发展的激励政策，这也驱动着储能从商业化向规模化发展。我国的储能技术的产业链配置逐步完善，商业模式向多元化发展，应用场景不断延伸。

从累计装机容量来看，据中关村储能产业技术联盟（China Energy Storage Alliance，CNESA）统计，截至2022年年底，全球已投运电力储能项目累计装机容量达237.2吉瓦，同比增长15%（见图1-1）。其中，抽水蓄能的累计装机容量占比为79.3%，系5年来首次低于80%，较2021年同期下降6.8个百分点；新型储能的累计装机容量达45.7吉瓦，为2021年同期的近两倍。

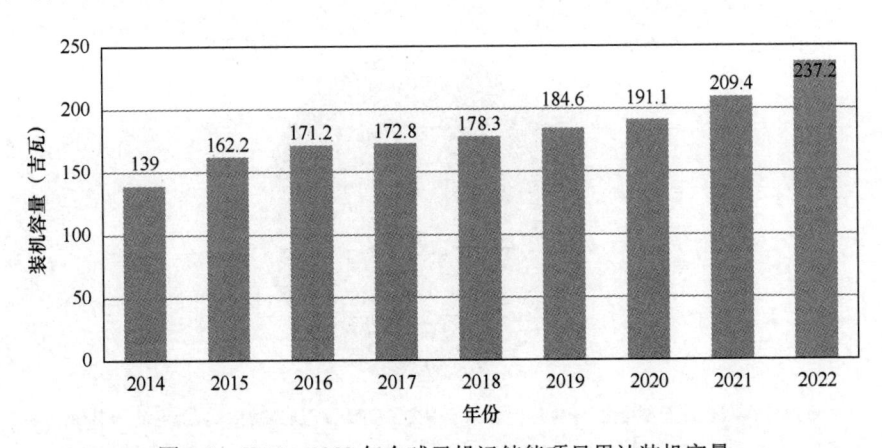

图1-1 2014—2022年全球已投运储能项目累计装机容量

数据来源：CNESA

储能规模化发展政策体系、商业模式与综合影响

从新增装机容量来看，截至 2022 年年底，全球新型储能的累计装机容量为 45.70 吉瓦，较 2021 年增加 20.33 吉瓦，同比增长约 80.13%（见图 1-2）。其中，在 2022 年全球新型储能各技术占比方面（见图 1-3），锂离子电池占据绝对主导地位，市场份额为 94.4%；铅蓄电池市场份额为 1.5%；钠系电池市场份额为 1.1%；压缩空气储能市场份额为 1.3%；飞轮储能市场份额为 1.0%；液流电池市场份额为 0.6%。

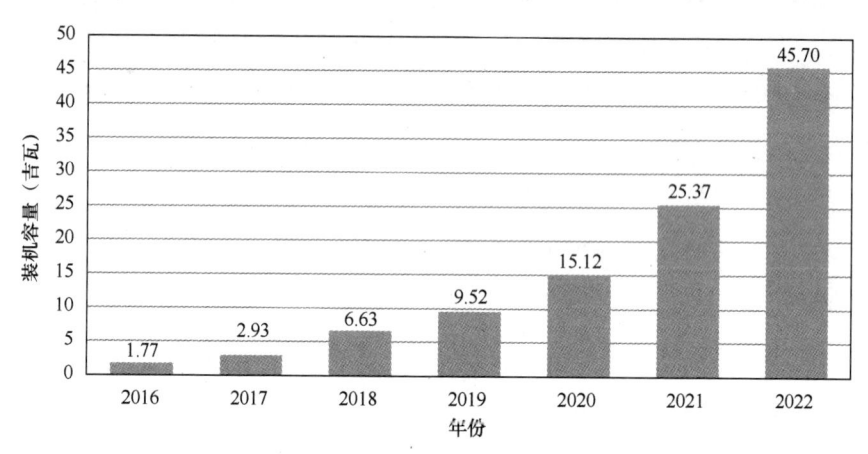

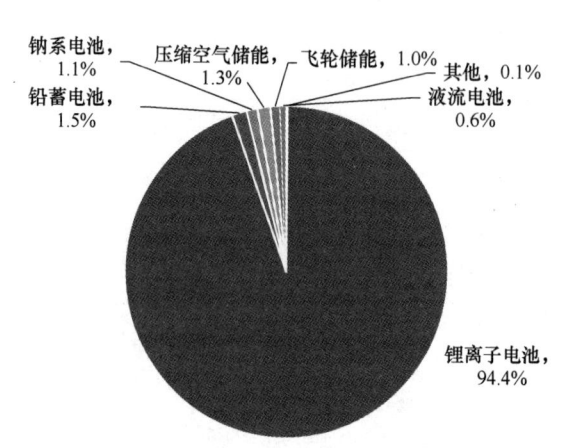

图 1-2　2016—2022 年全球新型储能市场累计装机容量

数据来源：CNESA

图 1-3　2022 年全球新型储能各技术占比

数据来源：CNESA

第1章　国外储能发展现状与政策体系

从国家与区域分布来看，中国、美国和欧洲新增投运新型储能装机容量合计占全球市场的 86%，日本新增投运新型储能装机容量占比为 3%，澳大利亚新增投运新型储能装机容量占比为 4%（见图 1-4）。此外，出现了 3 个新兴市场，分别为意大利（户用补贴激励及辅助服务项目采购市场）、爱尔兰（辅助服务市场）和菲律宾（辅助服务市场）。

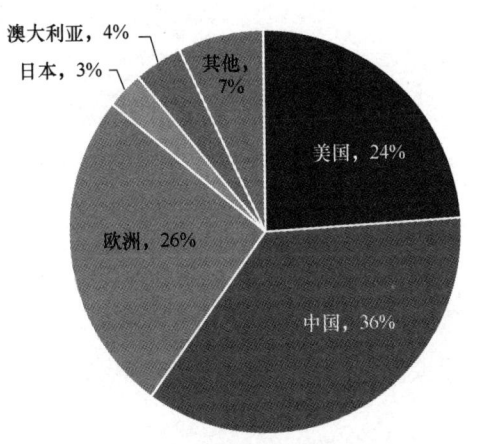

图 1-4　2022 年全球新增投运新型储能装机容量的地区分布

数据来源：CNESA

中国是全球储能市场的引领者，新增装机容量不断刷新历史纪录。2022 年，中国新增投运电力储能项目装机容量达到 16.5 吉瓦。其中，新型储能新增装机容量达到 7.3 吉瓦，同比增长 200%。新型储能单个储能项目装机容量也较过去有了巨大提升，百兆瓦级的锂离子电池和压缩空气储能项目完成并网运行。2023 年 1—6 月，中国新型储能市场继续保持高速增长，新投运装机规模约 8.63 吉瓦/17.72 吉瓦时，相当于此前历年累计装机规模的总和。近年来，国家和地方各级政府出台了一系列储能支持与优惠政策，如鼓励或强制配储政策推动了"可再生能源+储能"领域储能规模的快速增长。目前，我国一系列大型储能项目陆续启动，储能技术水平突飞猛进。同时，当前我国电化学储能最主要的收益来自调峰辅助服务、调频辅助服务和峰谷电价套利等，储能产业发展态势趋好。商业情报公司伍德麦肯兹（Wood Mackenzie）认为，受《"十四五"新型储能发展实施方案》推动，中国将持续占据亚太地区储能市场主导地

储能规模化发展政策体系、商业模式与综合影响

位，预计到 2031 年电量需求将超过 400 吉瓦时。

美国是全球最大、增速最快的储能市场之一。在 2021 年供应链电池采购短缺和涨价等困境下，部分项目建设延迟，美国储能市场发展仍再创新高。一方面，2022 年美国新增储能项目的装机容量首次突破 4 吉瓦，同比增长 39%。虽然其增速远低于前两年超 100%的增长水平，但美国在全球储能市场中仍然占据重要地位。其中独立配储、新能源配储等表前应用成为主要场景，其装机份额达 90%，并且占比仍在不断提升。另一方面，单个项目装机规模持续增长，屡创新高。2021 年佛罗里达电力照明公司完成当年最大的储能项目——Manatee 储能中心项目，其装机容量达到 409 兆瓦，电量规模达到 900 兆瓦时。同时，美国的装机规模也从百兆瓦级迈上吉瓦级的阶梯。2022 年，美国单个电池储能项目规模持续扩大，其功率规模均值与 2021 年同期相比增长超过 60%。伍德麦肯兹在 2021 年发布的《全球储能展望》中表示，未来 10 年美国在全球储能市场中仍将牢牢占据重要的地位，到 2031 年美国储能市场装机容量将达到年均 27 吉瓦。

欧洲是仅次于中国和美国的全球第三大储能市场。自 2016 年以来，欧洲储能市场装机规模持续增长，并且呈现快速增长态势。2022 年，欧洲新增投运规模突破 5 吉瓦，表前储能和户用储能是占比排名前二的应用场景。其中，受俄乌冲突及欧洲能源危机等因素影响，户用储能电量规模快速增长至 3.9 吉瓦时，同比增速为 71%，贡献了 70%的新增储能装机，连续多年保持 40%以上增速。德国依然占据该领域绝对主导地位，新增投运装机的 90%来自户用储能，2022 年累计装机规模已经达到 3.5 吉瓦/6 吉瓦时。此外，意大利、奥地利、英国、瑞士等国家的户用储能市场也处于快速兴起与增长阶段。当前，世界性的能源危机导致电价上涨，使得户用储能市场规模在欧洲等地区呈现快速增长趋势。英国和爱尔兰则在表前市场有着优异表现和较大增长空间。英国在英格兰和威尔士放开对 50 兆瓦和 350 兆瓦以上储能装机的建设许可，使驱动装机容量迅速增长，单项目平均装机容量增至 54 兆瓦；爱尔兰则面向储能资源开放辅助服务市场，目前当地正在规划的电网级电池储能装机容量已经超过 2.5 吉瓦，预计未来几年内市场规模将持续高速增长。

第 1 章　国外储能发展现状与政策体系

近年来，全球储能市场的发展现状主要展现出 5 个特征。

（1）"大"规模与"小"储能齐头并进。一方面，储能市场逐渐进入"大"规模时代。中国、美国、英国和澳大利亚相继发布了百兆瓦级储能项目建设规划，建设规模均创造了各自的历史新高。另一方面，"小"储能市场不断扩张。虽然储能项目的建设规模越来越大，但小型分布式储能，特别是家用储能的发展也取得了重大进展，越来越多的储能企业、公用事业公司在关注小型储能市场，尤其是将它们聚合形成虚拟电厂后发挥的"大"价值。资本市场也表现出对虚拟电厂项目的青睐，这些灵活的"小"储能项目正在转变为一种可投资的基础设施，很多公司都在积极布局这方面的业务。

（2）长时储能愈发受到重视。近年来，锂离子电池储能技术一直在进行革新迭代。根据 CNESA 全球储能项目库的数据统计，锂离子电池近 5 年来的年复合增长率约为 85%。截至 2021 年年底，锂离子电池的累计装机容量达到 23.1 吉瓦，在已投运的电化学储能项目中占比 90.9%，占据绝对主导地位。但对目前已投运的锂离子电池项目进行分析，可以发现大部分项目的全功率放电时长不超过 4 小时。在全球能源结构不断转型、跨季节能源供应不平衡不断加深的背景下，长时储能技术得到越来越多的重视。多国政府部门、储能企业已将长时储能计划提上日程。

（3）储能成本不断降低。2010—2020 年，全球锂离子电池组平均价格从 1 100 美元/千瓦时降至 137 美元/千瓦时，降幅达 89%，并且在 2020 年首次出现了价格低于 100 美元/千瓦时的项目。预计在未来 3 年内，锂离子电池的平均价格将有望降至 101 美元/千瓦时。2020 年，以放电时长为 4 小时的电站级储能系统为例，其完全投资成本的范围为 235~446 美元/千瓦时。促使成本下降的主要因素包括储能电池成本降低、系统设计优化、系统充放电时长标准化程度提高及市场成熟度提高。在平准化度电成本（Levelized Cost of Energy，LCOE）方面，2020 年，一个放电时长为 4 小时的电池储能系统的 LCOE 已达到 100 美元/兆瓦时。放电时长在 2 小时以内时，电池储能用于调峰比传统的燃气电站更具经济性。此外，美国能源部发布的"储能大挑战路线图"中还提到，到 2030 年，长时固定式储能应用的 LCOE 将达到 50 美元/兆瓦时。

（4）"光储一体化"模式发展快速。在过去几年里，美国各地陆续宣布建设一系列光储项目，这些项目因其极低的购电协议（Power Purchase Agreement，PPA）价格而引发关注。2015 年，夏威夷考艾岛公用事业合作社（Kauai Island Utility Cooperative，KIUC）签署的 PPA 价格为 139 美元/兆瓦时，2017 年亚利桑那州图森电力公司签署的 PPA 价格已下降至 45 美元/兆瓦时。2019 年，加利福尼亚州 Eland 光储项目签署的 PPA 价格已低至 40 美元/兆瓦时，创造历史新低。PPA 价格持续下降，主要原因在于项目具有良好的可再生能源条件、光伏电站总能源输出与储能容量比较高、政府激励政策的推动，以及储能系统成本持续下降。此外，光储项目的成本也在快速下降，根据美国国家可再生能源实验室（National Renewable Energy Laboratory，NREL）的数据统计，2021 年美国西南地区光储项目的成本已低于 30 美元/兆瓦时。在一些地区，光储系统已对传统燃煤发电和天然气电站等发电方式构成竞争。

（5）安全问题仍须解决。2020 年 7 月，美国亚利桑那州公用事业公司对外发布 McMicken 电池储能项目火灾事故报告，引发事故的主要原因是韩国 LG 化学公司生产的电池发生故障。在之前韩国本土发生的 30 起储能电站的火灾事故中，韩国 LG 化学公司也是主要的电池供应商之一。2020 年 9 月，位于英国利物浦的装机容量达 20 兆瓦的 Carnegie Road 电池储能项目发生火灾事故，其使用的电池同样来自韩国 LG 化学公司。2020 年 12 月，韩国 LG 化学公司又相继收到了 5 起美国发出的储能电池过热引发火灾的报告。最终，韩国 LG 化学公司以相关储能电池存在过热风险，可能引起火灾或冒烟为由，召回了几个特定批次的家用储能电池产品。安全问题依然是储能行业面临的一大挑战，现有标准规范虽然都已经认识到热失控蔓延是严重的安全风险，但是并没有很好的解决措施，仍然需要在商业上通过技术和设计来应对潜在的热失控蔓延风险。此外，安全事故频发也给当前国内低价竞争环境下的储能项目建设敲响了警钟。储能系统的安全需要综合考虑系统设计、建设、运维等因素，如果没有做好安全防护，那么将存在发生重大事故的风险。

1.2 典型国家与地区储能应用模式和发展特点

1.2.1 美国

1.2.1.1 美国储能行业发展概况

美国是全球最大的储能市场之一。2021年，美国储能装机容量占全球储能总装机容量的比重达到34%。其中，加利福尼亚州是美国最大的储能市场之一，其装机容量占美国储能装机容量的比重超过60%。根据伍德麦肯兹公司统计，2021年美国储能新增电量规模达到10吉瓦时，比2020年增长近2倍。表前储能电量规模约占新型储能总电量规模的80%，其中应用于调峰的电量规模为5.6吉瓦时，应用于调频的电量规模为2.3吉瓦时。在表后储能中，2021年新增工商业分布式光伏配置储能电量规模达到0.4吉瓦时，户用储能电量规模达到0.9吉瓦时。据美国清洁能源协会（ACP）统计，2022年，美国电化学储能装机规模增加了4.8吉瓦/12.2吉瓦时，保持高速增长的态势。近年来，美国电化学储能装机容量如图1-5所示。

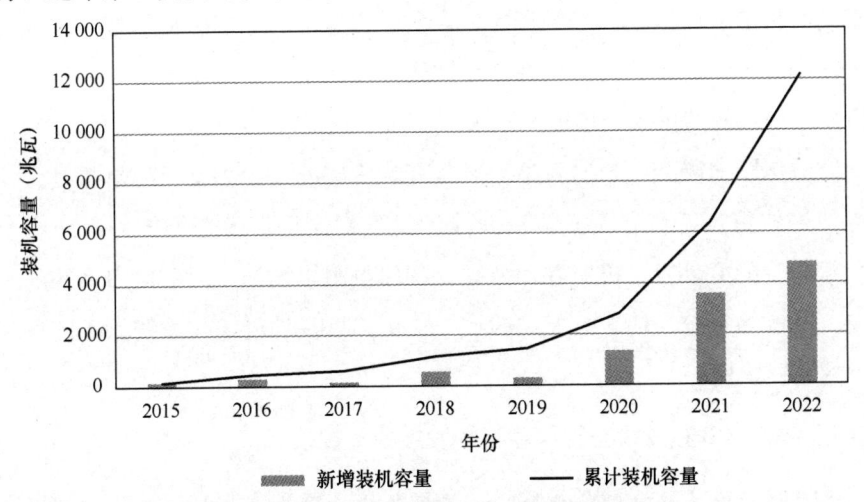

图1-5 2015—2022年美国电化学储能装机容量

数据来源：美国清洁能源协会

储能规模化发展政策体系、商业模式与综合影响

从储能方式看，目前，抽水蓄能仍是主要的储能方式，但未来市场将集中于电化学储能。根据美国能源部列出的储能项目统计，截至 2020 年 12 月，抽水蓄能占累计装机容量的比重为 92%，电化学储能为 3%。在电化学储能中，锂离子电池累计装机容量占比 65.9%。抽水蓄能机组仍为储能市场的主力，平准化度电成本（LCOE）最低，但是它受到地理位置的约束，大多数抽水蓄能机组是 20 世纪 70 年代和 20 世纪 80 年代初安装的，2000 年以后装机容量极低。随着技术的快速发展，电化学储能的成本降低，可靠性提高，从新增装机容量来看，电化学储能正逐渐成为发展主力。根据美国能源信息署（Energy Information Administration，EIA）统计，电化学储能占据了目前美国储能新增市场的 90%以上，而锂离子电池储能则占据电化学储能的 90%以上。

美国储能市场的快速增长，主要受到以下几个方面因素的影响。

1. 可再生能源的快速增长是美国储能市场发展的根本动力

近年来，美国风光发电渗透率不断提升。2022 年，美国可再生能源发电量占美国总发电量的比重已经上升至 21.5%。根据 EIA 的预测，到 2030 年该比重将上升至 49%，并在 2050 年进一步达到 62%。风电和光伏具有间歇性、波动性的特点，导致美国电力系统中发电侧与用电侧负荷不匹配，并威胁电网运行的安全。目前，美国电力系统在冬、夏两季出现双高峰的特征明显。随着新能源大规模接入，电源侧的随机性波动加强，能源电力系统由传统的需求侧单侧随机系统向双侧随机系统演进。

以电化学储能为代表的新型储能具有响应速度快、功率及能量密度大、动态性能好的特点，可以有效解决新能源发电占比提高带来的电力系统安全问题。新型储能可以应用在调峰、调频、备用电源等场景，改善电力系统的负荷走向、降低峰谷差、增加新能源的接入比例，以及通过参与系统频率的调节改善电网的稳定性。

2. 停电事故频发是美国储能市场发展的直接诱因

美国储能市场呈地域分化特征，主要装机需求来自加利福尼亚州（以下简称加州）和得克萨斯州（以下简称得州）两地。截至 2021 年，加州储能累计装

第1章 国外储能发展现状与政策体系

机容量达到 2 339 兆瓦，占美国总装机容量的 44%；得州储能累计装机容量达到 797 兆瓦，占美国总装机容量的 15%，两地储能累计装机容量占美国总装机容量的 59%。促使加州与得州储能发展的主要原因是，2020 年以来这两个地区时发较为严重的电力安全事故，事故发生的原因是极端天气导致的发电侧与用电侧电力不匹配。

加州于 2020 年 8 月遭遇极端高温天气，导致多轮停电事故，至少 81 万名居民用户正常用电受到影响。2020 年 8 月 14 日，用电侧区域内电力最大负荷增加了 4 507 兆瓦，但发电侧 494 兆瓦的天然气发电机组发生故障，且由于天气原因，太阳能发电 3 小时内出力减少了 6 736 兆瓦，风力发电较前一日减少了 2 000 兆瓦。为了防止电力系统崩溃，加州独立系统运营商（California Independent System Operator，CAISO）宣布电网进入三级紧急状态，并对部分地区的居民用户实施轮流停电。

虽然本次停电事故是由一系列意外共同导致的，但也反映出加州电网存在灵活性不足的问题。得益于加州激进的可再生能源政策和较好的光照条件，近年来，加州不断增加光伏装机容量，电力净需求呈现典型的"鸭子曲线"，所以需要大量灵活机组来维持实时电力供需平衡。2020 年 8 月 14 日，净需求的最低点出现在约 09:40，即光伏发力迅速增加时，净需求量最低为 21 071 兆瓦。净需求的最高点出现在约 18:40，即光伏出力迅速减少时，净需求量达到 42 240 兆瓦。净需求峰谷差达到了 21 169 兆瓦。新型储能当日最大出力为 141 兆瓦，抽水蓄水最大出力为 5 356 兆瓦，可见现有储能的调节能力无法适应不断拉大的净需求峰谷差。

停电事故发生后，CAISO 在 2021 年部署的储能系统装机容量与 2020 年相比增长了 12 倍，达到 2 359 兆瓦，约占美国总装机容量的 67%。目前，加州公用事业委员会（California Public Utilities Commission，CPUC）已根据其综合资源规划（Integrated Resource Plan，IRP）流程批准了该州的首选系统计划（Preferred System Plan，PSP），未来 10 年该州将新增 18.9 吉瓦公用事业光伏和 15 吉瓦表前储能。预计到 2032 年，电池储能装机容量将达到 2021 年年底的 7 倍以上。

储能规模化发展政策体系、商业模式与综合影响

加州电力系统无法完全实现自给自足，需要通过与周围电网交易以维持供需平衡，2016—2019 年的外受电量每年维持在用电总量的 30%左右，叠加加州较好的光照条件，2010—2020 年，加州的太阳能发电占比和风能发电占比从 3.4%增加到 22.7%。加州承诺到 2045 年实现无碳电网，预计将安装更多的光伏系统和风力发电设施。

得州在 2021 年 2 月遭遇极端暴雪严寒天气，多地最低气温低于常年同期平均最低温度 10 多度，甚至 20 多度，且持续时间长达数天。2 月 15 日，得州电力可靠性委员会（Electric Reliability Council of Texas，ERCOT）宣布电网进入三级紧急状态，并实施轮流停电，受到影响的人口达 450 万人。极端气候条件一方面导致用电侧电力取暖负荷急剧攀升，极端用电需求量提升到 67 吉瓦；另一方面造成电力供应短缺，导致电价飙升，电力批发市场上电力价格一度超过了 9 美元/千瓦时。事故发生时得州总装机容量约 85 吉瓦，其中风电装机容量约 20 吉瓦，天然气发电装机容量约 39 吉瓦，燃煤电站装机容量约 15 吉瓦，核电装机容量约 9.4 吉瓦。在寒潮的作用下，5 吉瓦的风电发电机由于风机叶片覆冰冻结不能出力。另外，总共有 26 吉瓦的火电发电机由于天然气供应问题（天然气管道受冻冰堵）和设备问题停止出力，可用装机容量下降至 55 吉瓦左右，无法满足电力需求。

以往，得州的能源结构向燃气机组过度倾斜是本次事故的重要原因之一。此前近 15 年，得州已在电力装机结构调整方面做出努力。2006—2020 年，得州燃煤发电占比持续下降，从 37%下降到 18%；风电占比持续攀升，从 2%上升到 23%。事故的发生将促使得州继续加快电力系统向低碳能源转型的步伐，从而消除天然气对供电能力的制约。由于得州风电占比较高，且风电的系统转动惯量较低，得州电力系统对调频的需求逐渐升高，因此也催生了对功率型储能的需求。

随着全球气候危机的加剧，美国各地极端天气频发，为电力供应带来极大的安全隐患。尽管在过去 3 年中，加州、得州都从极端气候导致的电力安全事故中不断汲取经验，推动储能技术与储能市场的发展，以提升供电侧对多变需求场景的应对能力，但北美电力可靠性公司（North American Electric Reliability

Corporation，NERC）在报告中指出，2022—2023 年冬季，由于发电和输电中断、燃料供应短缺和天然气基础设施无法使用等，美国东南部、得州及其中西部，以及新英格兰地区仍面临较大的电力安全风险。

2022 年 12 月，美国多地出现暴风雪与极寒天气。圣诞节期间，2/3 的美国人遭遇了暴风雪、大风或寒冷的冬季天气，导致至少 52 人死亡，并将电网推到了崩溃的边缘。150 多万名企业客户与家庭客户遭遇停电，多个州的公用事业公司和电网运营商不得不通过要求客户节约能源或准备轮流停电，才勉强避免了更严重的电力安全事故。

2022 年冬季发生的大范围电力安全事故被认为是，公用事业公司和监管机构过高地估计了化石能源在提高冬季供电可靠性中的作用的结果。根据 EIA 的预测，为应对冬季极端天气下激增的电力需求，2022 年 12 月至 2023 年 3 月，美国全境冬季净装机容量预计新增 43 吉瓦，各州的冬季发电装机容量均高于同期。其中，64%的装机容量来自风光能，22%的装机容量来自天然气发电，仅有 14%的装机容量来自电池储能。NERC 等公共机构认为冬季可能面临电力危机的主要原因是天然气能源价格走高，且资源短缺。

事实上，2022 年 12 月美国天然气供应情况总体较为稳定。电力安全事故发生的原因是，在极端天气下发电端与电力基础设备较为脆弱，不少天然气电厂、风电厂，以及输电线路都在极寒天气中遭受了损坏进而出现了不同程度的瘫痪。以田纳西河流域为例，大风与低温影响了其最大的燃煤电厂和一些天然气发电厂的设备，在最严重的时候一度损失了超过 6 000 兆瓦的装机容量，占当时负荷的近 20%。同时，多个燃气发电机组也出现了脱机的情况。这次停电事故充分表明在极端天气下仅依靠化石能源可能无法满足电力供应保障的需要，仅关注能源危机中能源的供应并不是解决问题的全部方案。换言之，简单地向电网中添加更多的天然气或煤炭电力并不能防止未来再次发生停电。只有构建涵盖能源储存、分布式发电、备用电源及需求响应的综合能源基础设施，并实现主要电网的区域互联，才能有效应对极端天气对电力系统的冲击。

停电事故直接促进了储能市场的发展。加州新能源发电占比的持续提高，使净需求峰谷差增大，而电化学储能和抽水蓄能最大出力仅为净需求峰谷差的

26%。为实现能量时移、加强电网灵活性、避免事故发生，储能系统（特别是能量型储能系统）的装机容量将持续增长。虽然得州的电力系统灵活性优于加州的电力系统，但停电事故暴露出燃气机组的弊端，提高可再生能源发电比例（特别是风电占比的提高）将导致储能（特别是功率型储能）装机容量的增长。

3. 分割的电网结构为储能发展提供现实需求

与欧洲高度集成化的互联电网不同，美国电力系统由西部电网、东部电网、得州电网三大电网构成，三大电网的电源结构各有特点。东部电网靠近煤炭及天然气产地，以煤电和天然气发电为主；西部电网依靠落基山脉的地势，以水力发电为主；位于美国南部的得州处于美国页岩气主产区，故得州电网以天然气发电为主。美国各区域电网的互联程度较低，各区域需要自行解决供电稳定性及新能源消纳问题。

美国的电力产业结构非常复杂，电网的产权分散掌握在超过 500 家公司与组织手中。再加上电力产业的自然垄断性质，每家电力公司都是局部区域的行业垄断者。美国宪法高度重视对私有财产权的保护，政府不能随意干涉电力公司的经营。市场的分割状态导致美国输电网投资自 20 世纪 70 年代以来一直处于停滞状态，且长期滞后于电力需求和发电装机容量的增长。具体来说，受审批程序复杂和投资回报率低等因素的影响，三大电网的同步程度较低。在美国，跨州输电项目建设需要多个州的监管部门同意，各州之间协调难度较大，且程序复杂、耗时长，最终获准很困难。此外，输电网项目属于公用工程，收益受到严格管制，回报率较低，加之建设周期长，使得电网投资缺乏吸引力。以上原因导致电网基础设施的薄弱，使得电力系统的平衡需要储能系统提供支撑。

4. 政策激励刺激美国储能行业发展

美国大力支持储能行业的发展，联邦投资税收抵免（Investment Tax Credit, ITC）激励效果明显。美国政府于 2006 年提出 ITC 政策，鼓励用户安装可再生能源发电系统，并可按照一定的比例进行税收抵免。目前，ITC 政策已经推广至新能源与储能的混合项目，最高可以抵免 30% 的前期投资额，推动了新能源配置储能的发展。ITC 的免税对象为光伏设备及配储建造过程中产生的增值税（Value-added Tax，VAT），ITC 的补贴对象要求建设时间短于 3 年，并将视建设情况分 3 年退还 VAT。该项政策对于激励储能的发展发挥着重要的作用。近几年是投资新能源的高峰期，光伏设备配套的储能设施可以作为光伏设备的一部分享受 ITC 政策，可以有效降低储能电站的成本。

美国政府于 2008 年为储能进入电能批发市场提供了制度保障，并于 2013 年提出了输电网运营商可以选择从第三方直接购买辅助服务及电储能提供辅助服务的结算机制。2018 年美国联邦能源管理委员会（Federal Energy Regulatory Commission，FERC）发布第 841 号命令，要求市场系统消除储能参与容量、能源和辅助服务市场的障碍，使得储能可以以市场竞争的方式参与电力市场。2020 年，美国能源部（Department of Energy，DOE）正式推出储能大挑战路线图，这是美国能源部针对储能的首个综合性战略，要求到 2030 年建立并维持美国在储能利用和出口方面的全球主导地位，建立弹性、灵活、经济、安全的能源系统。2021 年 9 月，美国能源部公布"长时储能攻关"计划（Long Duration Storage Shot），宣布争取在 10 年内将储能时长超过 10 小时的系统成本降低 90%以上，美国能源部计划资助 116 亿美元用于解决储能技术障碍。

2022 年 2 月，美国能源部发布了《美国确保供应链安全以实现稳健清洁能源转型的战略》，这是美国一个确保安全和提高能源独立性的全面计划，对核能、碳捕获、储能等 13 个能源领域供应链开展深入评估。该战略明确指出将增加美国能源原材料供应；扩大美国能源设备制造能力；投资和支持多元化的国外供应链；增加清洁能源部署；改善能源相关报废物的管理；吸引熟练的美国清洁能源劳动力；提升供应链信息和决策能力。在该战略指导下，美国能源部计划针对本土制造业，尤其是能源供应链上的制造业，实施税收抵免及制造业创新研发投资，给予相关企业融资支持，并且对政府购买电动汽车、电池、逆变器、电网组件提出一定的本土化要求。该战略也显示了美国本土化能源供应链的决心。同月，美国能源部宣布成立清洁能源示范办公室，将拨款 200 亿美元用于资助长时储能和绿色氢气等技术。美国能源部下属的贷款计划办公室也在 2022 年上半年重新开放，拨款 400 亿美元用于支持清洁能源技术。10 月，

储能规模化发展政策体系、商业模式与综合影响

美国总统拜登宣布美国能源部将根据两党基础设施法向 12 个州的 20 家制造和加工公司提供 28 亿美元的赠款，还宣布了美国电池材料倡议，旨在动员整个政府确保用于能源、电力和电动汽车的原材料的可持续供应。

美国于 2022 年 8 月通过了《通胀削减法案》（Inflation Reduction Act，IRA），将为美国能源安全和气候变化提供至少 3 690 亿美元的支持。其中，法案提出了重点支持电动车、光伏等清洁能源产业的发展的政策目标。储能作为关键性支持技术可以正式以独立主体身份获得最高 70%的投资税收抵免，并可与太阳能发电投资脱钩。IRA 的出台显著改善了美国独立储能项目的收益能力，激励了开发商加快独立储能电站的部署，推动了美国储能进入全新的发展阶段，为美国储能行业未来 10 年的快速发展奠定了基础。此外，投资税收抵免补贴将在之前的基础上延期 10 年，并将抵免划分为"基础抵免+额外抵免"，基础抵免额度由之前的 26%上升至 30%。税收抵免力度进一步加强，美国户用储能项目的经济性有望进一步提升。美国各州也陆续设立了相应的储能部署目标，推动储能项目切实落地，如表 1-1 所示。

表 1-1 美国各州储能部署目标

地　区	部　署　目　标
纽约州	2030 年储能装机容量目标为 6 吉瓦
新泽西州	到 2030 年储能装机容量达到 2 吉瓦
加利福尼亚州	到 2026 年部署装机容量 1 吉瓦的长时储能系统
内华达州	到 2030 年部署装机容量 1 吉瓦的储能系统
马萨诸塞州	到 2024 年部署电量规模 1 000 兆瓦时的储能系统
弗吉尼亚州	到 2035 年部署装机容量 3.1 吉瓦的储能系统
康涅狄格州	2030 年年底前部署装机容量 1 吉瓦的储能系统，中期目标是 2024 年年底前部署装机容量 300 兆瓦的储能系统，2027 年年底前部署装机容量 650 兆瓦的储能系统
缅因州	到 2025 年部署装机容量 300 兆瓦的储能系统，到 2030 年部署装机容量 400 兆瓦的储能系统

5. 成熟的电力市场体系促进储能良性发展

美国电力体系的市场化成熟，形成了由联邦层面的美国联邦能源管理委员会、北美电力可靠性委员会（NERC），以及州层面的公用事业委员会（Public Utility Commission，PUC）监管的市场体系。美国的电力系统被划分为东部电

网（Eastern Interconnection）、西部电网（Western Interconnection）和得州电网（Electric Reliability Council of Texas，ERCOT）三大区域电网，在电网内又划分多个区域市场。市场主体是区域传输组织（Regional Transmission Organization，RTO）或独立系统运营商（Independent System Operator，ISO）。RTO 负责组织电力市场内的电能购销；ISO 负责管理最终市场，组织平衡发电与用电负荷的实时市场。电力的发、输、配、售由市场内独立或一体化的公司承担。发电企业负责生产和出售电能，同时提供电力辅助服务。输电公司拥有输电资产，在 ISO 的调度下运行输电设备。配电公司负责运营配电网络。在用户端，大用户可以通过批发市场与发电企业直接进行竞价购电。部分大用户可以作为负荷调节资源参与辅助服务，其他大用户也可以通过售电公司购买电力。不愿意或者不能参加批发市场买卖的小用户可以通过售电公司的零售商购买所需的电力资源。

1.2.1.2 美国主要储能应用模式

根据储能系统的应用场景不同，美国储能应用包括表前（Front of the Meter，FTM）和表后（Behind of the Meter，BTM）两类。对应美国应用场景的划分，表前通常指电网侧和发电侧，储能装机规模一般较大；表后指家庭和工商业企业等用户侧的配置。

目前，美国表前储能市场主要由几个不同的区域电力市场组成。其中，宾夕法尼亚州—新泽西州—马里兰州互联网络（Pennsylvania-New Jersey-Maryland Interconnection，PJM）市场、加州独立系统运营商（California Independent System Operator，CAISO）市场、得州电力可靠性协会（Electric Reliability Council of Texas，ERCOT）市场等为影响力较强、所占份额较高的市场。储能的市场供给主要由独立发电商提供，其储能装机容量占储能总装机容量的比重为 56%，其次是投资者拥有的公用事业公司，其储能装机容量占储能总装机容量的比重为 20%。

2022 年美国表前储能用途情况统计如图 1-6 所示（多用途储能容量重复计算）。表前市场的主要应用有调频、旋转备用、调峰、负荷管理、后备电源等。根据彭博新能源财经（Bloomberg New Energy Finance，BNEF）统计，2020 年

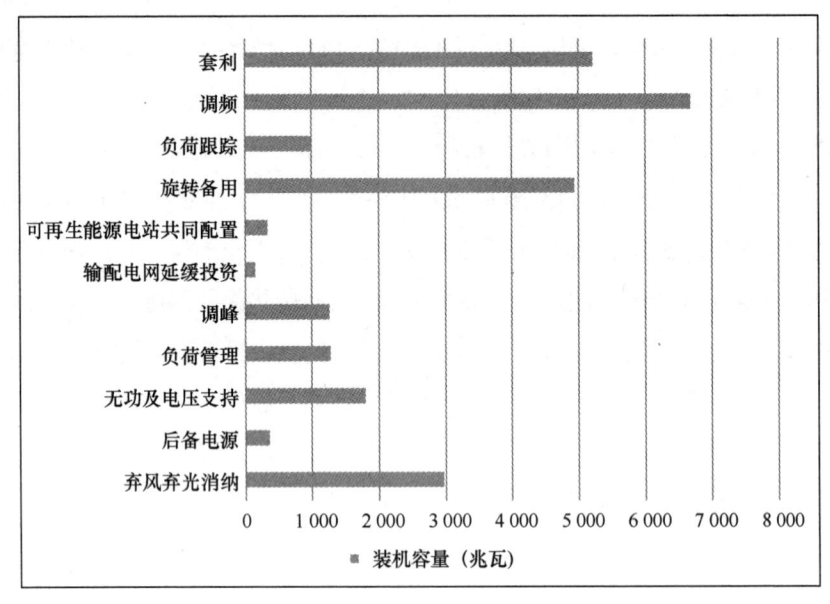

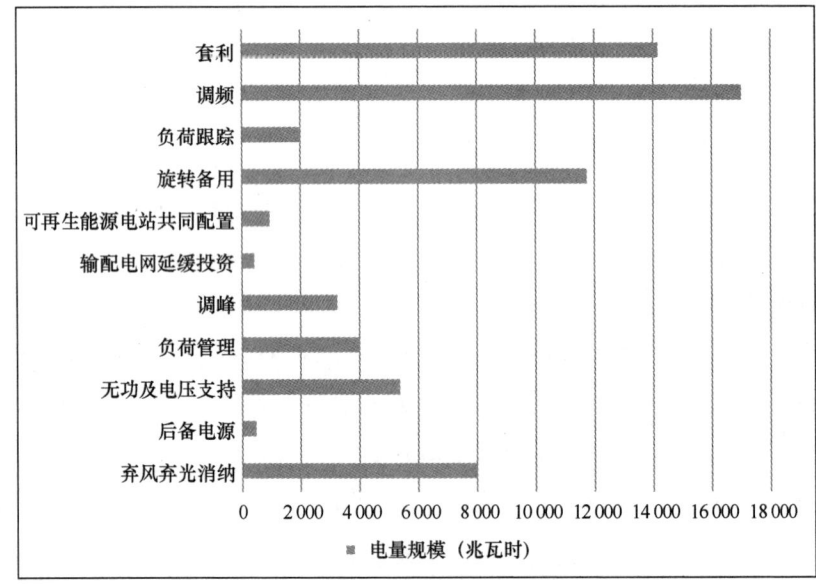

储能规模化发展政策体系、商业模式与综合影响

图 1-6 2022 年美国表前储能用途情况统计

数据来源：EIA

美国新增储能主要来自表前市场，装机容量占储能总装机容量的比重高达 80%。新增电化学储能中表前市场装机容量为 852 兆瓦，同比增加 297%。大型储能系统在不同区域也对应着不同的储能需求与应用场景，在 PJM 市场的主要

第 1 章　国外储能发展现状与政策体系

应用场景为电网调频，在 CAISO 市场则为电网调峰、负载管理等；MISO（Midcontinent Independent System Operator）市场的储能系统主要应用于调峰调频；几个独立且需求相对特殊的电网系统，即阿拉斯加、夏威夷等电网系统，则应用于更加多样的场景以提高电网的可靠性。根据 EIA 统计，2019 年美国储能累计装机容量中有 73%用于调频。

美国各市场储能发展的推动力不同，因此各市场储能的配置时长和所有权也有着较大的差异。其中，典型代表是 PJM 市场与 CAISO 市场两种模式。

PJM 市场是全球电力辅助服务市场领域较成熟的案例，PJM 辅助服务将电能量与调频、备用辅助服务市场联合出清，以达到成本的最小化。PJM 市场能够以每 5 分钟 1 次的频率联合出清，产生节点边际电价、调频服务的里程价格和容量价格、同步备用出清价、非同步备用出清价，负荷服务商（Loading Serving Entities，LSE）有义务根据其占总负荷的比例购买调频和备用服务。PJM 市场将电力现货市场与辅助服务市场联系起来，并且传导至电力用户进行费用分摊，使得市场得以有效运行并产生效益。PJM 市场的储能装机以调频用的短时储能为主，主要满足辅助服务市场的需求。PJM 储能的投资者以独立发电商为主，也有少量的工商业用户也参与到辅助服务市场中。

CAISO 储能的投资者主要来自公用事业公司，此外工商业用户和独立发电商也占较大的比重。CAISO 储能投资主要通过市场机制获得成本回收。根据 CAISO 储能设施的所有权和功能不同，其成本回收方式也有所区别。以提高输配电可靠性为主的储能设施，若其所有权属于公用事业公司，则储能成本主要从输配电价中回收；应用于平滑风光波动的储能设施，若其所有权属于公用事业公司，则储能成本从上网电价中回收；若储能设施的所有权属于第三方，则储能成本主要通过批发市场回收；若储能设施的所有权属于用户且用于发挥负荷调节功能，则储能成本主要通过需求管理、分布式发电、电动汽车充电等激励机制回收。但无论采用何种方式，表前储能成本最终都是通过价格传导机制由终端用户承担。

表后市场对应安装在户用和工商业的储能装机中。根据 EIA 的统计，2019 年公用事业公司报告了美国现有的 402 兆瓦的表后储能装机容量，其中约 41%

安装在商业部门，41%安装在住宅部门，14%安装在工业部门。根据 BNEF 的统计，2020 年表后电化学储能市场新增装机容量 209 兆瓦，其中新增户用装机容量 154 兆瓦，同比增加 63%，占电化学储能总装机容量的比重约为 15%；工商业 2020 年新增装机容量 55 兆瓦，同比降低 24%，占电化学储能总装机容量的比重约为 5%。表后储能设施基本与光伏发电设施捆绑安装，白天阳光充足，可以"自发自用"，多余的电量则存储在储能条信息中并于夜间使用。此外，通过"峰谷套利"也降低了综合用电成本。

当前，并网型户用光伏电价政策主要有"净计量"和"自发自用"两大类，两者的核心区别在于户用光伏余电上网电价不同。美国大多数州采用"净计量"政策，户用光伏余电上网电价接近或等于居民电价，光伏电价与居民电价的套利空间过小，居民也失去了配置储能的经济动力；仅有 8 个州采用户用光伏"自发自用"政策，户用光伏余电上网电价一般大幅低于居民电价，居民可通过配置储能提高户用光伏自发自用比例来节省电费。根据 EIA 的统计，2021 年，实行"净计量"政策的地区共新增表后储能装机容量 781.2 兆瓦，非"净计量"政策的地区则贡献了 312.4 兆瓦的表后储能装机容量。

美国表后储能市场中，户用和商用占比较大。目前最大的表后市场位于加利福尼亚州（以下简称加州），加州以外则以户用为主。据 EIA 统计，截至 2019 年，加州累计装机容量 326 兆瓦，占据美国总装机容量的 86%，其中 40%用于商业用户，32%用于住宅用户，14%用于工业用户。加州表后储能的发展主要归功于其发布的自发电激励计划（Self-Generation Incentive Program，SGIP）。SGIP 在 2001 年制定时的目的为降低系统峰值负荷，主要针对分布式发电进行补贴，并不包含储能。到 2008 年，SGIP 才将与可再生能源配合使用的储能设备纳入补贴范围。为减少温室气体排放，SGIP 于 2009 年进一步将补偿对象范围从分布式发电扩大到分布式能源，自此独立储能设备也开始享受补偿。按照目前的居民电价估计，在用户安装光储系统并获得补贴后，全生命周期的电能使用成本大大低于直接从电网购电的成本。

近年来，美国峰谷电价差逐渐拉大，也提高了表后安装储能的经济性。另外，由于美国各州电网系统相对独立，不能进行大规模跨州调度，且超过 70%

的电网设施已经建成 25 年以上，系统老化明显，出现了供电不稳定、高峰输电阻塞、难以抵抗极端天气等问题，叠加新冠疫情和极端天气影响，居民提升用电可靠性的需求大幅提升，户用储能需求也随之大幅提升。

美国的电力市场正在经历重大的结构性变化，储能系统在未来数年内也有着较大的装机需求。根据 EIA 2021 年的规划数据，2021—2023 年，电网中大规模电池储能的安装能力将超过 12 000 兆瓦，是 2019 年容量的 10 倍，其中加州电力市场是主要的增量来源。根据美国储能协会的预测，到 2026 年，美国居民用户表后储能的电量规模预计达到 4 106 兆瓦时，也将超过 2019 年水平的 10 倍。

1.2.2 欧洲

经过近 10 年的发展，欧洲储能市场取得了显著而稳定的增长。在传统储能方面，目前抽水蓄能占欧洲储能市场的 94%，其中西班牙和德国容量最大。此外，德国 Huntorf 公司建设的装机规模为 290 兆瓦/580 兆瓦时压缩空气储能项目，是欧洲第一个也是现有唯一一个压缩空气储能项目。荷兰公用事业公司 Eneco 和欧洲能源公司 Corre Energy 签署了一项协议，Corre Energy 将在荷兰格罗宁根部署一个装机容量 320 兆瓦、持续时间 84 小时的压缩空气储能项目，该项目于 2023 年动工并计划于 2026 年建成。西班牙、爱尔兰等国家也正计划启动本国的压缩空气储能项目建设。

据欧洲储能协会（EASE）统计，2018—2020 年，欧洲新增新型储能装机容量分别约为 1 067 兆瓦、1 099 兆瓦、1 693 兆瓦，同比增速分别为 87.0%、3.0%、54.0%。2015 年欧洲新型储能累计装机容量约为 0.6 吉瓦，2021 年达到 8.3 吉瓦，六年复合年均增长率（CAGR）约为 54.94%。

电化学储能市场将成为欧洲储能增速最快的市场。据欧洲储能协会统计，截至 2022 年，欧洲累计电化学储能装机容量达 4.5 吉瓦，其中新增储能装机容量 1.9 吉瓦，据彭博新能源财经（BNEF）统计，2022 年欧洲户用储能新增装机容量 2 吉瓦，占新增市场的 44%；表前侧新增装机容量 2.5 兆瓦，占新增市场的 45%；工商业储能新增装机容量占新增市场的 1%。从具体应用来看，326 兆瓦的储能装机容量用于可再生能源并网，175 兆瓦的储能装机容量用于电力辅助服务。

由于英国辅助服务机制最为成熟，因此英国在表前储能市场占据领先地位。据 BNEF 统计，截至 2020 年，英国累计装机规模为 1.3 吉瓦/1.6 吉瓦时。2020 年，受新冠疫情影响，英国储能发展出现了一定的停滞。据统计，目前英国共规划了 729 个电池储能项目，包括超过 16.1 吉瓦的正在运行、建设中或筹备中的装机。2019 年，英国决定向分布式发电资源开放平衡市场，同时为系统运营商搭建分布式能源服务平台，此举进一步推进了英国储能系统的市场化。2016 年，英国国家电网公司增强频率响应（EFR）中标项目也在逐渐落地，英国储能装机容量进一步增加。

英国储能市场由英国国家电网公司负责组织采购，主要包括频率响应服务、备用服务、无功服务等辅助服务产品，其市场组织形式主要为招标和签订双边合同。英国电力系统辅助服务费用由发电企业和电力用户共同承担。储能通过固定频率响应月度招标签订辅助服务合同并以投标价格作为结算标准。目前，英国储能电站的收益主要来自调频辅助服务，收益主要取决于投标容量价格、中标容量、服务时长、投标里程价格及实际里程。

此外，2020 年年底，英国最大的电池储能项目建设获得批准。InterGen 公司目前为英国提供约 5%的发电量，其已获得英国商业、能源和工业战略部（Department for Business, Energy & Industrial Strategy，BEIS）的同意，将锂离子电池储能项目作为其位于埃塞克斯郡泰晤士河畔的 Gateway 能源中心项目的一部分。它将提供快速反应的电力和系统平衡，以支持可再生能源的持续增长和整合，是英国向净零排放过渡的系统架构的重要组成部分。项目包含 320 兆瓦/640 兆瓦时的装机规模，且其电量规模有可能扩大到 1.3 吉瓦时。当完全充电时，该项目可以为 30 万个家庭提供 2 小时的电力。该项目主要用于支持和稳定现有的电力供应水平，提供快速反应的电力和系统平衡。

欧洲各国居民用电价格较高，同时补贴政策主要针对用户侧"光伏+储能"应用场景，因此表后储能应用发展迅速。欧洲用户侧主要存在 3 种用电方案：①没有安装屋顶光伏和储能系统，电力需求完全从电网采购；②仅安装光伏系统，未安装储能系统，"自发自用"比例仅占 20%~35%，午间光伏出力最高的时段将过剩电力卖给电网，夜间光伏系统不工作时从电网回购部分电力；③ "光伏+储能"配套使用，自发自用比例提升至 60%~90%。近年来，随着欧洲居民电价上涨，用户光储配套发电的经济性日益增强。以德国为例，家庭购电成本从 2015 年的 28.7 欧分/千瓦时上升至 2022 年的 39.3 欧分/千瓦时，同时光伏与"光伏+储能"的平准化度电成本不断下降，光伏配储模式的经济性越来越显著。

截至 2022 年，欧洲户用储能装机容量累计约 9.3 吉瓦，市场规模居全球第一，而其中工商业新增装机占比仅为 1%。在表后市场中，户用储能占据绝对领先地位。据 SolarPower Europe 统计，2020 年欧洲户用电化学储能增长势头强劲，共安装了 140 000 个系统，总电量规模达 1 072 兆瓦时，同比增长 44%，其中德国就占据了 70%的市场。德国 2021 年新增电化学储能 1.36 吉瓦时，其中户用储能新增电量规模达 1.27 吉瓦时，安装超过 15 万套家庭储能系统。截至 2022 年，德国户用储能电量规模达 5.5 吉瓦时，是目前全球最大的户用储能市场。从户用储能装机容量的角度来看，根据 SolarPower Europe 于 2022 年 11 月发布的《欧洲户储市场展望 2022—2027》，2021 年欧洲户用储能新增电量规模为 2.3 吉瓦时，2015—2020 年复合年均增长率为 55%；2022 年欧洲户用储能市场电量规模为 3.9 吉瓦时，较 2021 年增长 71%。高工产业研究院的（GGII）调研显示，2022 年上半年户用储能所需电池模块和变流器需求火爆，产品交期拉长 30%~80%，侧面反映了市场增长势头强劲。

1.2.3 澳大利亚

2010—2020 年，澳大利亚储能累计装机容量为 661 兆瓦。根据具体应用的功能场景，澳大利亚储能主要是家用储能，从 2016 年开始快速增长，2010—2020 年复合年均增长率达到 67%，累计储能装机容量在澳大利亚市场占比达 55%。辅助服务和调峰（能量时移）也占据了较大的比重，如图 1-7 和图 1-8 所示。

大型可再生能源目标（Large-scale Renewable Energy Target，LRET）与发电权证（Large-scale Generation Certificates，LGCs）推动可再生能源发电比例提升，带动表前储能配套需求。澳大利亚自 2010 年起执行可再生能源目标

(Renewable Energy Target，RET)，规划至 2020 年可再生能源发电量占总发电量的比重达 20%，对应发电量达 33 太瓦时，并要求高耗能用户履行购置绿电的义务，高耗能用户可通过购买可再生能源发电厂产生的 LGCs 履行义务；此举可带动澳洲可再生能源装机规模快速增长，以及发电侧（能量时移）和电网侧（辅助服务）储能配套需求的提升。

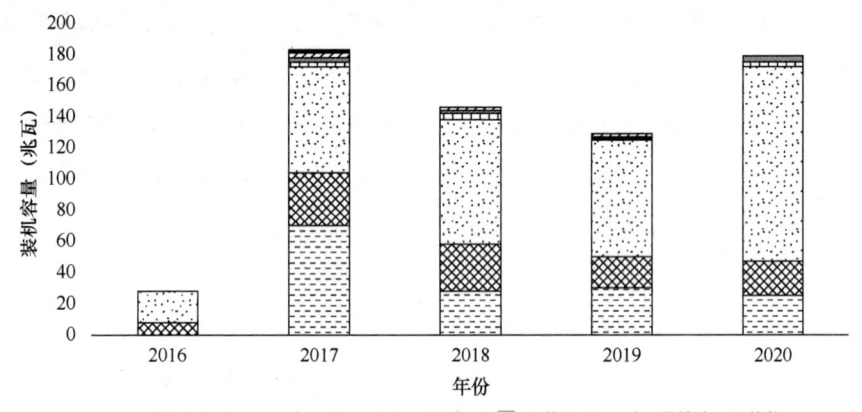

图 1-7　2016—2020 年澳大利亚历年新增储能装机容量

资料来源：BNEF

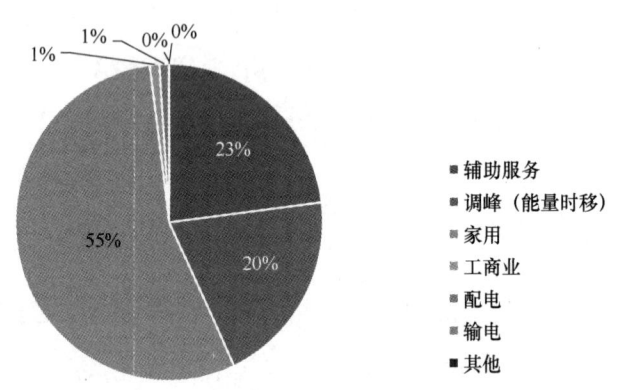

图 1-8　2010—2020 年澳大利亚累计储能装机容量份额

资料来源：BNEF

政策补贴、系统完整性保护计划（System Integrity Protection，SIPS）供货合同及电力交易机制的修订是表前能量时移和辅助服务增长的核心驱动力。在政策补贴方面，各州政府和澳大利亚可再生能源署（Australian Renewable

第1章 国外储能发展现状与政策体系

Energy Agency，ARENA）对表前储能项目进行补贴，如南澳大利亚政府补贴基金和 ARENA 补贴基金共计 1.6 亿澳元；同时，各州政府通过与运营商签订 SIPS 合同提供保底收益。在电力交易机制方面，澳大利亚允许储能参与电力现货市场交易，为能量时移和辅助服务储能创造收益，2017 年，澳大利亚能源市场委员会（Australian Energy Market Commission，AEMC）将电力市场交易结算周期由 30 分钟改为 5 分钟，有助于提升储能充电与放电响应灵活性，促进储能资源在电力市场的有效应用和合理补偿；辅助服务也对频率控制机制进行改革，对紧急频率事件快速响应能力提出更高要求，储能作为快速响应资源被调用的概率提高，使得表前储能收益，特别是辅助服务收益大幅提升，2020 年频率控制辅助服务收益在表前独立储能项目收益中的占比达到 90%以上。上述举措为表前储能项目带来较好的经济性。

分布式光伏发展叠加政策补贴共同驱动户用储能蓬勃发展。目前，澳大利亚用户侧光伏累计装机容量约为 14.7 吉瓦，大部分为户用光伏装置，截至 2019 年共有超过 7 万个家庭配备了储能装置。

分布式光伏带动了用户侧储能市场的发展。澳大利亚分布式光伏设施较多，主要是屋顶系统。分布式光伏大力发展的主要原因有：①自然优势。澳大利亚光照条件良好，80%以上的国土光照强度超过 2 000 千瓦/平方米·小时，丰富的光照资源使得在澳大利亚相同系统成本较别国低，如澳大利亚光伏发电的成本约为德国发电成本的一半。②政策支持。澳大利亚政府通过小规模可再生能源计划（Small Scale Renewable Energy Scheme，SRES），对安装户用光伏的用户颁发小规模技术权证（Small Scale Technology Certificates，STCs），高能耗用户同样被要求购买一定比例的 STCs，履行 RET 规定的义务；同时澳大利亚各州政府对户用光伏给予上网电价补贴（Feed-in Tariff，FIT）。③房屋所有率和单户住宅率较高。④澳大利亚零售电价不断上涨。

澳大利亚各州政府政策补贴和时发的停电事故促使户用"光伏+储能"增长。2018 年，南澳大利亚州启动家用电池计划（Home Battery Scheme），覆盖对象达 4 万余个家庭，通过清洁能源金融公司以低息贷款或返还款的形式帮助住宅用户购买户用光伏系统所需电池或者匹配电池容量所需光伏组件；维多利亚州补贴 4 000 万美元支持 10 000 个家庭部署储能装置；新南威尔士州、昆士兰州等也相继出台了补贴计划。叠加 2016—2017 年澳大利亚 4 次大规模停电事故提高了居民配储意识，共同激发户用储能需求的快速增长。

上网电价补贴（FIT）面临逐步削减和取消，储能拟采用新的入网标准。受光伏发电成本下降等因素影响，澳大利亚电力零售商于 2020 年开始陆续下调光伏上网电价，澳大利亚能源公司于 2020 年将新南威尔士州、南澳大利亚州、昆士兰州的光伏上网电价分别从 12.5 澳分/千瓦时、15 澳分/千瓦时、16.1 澳分/千瓦时下调至 10.5 澳分/千瓦时、11.5 澳分/千瓦时、11.5 澳分/千瓦时，光伏发电收益的减少可能会加速家庭配置住宅储能解决方案的落地。

1.2.4 韩国

2010—2020 年，韩国累计储能装机容量为 3.79 吉瓦。韩国储能装机容量中有 55%左右用于削峰填谷，40%用于光伏/风电配套，5%用于家庭及 UPS 等。分场景看，韩国储能装机需求集中在表前能量时移和表后工商业储能中。2010—2020 年韩国新增的储能装机中，用于能量时移和表后储能的比例分别为 56%和 31%。应用于能量时移的储能装机容量自 2013 年以来持续保持高增长，2013—2020 年复合年均增长率达到 104%。然而，工商业储能受火灾及"补贴退坡"影响，2019 年后装机容量增长速度有所放缓。

在商业运营方面，韩国"新能源+储能"市场主要以发电运营商采购储能系统与新能源配合为主。2015 年，韩国政府对与储能系统共存的风能和太阳能项目产生的可再生能源证书设定了极为优越的倍数。通过可再生能源与储能项目的联合开发，开发商可以从更高的证书倍数中获益。在实施证书倍数后，韩国"新能源+储能"项目迅速增加，截至 2017 年年底，"新能源+储能"项目的电量规模超过 50 万千瓦时。截至 2020 年年底，韩国"新能源+储能"项目的电量规模超过 100 万千瓦时。近年来，由于搭载三元锂电池的储能系统频繁发生起火爆炸事故，韩国"新能源+储能"市场受到较大的影响。韩国电源侧辅助服务和电网侧储能多数以电力公司采购为主，为电网提供多种服务。

1.2.5 日本

日本电力改革的推进及物联网、区块链、虚拟电厂等新兴技术的快速发展吸引了很多优秀企业进入储能市场。

电力行业改革带来了大量企业入场，拓宽了储能在电力相关领域的应用。日本储能的电量规模在 2015 年达到了 581.49 兆瓦时，同比增长 94.1%，其中居民住宅使用的储能系统占比超过 50%。日本第五次电力市场化改革促使该国于 2017 年全面开放电力零售市场，并启动了实时交易机制。这次改革建立了一个电力交易市场，其中，能源服务商向电池储能系统交易电力，电池储能则可以为之提供辅助服务。按照 2017 年的市场发展趋势，太阳能发电供应商可以通过两种方式避免弃电问题：一是直接控制太阳能光伏发电量；二是通过自建电池储能装备，吸纳额外发电量。光伏配储逐渐成为主流，而电网也为了保障电网的整体稳定高效，谋划投资了大型储能电站。交易市场的建立给电网公司向供应商购买辅助服务提供了平台。一些用电侧的商业体也考虑将储能系统作为自身的一部分，比如房地产开发商开始配备储电系统，从而提升商品房的产品价值，同时可以在市场上交易辅助服务和电池电力。

企业抢抓新兴技术涉足储能市场。物联网近年来也受到日本电力公司和开发商的关注，能源领域的物联网，如能源区块链、虚拟电厂等新领域的物联网技术也未停止被引入的步伐，物联网与基础设施的结合势在必行。日本政府在 2016 年提供了 39.5 亿日元资金支持虚拟电厂（Virtual Power Plant，VPP）的发展，为电力公司、开发商的发展给予了非常大的鼓励和支持，试图解决供过于求的问题。在电力过度供给时段，通过储能及相关辅助服务系统暂时存储供给过剩部分，并择机进行交易。这一市场机遇吸引了特斯拉、三星等外国电池供应商与本土企业开展合作。虚拟电厂就像是一个能源收集平台，将一定区域内的光伏电池板、蓄电池等电源系统统一管理，根据不同的电力需求供应相应的电力。

日本政府计划到 2030 年将可再生能源比例从目前的 16%提高到 22%~

24%，但受气候等不确定因素影响，可再生能源发电量较不稳定。如果使用火力发电进行电力调配，那么设备利用率会下降，投资资金也无法收回。虚拟电厂的主要优势是，能够帮助大型电力公司解决发电设备初期高额投资金额的问题，以便之后公司灵活购买太阳能电力。虚拟电厂凭借该优势吸引了京瓷、罗森等多个企业。日本经济产业省预计虚拟电厂能够收集到的太阳能电力等分布式电源装机容量将在2030年增加到37.7吉瓦，这表明虚拟电厂作为电力调配的主要手段在日本发展空间巨大。同时，日本储能企业也具备强有力的竞争力，东芝、夏普、三井、田渊电机、东风日产等企业都具有一定储能技术实力，近年来在全球储能市场占有一定的市场份额。

1.3 典型国家与地区新型储能发展激励政策

1.3.1 美国

过去10多年间，美国联邦政府及各州相继推出了一系列政策法规以推动储能的发展。联邦层面包括美国能源管理委员会（FERC）在内的机构发布了一系列法令或文件，以及一系列储能投资税收抵免政策，如表1-2所示。

表1-2 美国支持储能发展政策

时 间	政 策	主 要 内 容
2006年	联邦投资税收抵免（ITC）	私营单位、住宅侧用户在安装光伏系统的同时配备储能，可获30%的税收抵免。到2022年税收抵免退坡至26%，2023年退坡至22%
2007年	FERC的第890号命令	允许非发电机资源参与RTO/ISO辅助服务市场，禁止对输电服务进行歧视和不当的优惠。储能可参与辅助服务市场
2011年	FERC的第755号命令	调频服务里存在快速反应产品，而传统的补偿机制并未将这部分产品的附加价值纳入，不是公平有效的价值补偿机制。第755号命令要求其管辖内的区域电力市场按照"基于里程"的方式为提供调频服务的产品提供补偿，即除了调频服务的容量，补偿还需要考虑跟随调度信号向上向下行走的总"距离"因素。储能在调频服务中的收益得到提升

第1章 国外储能发展现状与政策体系

（续表）

时间	政 策	主 要 内 容
2016年	美国国税局（Internal Revenue Service，IRS）投资税收抵免	若电池存储系统由私人投资，并与光伏系统相结合，则其有资格获得高达 30%的税收抵免。符合要求的储能系统需要至少有 75%的时间从光伏系统充电。若储能系统从光伏系统充电时间占总充电时间的比重达到 80%，则获得 24%的税收抵免。若储能系统 100%的充电电力都来自光伏系统，则能够获得 30%的税收抵免。独立的储能系统没有资格获得税收抵免
2018年	FERC 的第 841 号命令	消除储能参与容量、电能量和辅助服务市场的障碍。该命令要求区域传输组织（RTO）或独立系统运营商（ISO）针对储能系统的物理、运行特性，在搭建储能参与模型时纳入市场机制因素，为储能参与批发市场搭建基础。第 841 号命令首先将储能定义为具有从电网储存能量并将其释放到电网的能力的装置，即具有"充电—放电"能力的装置。第 841 号命令强调市场规则必须保持中立，即无论储能技术类型、地理位置等如何，其都能依照客观公平的规则参与市场
2019年	完善储能技术法案（Better Energy Storage Technology Act）	在 5 年内拨款 10.8 亿美元，用于能源存储、微电网和分布式能源项目
2020年	储能大挑战路线图	到 2030 年，开发能满足所有美国市场需求的美国国内制造储能技术。长期固定应用储能的平准化度电成本（LCOE）降至 0.05 美元/千瓦时，以 2020 年为基础，到 2030 年降低 90%；保障多用途的商业储能可行性。到 2030 年实现 300 英里范围电动车的电池组制造成本为 80 美元/千瓦时，与当前 143 美元/千瓦时的电池组制造成本相比降低约 44%
2021年	2 万亿美元基础建设计划	到 2035 年，实现 100%无碳电力及清洁能源发电，以及储能的直接支付投资税收抵免及生产税收抵免期限延长 10 年
2021年	"长时储能攻关"计划	在未来 10 年内，计划数百吉瓦的清洁能源并入电网，目标降低储能时间超过 10 小时的 90%的系统成本。美国能源部 2022 财年的预算中将为储能大挑战计划资助 11.6 亿美元，以解决储能发展的技术挑战和成本障碍，建立一个美国本土储能制造业，帮助实现气候和经济竞争力目标
2021年	国家锂电蓝图 2021—2030	旨在建立可持续的美国锂电池供应链，发展满足日益增长的储能市场需求的制造基地。支持美国国内电极、电池和电池组的制造，并鼓励对锂电池的需求增长。支持电池报废再利用和关键材料的大规模回收，将退役电动汽车的电池单元再利用于电网储能
2022年	两党基础设施法	启动 5.05 亿美元倡议，促进部署并降低长时储能的成本拨款 2 600 万美元用于太阳能、风能和储能的可靠使用
2022年	通胀削减法案（IRA）	计划投资 3 690 亿美元用于能源和气候变化领域。首次将独立储能纳入 ITC 税收抵免补贴范围，并将抵免划分为"基础抵免+额外抵免"。其中基础抵免额度由之前的 26%上升至 30%，补贴退坡延期至 2033 年。额外抵免为新增部分，比例为 10%~40%。同时，停征东南亚进口太阳能光伏组件"双反"关税

储能规模化发展政策体系、商业模式与综合影响

FERC 于 2007 年发布的第 890 号命令允许非发电机资源参与 RTO/ISO 辅助服务市场，禁止对输电服务进行歧视和不当的优惠。第 890 号命令的目的是扩大输电网的"非歧视性准入"，增加客户获得新发电资源的机会，促进可再生能源的消纳，并且要求输电商以统一和透明的方式计算输电网络中的可用容量，以满足对输电服务的额外需求。随着独立电源获得更多的输电能力，电力系统在短期和中期会减少新增发电装机容量的需求。风电和光伏等间歇性能源的输电网接入成本较高。通过部署储能系统，可以降低风电和光伏的输电网接入成本。

2011 年，FERC 颁布的第 755 号命令对其管辖的电力市场中面向传统辅助服务产品——调频服务的补偿机制进行改革。进行这项改革的根本原因是调频服务里存在快速反应产品，而传统的补偿机制并未将这部分产品的附加价值纳入，这不是公平有效的价值补偿机制。FERC 的第 755 号命令要求其管辖内的区域电力市场要按照"基于里程"的方式为提供调频服务的产品提供补偿，即除了调频服务的容量，补偿还需要考虑跟随调度信号向上向下行走的总"距离"因素。"基于里程"的辅助服务补偿方式提升了飞轮储能和电池储能等技术参与辅助服务的回报水平，激励了新型储能的投资与应用。

随着储能主机的发展，美国开始赋予储能市场主体的地位，取消了对储能参与电力市场的各种限制，力求通过市场竞争方式配置储能资源。2018 年 2 月，FERC 颁布第 841 号命令，要求各 ISO 在不超出现有机制框架的前提下进行修正，以便储能进入市场交易。第 841 号命令首先将储能定义为具有从电网储存能量并将其释放到电网的能力的装置，即具有"充电—放电"能力的装置；其次强调了市场规则必须保持中立，即无论储能技术类型、地理位置等如何，其都能依照客观公平的规则参与市场。第 841 号命令还创造了储能市场参与条件。第一，要求公平赋予储能和其他主体一样的市场地位。例如，储能可以参与全系统的能源、容量和辅助服务市场，这一条件能更好地帮助储能实现价值，并在各个市场上收回成本。第二，储能可以在市场上进行电力买卖的投标和报价，其充放电能量根据节点电价进行结算。这实际上允许储能在交易过程中反映其投入成本，并使得市场通过自主调节发掘和利用储能的调峰价值。

第1章 国外储能发展现状与政策体系

市场根据不同系统在不同日期的峰值压力提供不同的峰值激励。第三，市场需要考虑储能特有的物理特性，第 841 号命令将储能的准入门槛将从 1 兆瓦降低到 100 千瓦。这扩大了市场中参与的储能主体范围，有助于提升市场内部竞争活力，驱动资源配置向更优、更广的方向发展。第 841 号命令还明确了与储能设备充电状态相关的约束条件，确保储能设备不会同时充电和放电；同时考虑了储能设备的有限性，以划定容量值。

2022 年 8 月颁布的《通胀削减法案》（IRA）将独立储能纳入 ITC 税收抵免补贴范围。此举可大幅降低储能装机对于光伏的依赖性，将太阳能和储能"发展途径"脱钩，提升储能项目选址的灵活性，并大幅缩短项目建设时间。同时，符合条件的独立储能前期资本成本降低约 30%，项目经济性将显著改善。预计 IRA 有望推动美国市场配储时长从 2.6 小时延长至 4 小时，并逐步向 6～8 小时长时储能拓展。项目分布范围有望由当前主力市场加州、得州等地区，扩张到中部和东部其他地区。具体而言，表前独立储能首次可以获取 6%～8%的补贴。2023—2033 年建成的 1 兆瓦以上的大型储能可获得 6%的补贴，若满足本土要求，补贴可增至 8%。2023—2033 年的户用储能直接补贴 30%，同时 3 千瓦时以上的储能系统也将纳入此范畴。

根据美国联邦体制，各州在电力市场监管和储能发展上的政策也是相对独立的。除联邦政府层面对储能进行支持外，美国各州也陆续设立了相应的储能目标和策略，推动储能项目落地与发展，如表 1-3 所示。目前已有大约 15 个州正式颁布了至少一项旨在消除储能障碍的实质性立法或监管政策，其他各州也正在开放监管文件和制定法规等方面进行努力。其中，加州是政策驱动型机制推动储能发展的典型代表。加州于 2008 年将储能纳入自发电计划，对用户安装储能系统进行补贴，补贴标准约为 200 美元/千瓦时。2013 年，加州公用事业委员会（CPUC）制订储能强制采购目标计划，要求在 2024 年之前安装投运 1.325 吉瓦的储能系统，之后又将该目标提升至 1.825 吉瓦。2020 年 2 月 21 日，加州公用事业委员会在其综合资源规划（Integrated Resource Planning，IRP）中提出到 2030 年加州将部署装机容量为 5.9 吉瓦的太阳能发电设施和装机容量为 2.1 吉瓦的电池储能系统。此外，马萨诸塞州、新泽西州、弗吉尼亚州等多个州都设立了储能装机的具体目标,各州规划的储能装机容量均超过 8 吉瓦。

表 1-3　美国各州储能政策

州　　名	时　　间	主　要　内　容
亚利桑那州	2016 年	制订总额为 400 万美元的计划,为居民应用于需求响应和负荷管理的储能投资提供资助
	2017 年	实施总额为 200 万美元的年度计划,为大型商业客户部署储能系统减少峰值需求提供支持
加利福尼亚州	2013 年/2016 年	2013 年加州公用事业委员会制订储能强制采购目标计划,要求 2014—2020 年,每两年一轮,共实施 4 轮。2024 年之前安装投运 1.325 吉瓦的储能系统。2016 年加州公用事业委员会又增加 500 兆瓦分布式储能装机目标。加州投资者拥有的公用事业公司(Investor-Owned Utilitie,IOU)是加州储能强制采购目标计划的主要实施对象
	2016 年	加州自发电激励计划,在 2017—2021 年为用户侧储能项目提供 3.78 亿美元的资助
	2019 年	允许对拥有储能设备的设施进行净计量
	2021 年	将每年自发电激励计划额度的10%用于高火灾风险地区的关键设施储能
马里兰州	2017 年	为居民储能系统提供最多 5 000 美元的收入税收抵免,为商业用户储能系统提供 30%(不超过 75 000 美元)的税收抵免
马萨诸塞州	2016 年	到 2020 年部署 200 兆瓦储能,到 2025 年部署 1 000 兆瓦储能
	2017 年	提供 2 000 万美元,为 26 个储能示范项目提供奖励
	2019 年	将储能纳入公共建筑承包的清洁能源技术的定义中
	2019 年	对储能结合光伏系统采取净计量的方式
明尼苏达州	2018 年	允许公用事业公司回收储能示范项目的成本
新泽西州	2018 年	计划到 2020 年部署 600 兆瓦储能,到 2030 年部署 2 000 兆瓦储能
纽约州	2018 年	计划到 2025 年部署 1 500 兆瓦储能,到 2030 年部署 3 000 兆瓦储能
俄勒冈州	2015 年	要求该州两大公用事业公司到 2020 年各自投资 5 兆瓦时的储能电量规模,相当于 2014 年峰值负荷的 1%
弗吉尼亚州	2017 年	建立一系列 10～30 兆瓦的储能示范项目
	2020 年	计划到 2035 年部署 3 100 兆瓦储能
华盛顿州	2013 年	为公用事业提供 1 430 万美元的配套资金,以部署 4 个公用事业规模的储能项目,测试不同的使用案例

各州的储能支持政策可以归纳为以下几种类型。

一是直接由公用事业监管部门制定储能的采购任务。比如加州的公用事业公司是储能强制采购目标计划的主要实施对象,并且承担所采购储能项目的成本,以获取投资回报。此外,马萨诸塞州、新泽西州、纽约州等州也都效仿加州的模式,要求公用事业公司配置储能。该模式的优点是公用事业公司能够选择对电力系统最优的储能部署位置,同时也能够通过电价回收储能投资的成本,但缺点是对储能需求规模的估计可能会出现偏差。

二是提供税收抵免等财政激励措施。美国各州政府对于储能发展的财政激励政策大多是采用税收抵免的方式,即对于储能投资提供一定的免税额度。税收抵免可在联邦或州一级通过支持市场需求和促进储能与传统资源相比的成本竞争力来增进储能的广泛部署。值得注意的是,目前大部分州的税收抵免都要求储能与分布式光伏相结合,同时对储能系统充电电力的来源做出相应规定。一般地,储能系统从光伏系统充电的比例越高,能够获得的税收抵免额度或比例也就越高。

三是对配置储能的分布式光伏采用净电量结算(Net Energy Metering,NEM)的方式。在净电量结算中,用户电表会记录用户从电网购电和用户光伏向电网注入电力的情况,在向用户收取电费时,只需要收取净值部分,但用户仍需要按月缴纳输配电费和表计服务费(Transmission, Distribution, and Meter Service Charge)。电网可以向安装可再生能源发电设备的用户购入盈余电力,或直接将部分可再生能源发电量从消费者电力消费总账单中扣除。NEM 的结算模式则是按照电力的零售市场价格作为标准,向分布式光伏用户固定支付报酬。该政策主要适用于美国的小容量机组及终端家庭用户,帮助用户回收光伏发电投资。

1.3.2 欧洲

总体来看,欧盟对储能技术的支持主要包括向储能项目提供资金支持和启动储能领域战略性研究计划。欧盟特别关注电池技术领域,具体政策如表 1-4 所示。欧洲各个国家或地区政府通过可再生能源发展计划及补贴等激励政策,推动储能特别是"光伏+储能"的发展和项目落地。

储能规模化发展政策体系、商业模式与综合影响

表 1-4 欧盟新型储能产业发展的相关政策

时间	政策	主要内容
2017年	战略能源技术规划（Strategic Energy Technology Plan）	确定电池研究的重点领域：材料、设计、制造技术、应用和集成、回收
2017年	欧洲储能技术发展路线图（European Energy Storage Technology Development Roadmap）	推动组建欧洲电池联盟（European Battery Alliance, EBA）、欧洲技术与创新平台"电池欧洲"（Batteries Europe）和推进"电池2030+"（Battery 2030+）联合计划
2018年	电池战略行动计划（Strategic Action Plan on Batteries）	设立规模为10亿欧元的新型电池技术旗舰研究计划
2018年	地平线2020计划（2018—2020年）	明确支持可再生能源存储技术和有竞争力的电池产业链
2020年	"电池欧洲"公布的《电池战略研究议程》	明确到2030年电池应用、制造与材料、原材料循环经济、欧洲电池竞争优势4个方面的关键行动

具体而言，欧盟在2017年成立了欧洲电池联盟，旨在摆脱欧盟在电池储能领域对亚洲厂商的依赖，肩负起整个欧盟在电池产业夺取战略自主权的重任。在EBA框架下，欧盟委员会于2021年1月26日批准了一个电池研发系列项目，即欧洲电池创新项目，预计到2028年结束。该项目由奥地利、比利时、克罗地亚、芬兰、法国、德国、希腊、意大利、波兰、斯洛伐克、西班牙和瑞典12个国家政府共同出资的29亿欧元基金作为资金基础与支持，目前计划致力于电池全产业链的技术创新，包括原材料的提取、电芯到电池Pack的设计和制造、电池的回收和废弃处理。具体而言，项目资金将会资助由42个公司发起的46个项目。值得注意的是，非欧洲本土企业如特斯拉也被纳入该项目参与成员的名单。可见，欧盟希望在电池产业链发展过程中借助外部力量，助力电池产业链突破式发展。

除此之外，欧盟委员会提出的战略能源技术规划（Strategic Energy Technology Plan，SET-plan）中还包括一项大规模的长期战略研究项目，其中一个部分被称为"电池2030+"。该项目计划与欧洲顶尖学术机构、研究所和工业领域相关人士开展广泛的合作，对电池性能、使用寿命、可靠性及生产工艺发展进行长期研究，目标取得欧洲电池行业关键技术突破。"电池2030+"的总体目标是得到能够适配多种电力系统应用的高性能、可持续电池技术。其中，高性能是指能量和功率密度接近理论极限，可持续是指具有较长使用年限，兼备

第 1 章　国外储能发展现状与政策体系

可靠性、安全性和环保性，同时能够实现强有力成本竞争下的大规模化生产。

2021—2022 年，受俄乌冲突和中东地区冲突等事件影响，欧洲遭受了前所未有的能源危机，这使得欧洲在能源政策的制定过程中除了考虑脱碳与可负担性，还需要将能源安全纳入决策范围。这也推动欧洲加大投入建设稳定、多元的能源系统，储能技术在其中发挥着关键作用。

过去，欧洲能源中的天然气依赖进口，尤其是对俄罗斯的天然气有着极强的依赖性。在俄乌冲突爆发前的 2020 年，欧洲煤炭、石油和天然气的净进口量占消费总量的比重分别高达 39%、77% 和 59%。天然气进口中约有 45% 来自俄罗斯。在欧洲每年从俄罗斯进口的 1 550 亿立方米天然气中，有超过 90% 以管道气的形式交付，仅有不到 10% 以液化气的形式交付。随着俄乌冲突爆发，2022 年第一季度，欧洲天然气价格比 2021 年增长了 5 倍。与此同时，不断升级的运输、交易制裁使得中东欧一些国家或将出现 15%～40% 的能源消费短缺，在给居民生活带来困难的同时，也使欧洲工商业、制造业遭受了严重打击。

欧洲和各国的政策制定者已经以多种方式做出反应，试图控制能源市场，保护消费者，增加公共支出，同时关注全球几十年来从未有过的通胀压力。与此同时，在实现脱碳目标的大前提下，加大能源转型力度已成为实现能源安全和提高可负担性的必要手段。针对能源危机，欧盟提出了能源独立战略计划，试图通过能源供应多样化、加快绿色能源的推广、在生产生活中提高能效，实现在 2030 年前摆脱对俄罗斯能源的进口依赖。在能源价格波动期间，可再生能源不再被认为是昂贵的。REPowerEU 一揽子计划建议在 2022—2030 年将每年的可再生能源建设提升一倍。加快建设储能系统对于实现这一政策目标至关重要，被广泛认为也需要纳入 REPowerEU 的政策计划。欧洲各国政府也正在基于此考虑谋划更广泛的储能政策支持。

欧洲各国的储能政策以德国和英国最为典型，以下具体分析两国的储能政策。

1. 德国

德国储能政策涵盖了技术研发支持、产业化应用补贴、行业监管框架探索

· 33 ·

3 个方面，为储能产业起步和发展提供了有力支持。

在技术研发支持方面，德国通过提供专项资金支持储能技术研发项目。2011 年 4 月，德国启动名为"储能资助倡议"的储能支持基金，针对储能系统技术研发予以专项资金支持，截至 2017 年年底，已累计资助 259 个研发项目，共使用资金 1.843 亿欧元。资助重点涵盖风电制氢系统、配电网中的电池应用和储热系统等。

在产业化应用补贴方面，德国推出储能项目安装补贴计划，激励储能项目产业化应用。2016 年年初，德国联邦经济事务和能源部发布了新一轮"光伏+储能"补贴计划，补贴总额约为 3 000 万欧元，除联邦层面外，德国地方层面也推出了一些储能安装补贴激励政策，如表 1-5 所示。

表 1-5　德国地方层面储能安装补贴激励政策

地区	时间	政策	主要内容
巴登—符腾堡州	2018 年 3 月	光伏储能补贴计划（"Grid-serving photovoltaic battery storage" funding programme）	为新建光伏系统配套的储能提供资助，对于每千瓦时的可用储能容量，其可获得的资助不超过净投资成本的 30%。该计划自 2018 年启动，持续至 2019 年年底
勃兰登堡州	2018 年 3 月	1 000 Speicher 储能激励计划（1 000 Speicher incentive program）	针对已有光伏系统，通过改造新增储能系统或者新建光储系统提供资金补贴。该计划最初为 1 000 个符合条件的住宅侧储能用户提供补贴，补贴金额最高可达储能系统总支出的 50%，计划的有效期至 2022 年 12 月 31 日
图林根州	2019 年 3 月	能源和气候保护综合战略（The Integrated Energy and Climate Protection Strategy）	光伏设备资助金额可达 30%，储能设施资助金额可达 30%，单个项目可获得的最高资助金额达 10 万欧元，总支出小于 1 000 欧元的项目将不予补助
巴伐利亚州	2019 年 7 月	光伏储能计划（Photovoltaic storage programme）	巴伐利亚州政府在"1 000 间房屋计划"（1 000 Homes Programme）中新添加了"光伏储能计划"部分，主要资助对象为新建的光储设备

在行业监管框架探索方面，德国能源署已经开始对多元场景下的储能技术应用开展探索，其中的重点是对电网灵活性的探索性研究。该研究从运营商的角度分别探索了以用户为导向、以市场为导向和以网络服务为导向的应用情

第1章 国外储能发展现状与政策体系

景，关注多用户应用情景下储能技术的灵活性应用，包括商业价值的优化、电网服务的优化等。

2022年7月，德国联邦议会通过了几十年来最大规模的一揽子能源转型法案（Energy Transition Law Package）修订，包括《可再生能源法》《陆上风能资源增长和加速扩张法》《替代电厂可用性法案》《联邦自然保护法》等，旨在帮助德国到2045年实现"碳中和"的气候承诺，并摆脱对俄罗斯化石燃料的依赖。德国为应对能源危机重启煤电，同时设定了加速可再生能源发展的目标，即2030年在电力工业部门实现80%的可再生能源替代，2035年争取实现100%的可再生能源替代。近年来，德国储能政策概况如表1-6所示。

表1-6 德国储能政策概况

时间	政策	发布机构	主要内容
2011年	《德国弃核法案》（Nuclear Decommission Act）	联邦议会	放弃核能并继续给予风能和太阳能等可再生能源补助
2011年	新修订的《可再生能源法案》（German Renewable Energy Sources Act）	联邦议会	进一步提高可再生能源发电占比，在几十年内通过绿色技术替代3/4的传统能源
2011年	第六能源研究计划	内阁	规定了德国政府未来几年在创新能源技术领域的资助政策的基本原则和优先事项
2013年	德国小型户用光伏储能投资补贴项目	德国联邦环境、自然保护、核安全和消费者保护部	自2013年4月开始，对户用光伏安装储能设备给予补贴，总补贴预算上限为5 000万欧元
2016年	德国分布式光伏储能补贴计划	德国联邦环境、自然保护、核安全和消费者保护部	2016年3月1日起执行，持续到2018年年底，为并网式光伏发电系统配套安装的储能单元提供补贴
2020年	《可再生能源法》（EEG2021）	联邦议会	将住宅太阳能发电设施所有者支付EEG税费的装机容量上限从10千瓦提高到30千瓦。储能设施将享受费用减免和其他经济激励措施
2022年	2022年度税收法案	联邦议会	取消光伏发电装机补贴额上限，以及对电池系统的双重征税

2. 英国

英国的储能产业政策主要包括市场化战略制定、电力市场建设和储能市场保障3个方面，具体储能政策如表1-7所示。

表 1-7　英国储能政策概况

时间	政策	发布机构	主要内容
2010 年	《低碳能源网络基金》（The Low Carbon Networks Fund）	英国天然气和电力市场办公室	2010—2015 年，提供 5 亿英镑支持英国配电网智能化、低碳化建设；低碳网络基金（The Low Carbon Networks Fund）认为储能是实现低碳经济的关键技术，并资助了许多有意义的示范项目
2015 年	《英国国家电网 200 兆瓦快速调频资源采购计划》（200MW Enhanced Frequency Response Tender）	英国国家电网	英国国家电网计划扩大先进快速调频服务项目的范围，覆盖了二次调频。2015 年，英国国家电网发布超快速调频响应服务的招标计划，招标规模达 20 兆瓦；英国国家电网将与中标方签署为期 4 年的服务合同
2016 年	《智能灵活储能系统建议征集计划》（Energy Storage Features in Call for Evidence on "Smart" Energy System）	英国商务、能源与产业战略部	英国政府寻求产业信息和相关意见，推动能源变革，构建一个智能、灵活的电力系统；涉及内容主要包括：如何消除储能和需求响应的障碍，如何通过价格信号确保响应灵活度；如何孵化创新制度与技术，从而对能源系统中参与者权利与责任进行评估
2017 年	英国智能灵活能源系统发展战略（Upgrading Our Energy System: Smart Systems and Flexibility Plan）	英国天然气和电力市场办公室、英国商务、能源与产业战略部	将储能纳入"英国智能灵活能源系统发展战略"，使储能具备参与英国电力市场的合理身份，并肯定其作用。2019 年对储能定义进行了修订，将储能系统归类为发电设施。这一举措否定了原来具有争议的储能系统双重收费政策，即将储能系统作为用电设施进行收费的同时，又作为发电设施进行收费
2020 年	"绿色工业革命"十点计划	英国政府	通过产业合作，目标在 2030 年前达到 5 吉瓦低碳氢能生产能力，为工业、交通、能源与家用需求提供清洁能源，并争取建设第一个完全由氢能供热的城市
2021 年	《智能系统和灵活性规划》（Transitioning to A Net Zero Energy System: Smart Systems and Flexibility Plan 2021）	英国政府	英国政府将推出 10 亿英镑的净零创新投资组合，支持开发低碳技术和系统。其中至少 1 亿英镑的创新资金将用于支持储能和灵活性创新项目

在市场化战略制定方面，英国电力市场化改革是许多国家参考的典范。2011 年，英国能源部发布《电力市场化改革白皮书（2011）》，该法案旨在建立

容量市场机制，面向容量产品提供额外、稳定且持续的激励，以维持容量机组的盈利水平，从而确保容量机组能保持良好的投资预期。自 2016 年起，英国政府批准了包括电化学储能在内的新兴资源参与容量市场的权利，允许其在参与容量竞拍的同时，也能参与电能批发市场交易。这一政策上的放宽极大地提升了英国储能装机容量的增长速度。2020 年 7 月，英国再次通过"二级立法"，不限制电池储能项目的容量，这使得英格兰地区和威尔士地区能够部署储能项目的容量分别达到 50 兆瓦与 350 兆瓦。

在电力市场建设方面，确保储能项目能够平等地进入并参与电力市场。在存在市场盈利空间的应用场景中，进一步建立并完善市场机制，从而明确储能在市场中的主体地位，保障储能和市场其他主体在相对公平的环境下竞争，避免市场中发生不必要的挤兑。英国于 2016 年放开包括电化学储能在内的多种新型储能项目对容量市场竞拍的参与权，并于 2017 年在容量市场中引入降额因素，对储能系统使用期限进行了限制。根据其规则，储能系统必须能够应对长达 4 小时的断电事件，并且其储能容量会根据其持续放电时间进行降额，这在某种意义上可以视为储能系统为断电事件提供的容量额度，使其能够在容量市场中获取收益。在 2022 年 2 月举行的 T-4 容量市场拍卖中，电池储能获得了 1 093 兆瓦的合同（额定容量为 3.2 吉瓦）。根据该最新结果，英国 2025 年运营的储能电池容量将达到 5.2 吉瓦。

2017 年 7 月，英国天然气和电力市场办公室（Office of Gas and Electricity Markets，OFGEM）与英国商务、能源与产业战略部联合推出了"英国智能灵活能源系统发展战略"，计划在消除储能发展障碍、构建智能能源的市场机制和商业模式、建立灵活性电力市场机制 3 个维度进行英国智能灵活能源系统的建设，并配合该战略推出利好储能发展的方案，该战略文件是目前英国对储能参与电力市场的主要指导文件。

在储能市场保障方面，英国天然气和电力市场办公室于 2018 年 10 月更新了"智能系统和灵活性计划"，进一步消除了智能技术（如储能）的市场障碍。该计划提出要将储能定义为发电资产的一部分，还提出要进行增强频率响应项目招标。英国天然气和电力市场办公室于 2019 年 6 月对储能定义进行了修订，将储能系统归类为发电设施。这一举措否定了原来具有争议的储能系统双重收费政策，即将储能系统作为用电设施进行收费的同时，又作为发电设施进行收费。

欧洲其他国家也出台了一系列支持政策，主要以财政补贴为主。2020年3月，奥地利政府推出一项用于推广小型光伏及配套储能设施的激励计划，其财政补贴额度达到3 600万欧元。该计划包括利用2 400万欧元支持屋顶光伏建设，利用1 200万欧元支持储能系统。奥地利政府指定综合能源公司OeMAG负责运营管理计划的实施，其为屋顶光伏系统户主提供250欧元/千瓦的资金补贴，为储能系统户主提供200欧元/千瓦时的资金补贴。该计划覆盖的光伏系统功率范围和储能系统电量规模范围分别为500千瓦以下与60兆瓦时以下。

2020年，意大利也颁布了相关的税收激励政策，将家用储能设备税收抵免额度从5%～65%提高到110%，进一步激发了用户安装储能系统的积极性。除此之外，一些地方政府也出台了一系列激励措施。意大利北部的伦巴第地方政府启动了一项价值1 000万欧元的公共计划，为在当地购买成套光储系统的用户，以及对于已有光伏系统且准备配套储能系统的用户提供50%的折扣，最高补助额达到10万欧元。据悉，当地面向住宅和商用储能系统的补贴政策自2016年起开始实施，将储能系统与已有光伏系统形成配套，2016年针对该项目的预算为200万欧元，2017年的预算在原有数值基础上翻了一番，2018年下降到300万欧元，2019年又增加到440万欧元。

1.3.3 澳大利亚

澳大利亚联邦政府主要向两个可再生能源投资机构——澳大利亚可再生能源署（Australian Renewable Energy Agency，ARENA）和清洁能源金融公司（Clean Energy Finance Corporation，CEFC）提供支持。ARENA于2012年成立，主要为可再生能源技术的研究、开发和商业化提供资助，并对相关的创新项目给予资金支持。截至2021年2月，ARENA已经资助储能项目37个，并以近2.146亿美元的初始投入撬动了价值9.35亿美元的项目投资。ARENA资

第1章 国外储能发展现状与政策体系

助或帮助吸引资金的项目涵盖了面向用户侧、离网地区和电网薄弱区的储能应用，同时也涉及提升能源系统中可再生能源的渗透率，消除储能市场进入障碍等问题的公共大规模储能项目。ARENA 资助的储能示范项目覆盖多种应用场景，极大地推动了储能技术可行性验证，以及储能多场景规模化应用。CEFC 是一家组建于 2012 年的澳大利亚国有绿色银行，其重点关注清洁能源投资。具体而言，CEFC 管理的基金向具备优良回报能力的项目提供债务或股权融资等金融服务。至今，其向约 200 个大型项目和 18 000 个较小规模项目提供了总额约 80 亿美元的资金支持，覆盖商业太阳能、风能、储能和能效提升等类型的项目。

ARENA 和 CEFC 合作管理了一支针对清洁能源创新的基金，其为处于发展初期、急需资金支持成长的清洁能源项目提供债务和股权融资。CEFC 还在政府的支持与指派下管理了一支价值 10 亿美元的电网可靠性基金，以鼓励私人投资发电、储能和输电项目，从而平衡电网供需，保障用电的低成本。在这些基金的基础上，CEFC 向世界最大的储能项目——维多利亚大电池项目贡献了 1.6 亿美元的投资，支持其设计、建设、运行。该项目的装机规模为 300 兆瓦/450 兆瓦时，主要用于实现维多利亚和新南威尔士两地之间电网的互相联通，并帮助更高比例的新能源接入电网。2022 年年初，澳大利亚政府针对大型电池储能技术的研发开展了新一轮政策和资金支持，其向配有先进逆变器技术、规模在 70 兆瓦以上的大型电池储能项目提供了高达 1 亿澳元的资金支持。截至 7 月已经有 12 个大型电池储能项目入围，在提交完整申请后可获得专项财政支持。

在地区政府维度上，澳大利亚储能行业政策如表 1-8 所示。新南威尔士州政府提出了一项价值 7 500 万美元的技术资助计划，为可调度发电技术可行性研究与相关资本吸引提供资助。截至目前，该计划已经完成了对 5 个项目的资本吸引资助和对 9 个项目的可行性研究资助，涉及抽水蓄能、电池、虚拟电厂和光热储热等清洁能源技术。2020 年，在"输电基础设施战略"（NSW Transmission Infrastructure Strategy）和"电力战略布局"（NSW Electricity Strategy）两份文件的基础上，新南威尔士州政府公布了其电力基础设施路线图。该路线图计划在未来建立 5 个可再生能源区（Renewable Energy Zone，REZ），并配套实施一个电力投资保障计划和一个输电发展计划以控制 REZ 投资风险。该路线图是实现新南威尔士州能源安全目标的依据之一，其提出的规划将在未来 10 年为该地区带来 12 吉瓦的新增容量，其中 2 吉瓦为新增储能容量。

表 1-8　澳大利亚储能行业政策

政策领域	政策措施	具体建议
创造公平竞争环境	"五分钟调价"改革政策	结算价格在每 30 分钟计算一次的基础上，每 5 分钟调整一次调度价格，提升电池储能充电与放电响应灵活性
	辅助服务市场改革	对频率控制机制进行改革，提升紧急频率事件快速响应能力，使得快速反应装置能够快速响应紧急频率事件，辅助频率控制和系统安全
	消除配电业务电杆和电缆投资决策扭曲	当前框架体系激励配电网系统的建设，并将其放在监管资产基础上，但未涉及配电网业务支出，如储能所有者的合约服务。应将投资决策由电杆和电缆建设向储能可提供的配电网服务方向引导
	电网信息可获取性与可用性	配电企业应公开配电网限制相关的数据信息，这些配电网限制可以通过上网储能中的增量投资来解决。澳大利亚能源市场委员会（Australian Energy Market Commission, AEMC）和澳大利亚能源监管机构（Australian Energy Regulator, AER）应改变配电企业关于"配电年度计划报告"的要求，从报告模式向 GIS 驱动门户网站模式转变，提高数据的可获取性和可利用性
	降低管理门槛以提升储能技术竞争力	AEMC 在"配电管理投资测试"（Regulatory Investment Test for Distribution, RIT-D）中要求配电企业在建造新电桩和电缆时考虑可替代方案。电网电池、其他型号分布式电源，以及需求侧管理是具有成本效益的替代方案，但是，RIT-D 过程门槛（500 万美元）有时在电网系统作为替代方案被考虑时显得太高，从而限制了需求响应和配电网支持服务供应商价值体现的空间。另外，鼓励配电企业采用 Ergon 能源公司的"最优增量定价"方法，在降低配电企业管理负担的同时允许较小的投资增量
消除户用与商用储能市场管理障碍		对过时的政策进行修改，简化现有太阳能光伏系统中加装电池储能系统的审批过程与要求。昆士兰州政府出台并网规则，允许 5kVA 交流耦合电池加装到 5kVA 太阳能系统中
户用和商用储能价值认可与投资回报	电网回购电价改革	澳大利亚联邦政府与地方政府应支持回购电价收益返还，旨在确保储能价值的认可。维多利亚州政府提出上网电价改革，对"临界峰值"电网回购电价进行改革，从 2017 年 6 月 1 日起，向太阳能用户和企业返还其在电力需求与系统处于紧张状态且批发价格很高时向电网输送电力的附加价值

第1章 国外储能发展现状与政策体系

(续表)

政策领域	政策措施	具体建议
户用和商用储能价值认可与投资回报	现有高额电网回购电价（PFiT）机制改革	全国用户持续收到高额电网回购电价（Premium Feed-in Tariff，PFiT），政府可以考虑允许PFiT交易，从而换取电池补贴计划的可行性
	电网收费以需求为基础	维多利亚州政府在线收费比较工具——"我的电力规划师"（My Power Planner）实现基于需求进行收费的功能。可实现智能电表数据和收费比较，使得消费者了解需求收费制度带来的潜在收益和风险
制定标准及保护用户	户用储能和商用储能的安装质量与管理	澳大利亚清洁能源委员会应要求所有电池安装服务必须由具有相关资质的安装方来提供，如获得澳大利亚清洁能源委员会认证计划中电池安装认证许可的安装服务供应商
	产品标准和质量保证	对锂离子电池安全性建立国家强制标准。澳大利亚联邦政府安全制度指定方应规定所安装的电池必须符合电池安全性国际产品标准，如IEC62619—2017
	零售与售后服务	向户用与商用电池储能系统提供返利或执行逆向拍卖的政府部门应给出详细的招标条件，并要求零售商签订"零售商行为准则"，或者证明其具有遵循与"太阳能零售商行为准则"同等标准的能力
	全生命周期保养	政府部门应开展储能电池的回收再利用及废弃物的处理方案研究与制订

昆士兰州政府提出了一个面向可再生能源与储能项目的财政支持计划，即可再生能源400保留拍卖计划（Renewables 400 Reverse Auction Program）。2019年7月，昆士兰州政府表示该计划将为10个项目提供财政支持，其中包括8个"可再生能源+储能"项目，1个独立电池项目。除此之外，昆士兰州能源安全部门还在积极探索建设本州的抽蓄容量。

维多利亚州政府为当地Gannawarra储能项目和Ballarat储能项目提供财政拨款。当地政府还向已有光伏系统、增配储能的维多利亚州家庭提供退税优惠。在1万个家庭示范项目顺利落地之后，维多利亚州政府将光伏家庭计划进一步升级，向符合条件的家庭提供高达4174美元的补贴或退税。除此之外，该州还将开展一项电池计划，旨在向高光伏渗透率和人口增长的地区提供支持。

南澳大利亚州政府已经向其家庭电池计划提供了1亿美元的财政资金支持，这些资金给4万个家庭带来了安装户用储能系统的补贴。除资金支持外，该计划的目标还包括让家庭获得较低成本的储能系统融资，补充资金补贴未能覆盖的部分，或者增加光伏板的安装数量、更新光伏发电设施。南澳大利亚州政府还与特斯拉合作，支持后者在该州安装 5 万套 Powerwall 电池，并将其聚合为装机规模为 250 兆瓦/650 兆瓦时的虚拟电厂进行运营。

堪培拉市政府在 2016 年年初推出了世界上最大的家用电池推广项目之一——下一代电池储能计划。其计划耗资 2 500 万美元，向当地 5 000 个家庭和企业提供 36 兆瓦的分布式电池储能，当前，该计划正处于第二阶段，正在征集第五轮电池供应商项目建议书。

除此之外，澳大利亚联邦政府还致力于规范户用与商用储能市场发展。2017 年，澳大利亚清洁能源协会向澳大利亚联邦政府提出了 13 项政策建议，涉及创造公平竞争环境、消除户用与商用储能市场管理障碍、户用和商用储能价值认可与投资回报、制定标准及保护用户 4 个方面（见表 1-8）。

1.3.4 韩国

韩国储能市场装机集中于工商业与表前能量时移应用领域，二者均受到政策驱动。工商业储能政策主要表现为补贴政策，大大增加了工商业储能项目的投资回报率（IRR）；表前能量时移装机则受益于长期可再生能源配额制目标的制定，可再生能源证书的政策激励长期驱动韩国储能装机。

1. 工商业储能补贴政策

韩国工商业储能补贴政策包括电费补贴与功率补贴，自 2017 年起大幅提升两类补贴力度，工商业储能项目的投资回报率（IRR）大幅增加。

（1）电费补贴。为了鼓励工商业配置储能并参与"削峰填谷"，韩国于 2015 年开始推行工商业储能电费补贴，为储能在非高峰用电时间充电给予 10%的电费折扣。自 2017 年 5 月起，韩国政府大幅提高该补贴标准，将充电折扣提升为 50%。

（2）功率补贴。2016 年 4 月，韩国宣布在用电高峰期参与调峰的储能可以得到对应储能功率补贴。2017 年 5 月，功率补贴被提升为原本的 3 倍，同时该政策将补贴按功率大小辅以权重，配置功率小于 5%合约功率、配置功率范围为 5%~10%合约功率，以及配置功率大于 10%合约功率的储能可以分别获得原基础上 0.8 倍、1.0 倍，以及 1.2 倍的补贴。经测算，补贴提升后，2018 年装机的工商业储能项目能够在 2 年内收回成本的 2/3，总 IRR 高于 14%。在普通补贴与无补贴情况下，工商业储能项目基本无经济性，与补贴提升后的 IRR 差异较大。

2. 可再生能源配额制（RPS）

2012 年，韩国实施可再生能源配额制（Renewable Portfolio Standard，RPS），RPS 落实到企业身上的考核指标是可再生能源证书（Renewable Energy Certificates，RECs），它是一种对发电企业的新能源发电量给予确认的、具有交易价值的凭证。RECs 是发电企业的关键资产，强制要求电力企业销售的电量中有一定比例的可再生能源。根据 RPS 的规划，到 2022 年，RECs 权重调整后的企业新能源发电量占比需要达到 10%以上。

风光配储拥有高 RECs 乘数，能够改善储能投资经济性，激发能量时移储能装机。RPS 强制发电企业发出的电力必须要包含一定比例的新能源发电，新能源实际发电量与 RECs 乘数共同决定是否达到该新能源发电比例要求，多余的 RECs 还可进行市场化交易。为鼓励储能发展，韩国政府给予"新能源+储能"更高的 RECs 乘数，提高了储能投资的经济性，驱动了能量时移市场的高增长。

3. "光伏+储能"模式

韩国工商业储能补贴增加仅持续到 2020 年年底，2018 年储能装机处于红利期，尚有较好的经济性，2019—2020 年该红利期缩短，经济性下降，导致储能装机持续回落。短期内，韩国工商业储能装机回升的可能性较低，降低储能系统成本成为中长期提升工商业储能经济性的主要路径。

此外，能量时移装机配合中长期新能源规划，驱动新能源长期增长。短期来看，RPS 配额强制性规划与光伏储能 RECs 高权重给光储电站带来了较好的经济性，对冲了短期储能系统的高成本。长期来看，可再生能源发电能力的提升、储能需求增加，再加上锂离子电池降低成本、提高经济性，光伏储能将成为韩国储能新增装机最稳定的驱动因素。需要指出的是，"光伏+储能"模式在中长期的可持续性，从商业模式来看与 RECs 市场价格直接相关。RECs 市场价格越低，发电企业直接购买 RECs 满足配额制需求的动机就越强，配置光伏储能的意愿就越低。2017 年至今，光伏储能的快速增长使 RECs 的供给显著增加，由于需求未有明显增加，所以 RECs 价格持续下跌。但我们认为，RECs 价格将于短期停止下跌趋势，并于中长期趋于稳定，"光伏+储能"模式可持续，原因是 RECs 供给端增量不会持续强势，而需求端增量将上升。

韩国在补贴政策的推动下成为全球首个储能超量的市场，2018 年新增装机容量远超其他国家和地区；截至 2020 年年底，韩国累计电化学储能装机规模达 3.8 吉瓦/9.2 吉瓦时。其中，新增的电化学储能装机规模为 0.8 吉瓦/2.2 吉瓦时，同比增加 30%。

但是在 2018—2019 年，受到 27 起储能电池起火事件的影响，韩国 2019—2020 年新增装机容量较 2018 年明显下降。这些事故的主要致因包括电池系统缺陷、电池保护系统不良、运营操作环境管理不善等。根据火灾事故调查结果及主要致因，韩国政府决定提升储能系统在制造、安装和运行全流程的安全管理级别，有针对性地制定新消防标准，改进提高火灾应对能力的综合安全措施。这一系列事故给韩国储能的发展带来了较大的负面影响。

目前，我国储能产业尚处于大规模应用的初期，相关技术标准尚不完善，火灾消防措施还欠缺研究和技术支撑，储能装置在生产和应用各个环节存在诸多不便，电化学储能电站的性能及安全有很多关键问题亟待解决。我国应借鉴韩国储能项目火灾事故的经验教训，从完善标准、加强管理、落实管控等方面提高储能项目安全性及防护措施的有效性。加快推进和完善储能产业全周期标准体系，构建由政府牵头、协调各方参与的标准化储能运作体系，同时针对储能关键技术制定系统、全面的储能标准，并推动储能标准国际化。从生产、安装、运行、管理、消防等全生命周期切实落实安全责任，包括制定行业标准及规范，明确储能产业链各环节安全责任主体，落实产品验收标准检测，加强储能运行场所监测预警及运营管理，制定储能系统的防火安全标准和管理制度，完善社会救援的消防安全措施等。

2021 年，韩国逐步取消可再生能源权重 RECs 补贴及工商业储能电价折扣，因此储能新增装机将继续下滑。韩国国有电力公司 Kepco 计划于 2021—

2025 年安装 1.8 吉瓦时的储能系统，主要用于延期输电投资，这是 2023 年韩国储能市场的最大驱动力之一。

1.3.5 日本

2016 年，日本发布《能源环境技术创新战略 2050》，明确将电化学储能技术纳入五大技术创新领域，提出重点研发低成本、安全、可靠的先进储能电池技术。2021 年，日本政府正式发布第六版能源基本计划，进一步激励日本国内可再生能源发展，驱动储能行业需求增长。2022 年 8 月，日本发布《蓄电池产业战略》，为完善蓄电池制造和利用环境，计划将在电动汽车和储能等领域投资约 240 亿美元，目标是到 2030 年日本电动汽车和储能电池行业的产能达到 150 吉瓦时，全球产能达到 600 吉瓦时。具体来说，日本从资金、技术等多方面制定储能政策，综合发力促进储能产业快速发展。

日本经济产业省直接补贴市场。不同于美国，日本发展储能技术主要是受国内资源匮乏的情况驱动，其希望能够通过应用储能技术来优化本国的能源结构。从实际政策来看，2014 年 5 月，日本经济产业省推出新一轮总额为 100 亿日元的补贴计划，主要用于锂离子电池储能系统建设。该计划为家庭用户提供上限为 100 万日元的补贴，为商业用户提供上限为 1 亿日元的补贴。计划规定申请补贴的锂离子电池储能系统的电量规模需要大于或等于 1 千瓦时，同时获得国家可持续开放创新计划的 SII 技术认证，该技术认证是由日本经济产业省设立的认证机构针对创新技术产品出具的。国家可持续开放创新计划旨在借助储能的推广提高能源系统中可再生能源的比例，同时帮助实现峰值负荷管理、提高电力稳定性。日本政府也能依据此计划，衡量大规模生产对电池成本的影响。2015 年 1 月，日本经济产业省再次提供 8 亿美元用于支持工业、商用和住宅用户储能系统建设。

地方强制配储政策及表前光伏并网到期拉动能量时移储能装机需求。2015 年，北海道和冲绳等地区针对大规模光伏出台强制配储政策，强制要求所有 2 兆瓦以上的光伏项目安装储能系统，直接拉动电源侧能量时移储能装机在 2015—

储能规模化发展政策体系、商业模式与综合影响

2016 年的高增长。此外，日本经济产业省于 2018 年要求，在 2012—2014 年获得上网电价补贴（Feed-In Tarrif，FIT）合同但未完工的表前光伏项目（装机容量合计约 23.5 吉瓦）应于 2020 年完成并网并投入运营，否则 FIT 将被降至 21 日元/千瓦时。该政策导致 2020 年光伏抢装，拉动电源侧能量时移储能装机同比激增 914%。

政府拨款资助储能技术的研发和推广。在储能技术研发方面，日本经济产业省为装设锂离子电池的家庭和商户划拨约 9 830 万美元的预算资金，为其提供 66% 的安装费用补贴。以钠硫电池为例，日本政府在前期研发上给予了无偿的资金支持，补充了项目研发 50% 以上的资金，同时提供技术、市场、示范项目等多方面的支持。在其投入商业化运作后，政府继续给予补贴。在技术推广方面，2016 年开始，日本经济产业省还为工厂和小型企业拨款 7 790 万美元，以提高能源效率，这一举动也激励了太阳能发电厂和变电站对于储能系统的使用。为鼓励新能源走进住户，政府还为实施零能耗房屋改造的家庭准备了一定的中央政府与地方政府补贴。目前，政府补贴占整个电池零售价格的 40%～50%。

要求和鼓励新能源市场主体增加储能。日本政府不仅为新能源的研发与推广应用提供了丰富的财政资金支持，还积极建设新能源市场。日本政府要求公共光伏独立发电站配备一定比例的储能电池设施，从而确保电力输出的稳定性；要求电网公司为输电网配置电池，从而保障电力传输的频率稳定，鼓励电网公司购买辅助服务；在配电侧，配电网或者微电网出台奖励政策以推动电池的配置与应用，同时允许配电房与三方合作开展电池业务；在消费侧，日本政府鼓励消费者安装自用的"光伏+储能"系统，开放家庭销售户用电池储能。

确定和筛选储能主流技术路线。在技术方面，日本聚焦于电池成本的降低与电池使用寿命的提高，并以此为重点开展多个技术研发项目，涵盖风电、车载电池、固定式储能电池、电池材料技术评价等，涉及锂离子电池、镍氢电池和全钒液流电池等多种储能技术路线。2020 年，日本宣布启动新一代储蓄电池的研发，希望通过储蓄电池的量产将其生产成本降低至锂离子电池的一成。在研发路径上，日本经济产业省提出以高性能的储能技术为核心的路径图，目标到 2040 年将储能设备的寿命由 10 年延长至 20 年，费用由 4 000 日元/千瓦时降至 15 000 日元/千瓦时。借助对金属空气电池、加强型锂电池、钠硫电池、氧化还原液流电池、镍金属氢化物电池、加强型镍氢电池、新概念电容器等储能电池创新技术的研发，探索电池储能运行性能提高、应用成本降低的最优方案。同时还要增加对储能关联技术的研发投入，包括但不限于住宅能源管理系统、大厦能源管理系统、地方级别的能源管理系统。

上网电价补贴（Feed-In Tariff，FIT）制度及零能源住宅（Zero Energy House，ZEH）计划处于政策层面，日本于 2012 年启动 FIT 制度，给予较高的光伏并网电价，带动光伏装机规模快速增长，为户用储能开辟应用场景；2014 年，日本经济产业省出台针对储能的补贴政策（总预算为 100 亿日元），针对储能电量规模 1 千瓦时以上的储能系统给予 2/3 的出装补贴（户用项目上限为 100 万日元，商业项目上限为 1 亿日元）。同时，日本政府于 2018 年开始执行 ZEH 计划，并提供补贴。2019 年，ZEH 补贴预算为 551.8 亿日元，包含 208 款户用储能产品。ZEH 计划针对储能产品的补贴大幅提高了家用储能投资的经济性，进一步驱动了家庭储能的持续高增长。

1.4　国外储能发展的政策启示

由于各国电力市场情况各异，其对储能发展的支持方式既有"共通之处"，也有结合各自国情及市场特点的"独特之处"。虽然我国目前已经是全球重要的储能市场之一，但这主要是基于我国庞大的市场体量而取得的，同时也受到"风光配储"等政策因素的影响。然而，储能产业要实现良性发展，既需要制定有效的政策扶持机制，也需要构建完善的市场机制，国外在市场机制建设、补贴模式设计、配置主体要求等方面的经验对于我国完善储能政策的设计有着一定的启示性意义。

第一，辅助服务市场是储能成本回收的重要机制。英国、PJM、加州、德国等市场的表前储能主要收益来自辅助服务市场。辅助服务市场的建设对储能

储能规模化发展政策体系、商业模式与综合影响

发展有重要意义。例如，PJM 将调频、备用辅助服务按照实际负荷量比例分配给负荷服务商，将辅助服务费用完全传导给终端用户。储能系统参与调频辅助服务的招标时，可以以较低的报价中标，但以出清价格进行结算。英国电力系统辅助服务费用由发电企业和电力用户共同承担。储能系统参与固定频率响应的月度招标，在获得辅助服务合同后按投标价格进行结算。调频辅助服务已成为英国储能电站获取收益的主要来源。目前我国多个省份要求新建的风电项目和光伏项目按照一定的比例配置储能，但是风光配储并没有建立起合适的成本回收机制，这也导致大量储能资源闲置。未来需要加快辅助服务市场的建立，加强储能投资通过辅助服务市场回收成本的能力。

第二，公用事业公司是储能配置的重要主体。在国外政策驱动型的储能发展案例中，输配电网等公用事业公司是储能配置的责任主体。电力监管部门确定区域电网的储能装机总要求，之后公用事业公司通过自营或第三方购买的方式获得储能容量。同时电源出力、分时负荷、节点潮流及交易价格等数据也向市场主体开放，允许市场主体进行优化决策。以加州为例，美国目前是全球最大的储能市场之一，而加州是美国储能装机规模最大的州。加州储能的投资者主要来自公用事业公司，此外工商业用户和独立发电商也占较大的比重。加州储能投资主要通过市场机制获得成本回收。加州储能设施根据其所有权和功能不同，成本回收方式也有所区别。以提高输配电可靠性为主，所有权属于公用事业公司的储能设施，其储能成本主要从输配电价中回收；应用于平滑风光波动的储能设施，如果所有权属于公用事业公司，那么其储能成本主要从上网电价中回收；属于其他第三方的储能设施，其储能成本主要通过批发市场回收；所有权属于用户且用于发挥负荷调节功能的储能设施，其储能成本主要通过需求管理、分布式发电、电动汽车充电等激励机制回收。但无论采用何种方式，表前储能成本最终还是通过价格传导机制由终端用户承担。参考国外市场经验，可以将电网公司作为新型储能配置责任主体，设定总体的储能配置装机指标，再通过社会化的方式要求电网公司向第三方购买储能服务。

第三，财政激励是促进储能发展的重要政策手段。美国、日本、韩国等国家都采取投资税收抵免或直接补贴的方式，对储能投资给予了财政激励。例

第1章 国外储能发展现状与政策体系

如，美国各州政府对于储能发展的财政激励政策大多是采用税收抵免的方式，即对于储能投资提供一定的免税额度。投资税收抵免可帮助联邦或州一级通过支持市场需求和提高储能与传统资源相比的成本竞争力促进储能的广泛部署。值得注意的是，目前大部分州的税收抵免都要求储能与分布式光伏相结合，同时对储能系统充电电力的来源做出相应的规定。一般地，储能系统从光伏系统充电的比例越高，能够获得的税收抵免额度或比例也就越高。美国在《通胀削减法案》（IRA）中，首次将独立储能纳入 ITC 税收抵免补贴范围，并将税收抵免划分为"基础抵免+额外抵免"。其中基础抵免额度由之前的 26%提高至 30%，补贴退坡延期至 2033 年。额外抵免为新增部分，比例为 10%～40%。未来要促进储能技术的应用，可以综合应用财税手段，对一些关键领域的储能应用（如分布式光伏配储、峰谷差率高的地区储能装机）提供税收抵免。

第四，容量市场对储能发展有重要推动作用。英国、美国加州的储能项目可以与公用事业公司签订长期容量电价合约，从而获得固定补偿。通过该机制，储能投资能够获得确定性的收益。例如，英国容量市场的建设对储能发展有着重要的推动作用。英国于2016年向包括电化学储能在内的新兴资源放开容量市场，允许储能系统在参与容量竞拍的同时进入电能批发市场。该举措推动英国储能装机容量的快速提升。2022 年 2 月，英国的 T-4 容量市场拍卖出清价格创下 30.59 英镑/千瓦·年的历史新高，有近 3.3 吉瓦的电池储能项目中标。在该容量电价下已经能够回收储能投资的成本。

第五，分布式光储发电是表后储能应用的重要模式。加州于 2008 年将储能纳入自发电计划，对用户安装储能系统进行补贴。2016 年的 IRS 投资税收抵免政策也对用户侧光伏配储进行了补贴。由于欧洲各国居民用电价格较高，同时补贴政策主要针对用户侧"光伏+储能"应用场景，因此表后储能应用发展迅速。其中，德国在表后市场占据主导地位，市场份额占欧洲表后储能的 2/3。分布式光伏同样也是中国未来新能源发展的重要领域，通过加快分布式光储的应用，可以有效减少新能源消纳过程对于输电通道的依赖，促进新能源的就地消纳。

第六，完善现货市场建设与分时电价机制。现货市场是可再生能源电站配

储能规模化发展政策体系、商业模式与综合影响

置储能的主要盈利机制。以美国得州为例，其是美国第二大储能装机区域，储能投资主要通过电能量市场的电价机制来获得回报。目前我国各省已经在开展分时电价机制的试点，未来可以考虑在市场主体可接受的前提下提高现货市场价格帽的上限，拉大峰谷价差水平。此外，对于仍然由电网公司代理购电的用户，也可以综合考虑负荷曲线特性，设计更加灵活的峰谷电价政策，如扩大尖峰电价的实施范围，以及设置双峰双谷的分时电价模式，在提升用户储能投资回报的同时，降低电力系统的峰谷差率。

第七，加强储能产业链的发展，推动技术成本下降。美国在"储能大挑战路线图"中提出要在储能技术应用领域实现美国创新、美国制造、全球部署的战略目标，并计划以 2020 年为基础，到 2030 年长时储能成本降低 90%。美国的"国家锂电蓝图 2021—2030"则提出从上游矿产资源，中游锂电材料、电芯制造和电池包制造，到下游锂电池回收全产业链的锂电发展规划。我国目前在电池制造和储能系统集成等领域具有一定的技术优势，但未来可能面临美国、日本、韩国等国家的竞争。我国应该从国家战略的角度出发，优化和整合产业链各个环节，推动从上游锂资源开发利用到下游储能系统集成全产业链的发展。

第 2 章　中国储能发展现状与政策环境

2.1　中国储能发展的现实需求

2.1.1　风光渗透率提升背景下电源侧储能需求

电网系统正在经历着从传统能源向新能源的转型，在享受着新能源的清洁、低成本的同时，电网灵活性降低的问题也愈发突出。风电与光伏发电量在中国全社会用电量中的占比已由 2012 年的 2%，提升至 2022 年的 13.8%，并且根据《关于 2021 年风电、光伏发电开发建设有关事项的通知（征求意见稿）》，预计到 2025 年此比例将提升至 16.5%左右。如图 2-1 所示，我国风光渗透率逐年提升，风电、光伏装机容量占总装机容量的比重从 2012 年的接近 6%上升到了 2022 年的接近 30%。风电、光伏由于发电输出依赖可预测性较差的自然资源，出力波动性较大，与用电负荷相关性很低，所以需要搭配具有调频、调峰性能的机组，以避免对电网造成冲击。

中国电网的灵活性装机较低决定了电网提升灵活性将成为接下来的发展刚需；而电池储能具有响应频率快、配置方式灵活的优点，正在电网灵活性提升中发挥越来越重要的作用，在电源侧配置储能可以实现以下功能。

首先，提供系统惯量支撑，补充电网调频能力。传统火电、水电、核电等发电方式都通过发电机输出电能，当电网出现频率波动时，凭借着汽轮机组的转动惯量可以延缓频率波动趋势。但风电机组转速较慢、转动惯量较小，而光伏发电无转动设备，不具备转动惯量，当电网频率突变时，其响应能力会大幅下降。未来新能源占比提升，将使系统转动惯量降低 30%以上。储能凭借着其极快的响应频率可以在电网频率波动时提升电网惯量支撑，并且自动响应进行一次调频、二次调频。

储能规模化发展政策体系、商业模式与综合影响

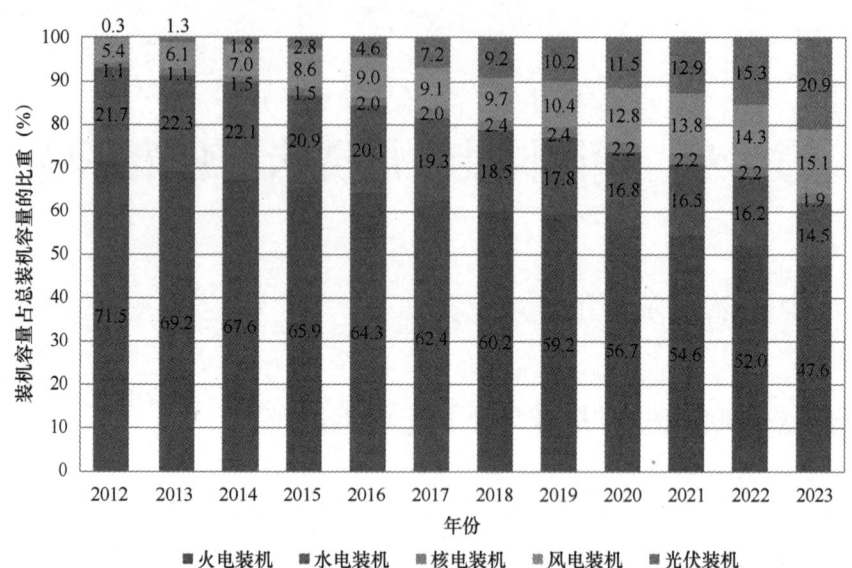

图 2-1 2012—2023 年我国发电装机容量结构

数据来源：CEIC 数据库

其次，促进电源侧新能源消纳，进行电网容量灵活调度。传统火电、水电、核电等发电方式的输出功率和燃料供给相关，这也就意味着传统发电方式的输出功率可以人为控制，而风电、光伏的输出功率与资源相关，可预测性较差，而且无法控制。新能源发电量占总发电量的比重提升，降低了电网的灵活性。从负荷特性来看，居民晚上用电的负荷最高，而随着电力消费结构中居民用电占比的提升，光伏白天输出功率最高、夜间输出功率为零，这与负荷存在明显背离。增加储能系统有助于实现白天发电量向夜晚用电高峰转移，促进了新能源的消纳，也增加了电网调峰的手段。

2.1.2 电力负荷特性变化下需求侧储能需求

负荷曲线是描述电力负荷随时间变化情况的一种曲线，反映用户用电的特点及规律。以江苏为例（见图 2-2），江苏的典型工作日电力负荷曲线呈现明显的峰谷差，其第三产业用电和居民用电在电力消费结构中占比较大，高耗能产业占比较少。为了有效提高电网的运行效率和经济效益，保证电力行业健康、稳定地发展，需求侧储能的建设需要充分考虑各地的电力负荷特性，鼓励企业

第2章 中国储能发展现状与政策环境

用户或综合能源服务商根据自身负荷特性，积极建设储能设施，合理利用分时电价机制，主动削峰填谷，优化区域电网的电力负荷需求。

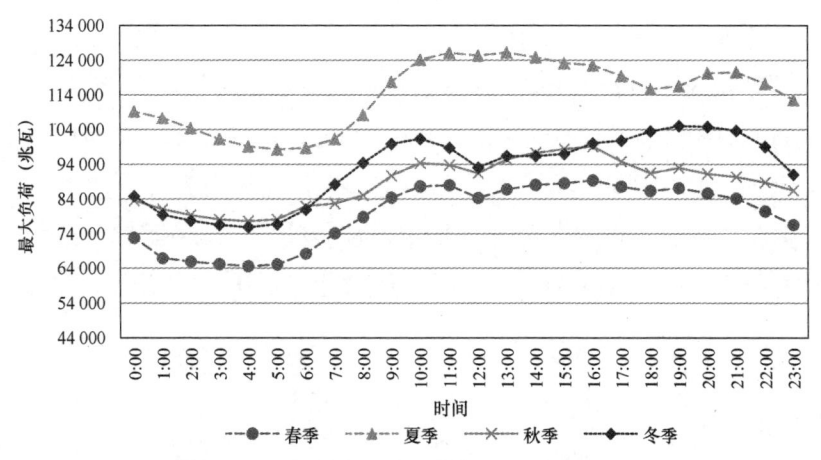

图 2-2 典型工作日电力负荷曲线（以江苏为例）

资料来源：国网江苏省电力有限公司

经过多年发展，我国整体用电量逐年增长，电力消费结构也在不断变化，纵向对比来看，虽然第二产业用电量仍然占到总用电量的 66%以上，但第一产业、第二产业的用电量持续下降，居民用电量、第三产业用电量占总用电量的比重不断提高，2022 年，第三产业用电量、居民用电量占总用电量的比重已达到 17%、16%（见图 2-3）。

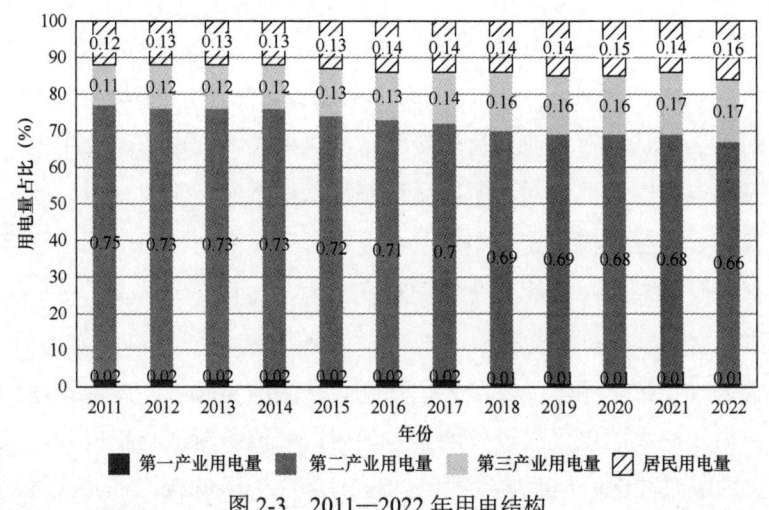

图 2-3 2011—2022 年用电结构

数据来源：中国电力企业联合会

虽然我国居民用电量占总用电量的比重正在提高,但从用电结构、人均用电量两个维度横向对比欧美亚发达国家,我国居民用电仍然具有非常大的提升空间。一方面,我国产业结构仍然以工业为主,服务业正在快速发展过程中,电力消费结构同样如此,未来城市化、产业转型均会提升第三产业用电量、居民用电量占总用电量的比重(见图 2-4)。另一方面,从人均用电量的角度横向对比,我国人均居民用电量大幅低于发达国家,仅约为美国的 19%,日本的 44%(见图 2-5),但我国人均用电量增速远超发达国家,在经济快速发展带动消费的背景下,居民用电量绝对值将保持持续上升势头。

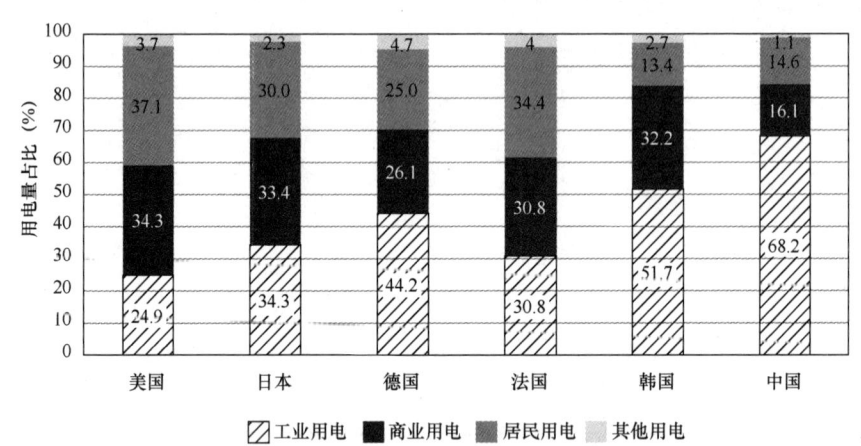

图 2-4 2020 年我国与典型国家的用电结构

数据来源:"新型能源系统智库"公众号

未来我国第三产业用电量、居民用电量占总用电量的比重预计将继续提升,电网也需要从适应工业负荷过渡到适应民用负荷。由于工业用电、商业用电、居民用电使用习惯不同,所以负荷特征截然不同,工业用电、商业用电因为规模较大、运行规律稳定,相对负荷较易预测,而居民用电因为规模小且零散,运行极其不规律,因此负荷预测难度较大,而且夏季酷暑、冬季极寒等极端天气影响会加剧负荷的波动性。

极端天气导致电网峰值负荷大幅升高。在全球变暖、燃煤供暖逐步取消的背景下,由于空调、电采暖设备的集中使用,峰值负荷进一步提升,对电网造成了极大的瞬时冲击,从而导致停电。2021 年 1 月,在国内极寒天气下,多地创出历史新高负荷峰值,1 月 7 日,国网区域 11 个省级电网负荷创历史新高;

而由于居民用电量占总用电量的比重持续增长，小型化、不规律的用户终端将不断增加，用电负荷波动性将进一步增大。通过对比过去10年主要省区市的用电负荷及用电量数据，可以发现大部分省区市的用电负荷增速已高于用电量增速，且这种趋势未来仍将延续，电网未来将面临更加复杂的挑战。

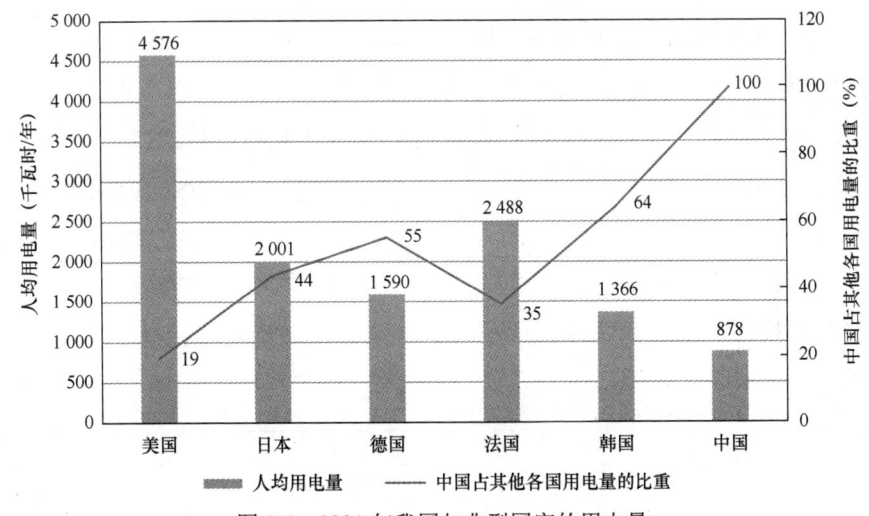

图 2-5　2021年我国与典型国家的用电量

数据来源："新型能源系统智库"公众号

我国居民用电比例不断上升是决定电网必须提升其灵活性的又一重要原因。在需求侧配置储能可以保障短时尖峰负荷供电，大幅节省电网投资。传统电网投资需要建设能够满足尖峰负荷的容量，但尖峰往往持续时间非常短，例如，2019年江苏最大负荷为1.05亿千瓦，超过最大负荷95%比例的尖峰持续时间仅为55小时，在全年运行市场中的占比仅为0.6%，但满足此尖峰负荷供电所需的投资高达420亿元人民币。如果采用500万千瓦/2小时的电池储能来保障尖峰负荷供电，那么所需的投资约为200亿元人民币，投资额将大幅减少。

2.2　中国储能建设的发展现状

2.2.1　抽水蓄能的建设历史及发展现状

从抽水蓄能来看，随着我国经济的飞速发展，能源需求也与日俱增，电力系统对抽水蓄能电站的需求也在不断增加。从发展历程看，20世纪六七十年代，河北岗南、北京密云等抽水蓄能电站的试点建设标志着我国抽水蓄能技术的开端。20世纪八九十年代的广州、十三陵等大型抽水蓄能电站开始投产，标志着我国大型抽水蓄能电站逐渐起步。到了21世纪初，浙江天荒坪、河北张河湾、安徽琅琊山等大型抽水蓄能电站陆续建成，到2008年我国储能项目装机容量已达1 000万千瓦，集中在华南电网、华东电网和华北电网。2021年为抽水蓄能的快速增长阶段，装机容量从2020年的约30吉瓦增加到2021年的约36吉瓦（见图2-6）。根据中国水力发电工程学会抽水蓄能行业分会数据，2022年我国抽水蓄能装机容量已达约46吉瓦。截至2022年年底，我国已核准抽水蓄能电站共48个项目，装机容量合计约6 889.6万千瓦，项目投资金额合计约3 784亿元人民币。目前，我国已经形成较为完备的抽水蓄能电站规划、设计、建设、运行管理体系。

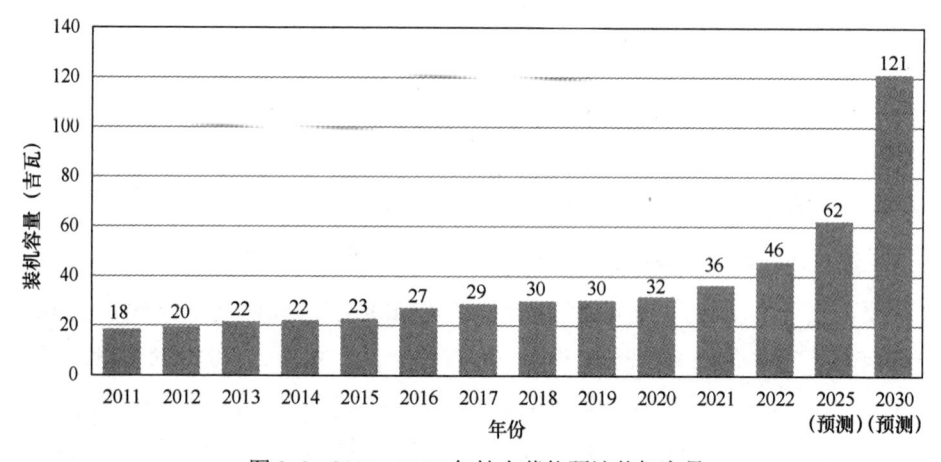

图2-6 2011—2030年抽水蓄能预计装机容量

数据来源：CNESA；2025年和2030年预测数据来自国家能源局发布的《抽水蓄能中长期发展规划（2021—2035年）》。

2021年9月，我国出台了《抽水蓄能中长期发展规划（2021—2035年）》，大力支持储能技术发展，抽水蓄能也迎来了前所未有的历史性机遇。文件指出，到2025年，抽水蓄能投产总规模6 200万千瓦以上；到2030年投产总规模1.2亿千瓦左右；到2035年，形成满足新能源高比例大规模发展需求的、技术先进、管理优质、国际竞争力强的抽水蓄能现代化产业，培育形成一批抽水蓄能大型骨

第 2 章 中国储能发展现状与政策环境

干企业。在政策的驱动下，抽水蓄能近年来也快速发展。截至 2022 年 10 月，在运与在建的抽水蓄能装机容量约达 97.9 吉瓦（见表 2-1）。

表 2-1 截至 2022 年 10 月在运、在建的抽水蓄能项目清单

序号	地点	在运项目	在建项目	装机容量（万千瓦）
1	北京	十三陵	—	80
2	河北	张河湾、潘家口、丰宁	尚义、易县、丰宁、抚宁	867
3	山西	西龙池	浑源、垣曲	390
4	内蒙古	呼和浩特	芝瑞	240
5	辽宁	蒲石河	清原、庄河	400
6	吉林	白山、敦化	敦化、蛟河	290
7	黑龙江	荒沟	荒沟、尚志	240
8	江苏	溧阳、宜兴、沙河	句容	395
9	浙江	天荒坪、仙居、桐柏、溪口、长龙山	长龙山、宁海、磐安、缙云、衢江、泰顺、云和、松阳	1 518
10	安徽	响水涧、琅琊山、绩溪、响洪甸	金寨、桐城、石台、泾县	596
11	福建	仙游、周宁	周宁、永泰、厦门、云霄	680
12	江西	洪屏	奉新、赣县、高桥、横峰	240
13	山东	泰安、沂蒙	沂蒙、潍坊、泰安二期、文登	700
14	河南	宝泉、回龙	洛宁、鲁山、天池、五岳、弓上	612
15	湖北	白莲河、天堂	平坦原、魏家冲、大悟	267
16	湖南	黑麋峰	平江	260
17	广东	惠州、广州、清远、深圳、梅州、阳江	阳江一期、梅州一期、梅州二期、水晶背	1 088
18	广西	—	南宁、罗城	120
19	海南	琼中	保亭	60
20	重庆	—	蟠龙、栗子湾	260
21	陕西	—	镇安	140
22	宁夏	—	牛首山	100
23	新疆	—	阜康、哈密	240
24	西藏	羊卓雍湖	—	9
	合计			9 792

资料来源：中国水力发电工程学会抽水蓄能行业分会

从储能项目规划来看，抽水蓄能中长期规划布局重点实施项目 340 个，总装机容量约为 421 吉瓦；储备项目 247 个，总装机容量约为 305 吉瓦。其中，

东北电网的装机容量约为 105 吉瓦、华北电网的装机容量约为 80 吉瓦、华东电网的装机容量约为 105 吉瓦、华中电网的装机容量约为 125 吉瓦、南方电网的装机容量约为 97 吉瓦、西南电网的装机容量约为 143 吉瓦、西北电网的装机容量约为 159 吉瓦。未来以可再生能源为主体的能源需求结构对储能电站的储能容量需求较高，抽水蓄能电站作为当下技术最成熟、成本最经济、应用最广泛的储能技术选择，在未来也应承担起储能重任。截至 2021 年年底，我国在建抽水蓄能项目的装机容量约为 61.53 吉瓦。

2.2.2 新型储能的发展现状

从新型储能来看，除锂离子电池外，压缩空气、液流电池、飞轮储能等技术也成为 2022 年国内新型储能装机的重要力量，值得注意的是，我国压缩空气技术实现全球首次百兆瓦级规模项目的并网运行。2022 年，全国新型储能新增规模创历史新高，达到 7.3 吉瓦/15.9 吉瓦时，功率规模同比增长 200%，电量规模同比增长 280%，其中锂电储能占到绝大多数。我国部分省份新型储能产业示范项目汇总如表 2-2 所示。

表 2-2 我国部分省份新型储能产业示范项目汇总

序 号	地 点	示 范 项 目
1	河北	国家风光储输示范工程二期储能扩建工程
		张家口可再生能源示范区新型储能创新发展
2	广东	科陆—华润电力（海丰小漠电厂）30MW 储能辅助调频项目
3	广东	佛山市顺德德胜电厂储能调频项目
4	福建	晋江百兆瓦时储能站试点示范项目
5	福建	宁德时代储能微网项目
6	江苏	张家港海螺水泥厂 32MWh 储能电站示范项目
7	江苏	昆山储能电站
8	青海	青海黄河上游水电开发有限责任公司国家光伏发电试验测试基地配套 20MW 储能电站项目
9		青海省国家储能发展先行示范区重点项目——德令哈压缩空气储能试点项目

资料来源：根据各省发布的新型储能示范清单整理

电化学储能经过 10 余年的发展，已经成为新型储能中最重要的细分技术之

第 2 章　中国储能发展现状与政策环境

一。中国电化学储能市场发展迅速，累计装机容量已居世界前列。截至 2023 年 6 月底，中国已投运电力储能项目累计装机容量 70.2 吉瓦，同比增长 44%。新型储能项目新增投运规模 8.0 吉瓦/16.7 吉瓦时，超过 2022 年新增规模水平，下半年则继续保持快速增长态势。此外，40 余个百兆瓦级项目相继投运，超过 2022 年全年水平的两倍，规划和建设中的百兆瓦级项目数量也已超过 2022 年全年水平。

氢能被视为加快能源转型升级、培育经济新增长点的重要战略选择。世界上许多国家都非常重视可再生能源耦合制氢技术的发展。全球氢能全产业链关键核心技术逐渐成熟，燃料电池出货量迅速增加、成本持续下降，氢能基础设施建设明显加快，正逐渐形成区域性氢能供应网络。根据中国煤炭工业协会数据，2022 年，中国氢气产量达 4 004 万吨，同比增长 19.8%，成为目前世界上最大的制氢国之一。未来，随着可再生能源制氢技术的突破和成本的降低，氢能占能源消费的比重将进一步提升。现阶段我国的制氢方式以化石能源和工业副产氢为主，二者合计占比达到 97%。根据中国氢能联盟的预测，预计 2030 年碳达峰时，我国氢气需求量将增至 3 715 万吨，可再生能源电解制氢占比将提升至 15%，供应约 550 万吨的绿氢。预计 2060 年碳中和时，我国氢气需求量将达到 1.3 亿吨，在终端能源消费中所占的比重将达到 15%，成为我国能源战略的重要组成部分，其中，可再生能源电解制氢的比例达到 70%，供应约 0.91 亿吨的绿氢，化石能源制氢（结合碳捕集、利用与封存技术，CCUS）的比例为 20%，供应约 0.26 亿吨的绿氢。

国务院印发的《2030 年前碳达峰行动方案》指出："到 2025 年，新型储能装机容量达到 3 000 万千瓦以上。"明确的规模和增速要求，将引导社会资金流入百花齐放的新型储能产业，推动万亿储能市场的到来。新型储能是催生能源工业新业态、打造经济新引擎的突破口之一，面向世界能源科技竞争，支撑绿色低碳科技创新，加快新型储能技术创新体系建设刻不容缓。

2.2.3　储能产业布局现状分析

在实现"双碳"目标和构建以新能源为主体的新型电力系统的背景下，

储能规模化发展政策体系、商业模式与综合影响

储能政策频繁发布,新能源发电业务将持续快速发展,储能也因此迎来了真正的应用市场机遇。作为发电端和供电端,发电集团及电网公司都承担着推进新能源发展、保障电力安全可靠供应的责任,均从不同的定位出发谋划储能新发展。

1. 中国华能集团有限公司

在几大发电集团央企中,中国华能集团有限公司(以下简称华能)发展储能技术较为积极。目前华能直接或间接参与的火电储能联合辅助调频项目数量多达15个,是全国拥有最多储能调频项目的发电企业之一。此外,华能一方面积极部署国内储能项目,另一方面也逐渐开辟国外储能项目。

2019年8月12日,华能连续发出3个自动发电控制(Automatic Generation Control,AGC)储能项目招标公告。2019年11月15日,华能与锡林郭勒盟行政公署签署战略合作框架协议,双方将在清洁能源基地建设等方面开展合作,构建风、光、煤、电、储一体化多能互补试验示范项目,打造具有国际一流水平的清洁绿色、安全高效的能源示范基地,加快推进锡林郭勒盟现代能源经济建设。2019年12月5日,由华能控股开发的英国门迪电池储能项目在英国正式开工。该项目是欧洲最大电池储能项目之一,由华能与国新国际投资有限公司共同出资,由华能负责建设运营。2019年12月,西安热工研究院有限公司的青年创新团队首次提出屋顶光储型风电场"黑启动"技术路线,填补了新能源"黑启动"领域的技术空白,为新能源参与电网"黑启动"提供技术借鉴。

2021年6月30日,中国华能集团英国门迪电池储能项目一期工程投入商业运行,装机容量达99.8兆瓦,主要设备均由中国企业制造和集成,国产化率超过70%,是欧洲目前最大的电网侧单体电池储能电站之一,也是中国电力企业在发达国家建设的首个大型电池储能项目。2021年12月15日,华能控股开发的英国门迪电池储能项目二期工程(石山项目)正式开工建设。石山项目设计装机容量49.9兆瓦、电量规模99.8兆瓦时,采用全国产电池储能系统。2021年12月29日,由中国华能集团清洁能源技术研究院自主研发的100兆瓦/200兆瓦时独立储能电站在华能济南黄台发电有限公司实现全容量并网,标志

着全球首座百兆瓦级分散控制储能电站正式投运。2021 年 12 月 30 日，华能德州丁庄 32 万千瓦水面光伏电站全面投运。华能德州丁庄 32 万千瓦水面光伏电站是世界单体容量[①]最大的漂浮式光伏电站之一。华能德州丁庄"风光储一体发电"项目被列为 2020 年山东省重大建设项目，除华能德州丁庄 32 万千瓦水面光伏电站外，还建设有华能德州丁庄 100MW 风电装置和 8MW 储能装置。水面光伏与陆上风电项目共用升压站和送出线，顺利实现"风光储同场"。

2022 年以来，华能部署的独立式储能项目已达 13 个，总规模达 1 139 兆瓦/3 078 兆瓦时。目前已经完成工程总承包（Engineering Procurement Construction，EPC）招标的项目有 2 个，华能国际工程技术有限公司以 3.9 亿元人民币（折合单价 1.97 元人民币/瓦时），成为华能湖南共享储能电站项目第一中标候选人；此前华能星泽咸宁黄荆 50MW/100MWh 集中式（共享式）储能项目也完成了 EPC 招标，中电建湖北电力建设有限公司以单价 1.22 元人民币/瓦时的报价中标。2022 年 11 月，华能发布北方上都百万千瓦级风电基地配套储能项目一期施工招标公告，配置规模为 300 兆瓦/600 兆瓦时的电化学储能，分三期实施，每期建设 100 兆瓦/200 兆瓦时的储能电站，其中一期采用预制舱式储能方案。

2. 国家电力投资集团有限公司

国家电力投资集团有限公司（以下简称国家电投）是全国唯一同时拥有水电、火电、核电、新能源资产的综合能源企业集团。截至 2019 年年底，国家电投总装机容量达 1.51 亿千瓦，清洁能源装机容量占总装机容量的比重为 50.5%，已成为国家电投的主要利润来源，且国家电投的清洁能源装机占比在五大电力集团中位居首位，排名第二位的中国华电集团有限公司的这一指标已突破 40%。国家电投旗下黄河上游水电开发有限责任公司已在青海共和建成光伏储能项目，茶卡地区风电储能项目为海南州新能源基地建设提供支撑。国家电投还在珠海横琴热电厂开展储能"黑启动"项目，据报道，该项目是世界首例采用储能系统实现 F 级燃机黑启动的项目，也是国内首例燃机储能调频的项目。

---

① 单体容量是指单个项目在独立水域的装机容量。

储能规模化发展政策体系、商业模式与综合影响

2019年9月，国家电投成立了储能技术研究中心。11月5日，国家电投集团科学技术研究院有限公司自主研发的31.25千瓦铁-铬液流电池电堆"容和一号"成功下线，报道称铁-铬液流电池储能技术能够有效解决大规模新能源发电并网带来的问题，有效提升电网对其的接纳能力。

2020年4月1日，国家电投以国核电力规划设计研究院有限公司为基础，组建综合智慧能源科技有限公司，作为全集团的综合智慧能源产业发展平台。下一步，综合智慧能源科技有限公司发挥自身核能、新能源、电网、火电、氢能、储能等多能源品种技术经验、品牌优势，积极向交通、建筑、信息等领域终端用户拓展。4月10日，内蒙古乌兰察布市与内蒙古电力（集团）有限责任公司、国家电投集团内蒙古能源有限公司签署合作协议，三方将共同推进乌兰察布风电基地一期600万千瓦项目及配套的汇集送出工程的建设，并在规划建设新的可再生能源项目和储能、氢能示范项目等方面加强合作。12月4日，国家电投在总部召开改革三年行动部署会，对国家电投改革三年行动工作进行部署。国家电投前董事长钱智民表示，要在储能、氢能、分布式光伏平台领域打造独角兽企业。

2021年1月29日，国家电投部署了2021年重点任务，紧抓"十四五"风电、光伏跨越式大发展机遇，坚持绿地开发与并购同步、集中式与分布式并举，力争全年新增新能源装机容量不低于1 500万千瓦。10月23日，国家电投的旗舰上市公司中国电力国际发展有限公司（以下简称中国电力）在"建设世界一流低碳企业"发展论坛暨中国电力新战略发布会上表示，将立足清洁低碳能源生产商、绿色能源技术服务商、双碳生态系统集成商的"三位一体"定位，着力推进光伏、风电、水电、地热能、生物质能等清洁低碳能源发展；积极培育储能、氢能、绿电交通、综合智慧能源等绿色新兴产业，实施清洁低碳能源和绿色新兴产业"双轮驱动"。在战略实施安排上，中国电力计划到2025年成为中国储能和绿电交通引领者、美丽乡村开拓者、氢能新生态构建者，并在2035年建成世界一流绿色低碳能源供应商。12月27日，国家电投海阳101兆瓦/202兆瓦时储能示范项目的40组储能单元全部冲击送电完成，标志着该项目正式进入并网试运行阶段。项目投运后，将纳入山东电网统一调度管理，主要

参与全省电力辅助、电网调峰、储能容量租赁等服务，一次充电量达 200 兆瓦时，可满足 1 000 个家庭一个月的用电需求，每年可消纳新能源电量约 1 亿千瓦时。2022 年 10 月，国家电投就山西阳泉高新技术产业开发区储能项目的 EPC 总承包进行公开招标，该储能项目的建设规模为 200 兆瓦/400 兆瓦时，建设目的为解决电网调峰能力不足，实现新能源、负荷、储能的深度融合，提升电网运行灵活度。项目采用磷酸铁锂储能系统，分两期建设，一期建设 100 兆瓦/200 兆瓦时，二期建设 100 兆瓦/200 兆瓦时。其中磷酸铁锂储能系统主设备分两期供货，一期供货 100 兆瓦/200 兆瓦时。

3. 中国华电集团有限公司

中国华电集团有限公司（以下简称华电）的清洁能源装机容量占公司总装机容量的比重接近 40%，在五大发电集团中排名第二位。为了消纳高比例清洁能源，华电通过国内合作和国际合作积极布局储能发展。

2019 年 3 月 19 日，上海电气电站集团与华电新疆发电有限公司新能源分公司在新疆乌鲁木齐签订了 100MWh 储能合作框架协议。两家公司将在新疆对储能电站进行先行先试，充分利用双方的能力和资源，在后续的具体项目中合作好、沟通好、示范好，努力把示范项目变成新疆的标杆项目、样板工程。5 月 6 日，华电董事长、党组书记温枢刚在集团会见比亚迪股份有限公司董事长王传福，双方就新能源汽车、轨道交通及新能源发展等话题进行了深入交流，华电希望双方加强沟通，不断开拓新合作领域，实现共同发展。6 月底，山西省华电忻州广宇煤电有限公司火电机组与电储能联合调频项目正式投运。10 月，华电与里昂集团签约，专注中国、亚洲、澳大利亚储能市场开发。华电的子公司中国华电科工集团有限公司作为 EPC 总承包方，在澳大利亚合作开发、收购、融资和建设集中式光伏储能电站项目。华电未来也会将里昂长时间的电池储能系统纳入其现有和未来的项目中，确保未来可再生能源项目配置电池储能系统，以克服可再生能源发电不稳定的情况，在减少能源消耗的同时提高现有发电机组的效率，为华电可再生能源项目在技术和商业上带来更大的效益。12 月底，华电与甘肃张掖市签订张掖清洁能源基地建设战略合作协议，双方议定将在张掖市规划建设张掖清洁能源基地，加快推进张掖光电、风电和储能等项目建设工作。

2021年1月，华电明确提出公司"十四五"发展主要目标——以更大力度发展风光电，着力下好"建""选""储"三步棋，推动形成建设一批、优选一批、储备一批的发展格局；持续推进水电发展，积极推进金沙江上游水电开发，让绿色成为公司发展的鲜明底色。6月18日，华电举办"十三五"碳排放白皮书暨碳达峰行动方案发布会，提出大力推进储能技术研发与应用，加快氢能关键技术研发与示范。10月22日，华电与宁德时代签署战略合作协议，根据协议，双方充分发挥各自资源优势和业务优势，在储能、新能源、综合智慧能源等领域，加强品牌、市场、技术与产品合作，坚持协同发展，积极为我国能源转型发展做出贡献。12月20日，华电滕州新源热电有限公司（以下简称华电滕州公司）储能项目顺利实现并网运行。该项目投运后，能够为电网运行提供调峰、备用、黑启动、需求响应支撑等多种服务，极大提升传统电力系统的灵活性、经济性和安全性。此外，还可每年增加消纳新能源电量1亿千瓦时，压减煤炭消费约3.1万吨。华电滕州公司储能项目为华电首个大容量电化学储能项目，也是山东省首批调峰类储能示范项目。该项目总占地面积约30亩，总体建设规模为101兆瓦/202兆瓦时，其中包括100兆瓦/200兆瓦时磷酸铁锂电池储能系统，同步建设1兆瓦/2兆瓦时液流电池储能系统。

2022年年初，华电便与河南省政府签署战略合作协议，双方合作聚焦风光水火储多能互补、源网荷储一体化、地热综合智慧能源开发、火电灵活性改造、抽蓄共享储能等多个领域。2022年7月1日，华电莱城101兆瓦/206兆瓦时储能电站示范项目在济南莱芜启动。该项目由华电国际电力股份有限公司投资建设，总投资4.5亿元人民币，设计总规模达101兆瓦/206兆瓦时，包括100兆瓦/200兆瓦时磷酸铁锂电池、1兆瓦/6兆瓦时铁-铬液流电池，一次充电量达20.6万千瓦时，可满足1000余个家庭一个月的用电需求，每年可消纳新能源电量约1亿千瓦时，压减煤炭消费约3万吨。

4. 中国大唐集团有限公司

清洁能源在中国大唐集团有限公司（以下简称大唐集团）的电源结构中所占的比重逐年增加，目前已占到总装机容量的33.65%。2019年，辽宁大唐国

第 2 章　中国储能发展现状与政策环境

际瓦房店镇海网源友好型风电场示范项目发布 10 兆瓦/40 兆瓦时全钒液流电池储能项目招标，大连融科储能技术发展有限公司以 1.42 亿元人民币中标。12 月 2 日，大唐集团正式注册成立智慧能源产业有限公司，主要营业范围包括分布式能源服务、综合能源服务、节能和储能技术开发投资等。这是传统五大电力集团中首家以智慧能源命名注册成立的一级子公司。

2020 年年初，山西大唐国际云冈热电有限责任公司（以下简称云冈热电公司）与大同攸云企业管理有限公司签署山西省首座氢储能综合能源互补项目合作协议。该项目以云冈热电公司现有热电资源为基础，进行以氢为主的储能项目建设，充分消纳多余的热、电、风、光等能源，是集电网调峰、储能、绿色能源利用等于一体的综合能源互补项目。一期项目建设 6×25 兆瓦分布式光伏电站、100 兆瓦风电电站，并配套建设 150 兆瓦电极锅炉供热系统和 10 兆瓦电解水制氢高压储氢系统；二期项目建设 1 000 兆瓦光伏发电站，配套建设 50 兆瓦电解水制氢液态储氢系统。4 月 3 日，华润电力旗下华润智慧能源有限公司与大唐集团旗下中国大唐集团智慧能源产业有限公司在中国华润大厦签署战略合作协议，双方将就综合能源服务、多能互补、电储能、氢能、智能微网等方面开展合作。

2021 年 3 月，中国大唐集团未来能源科技创新中心有限公司与广东省能源高效清洁利用重点实验室联合成立"大规模可再生能源储能技术研发中心"，合作开展可再生能源储能领域的技术研发与工程应用。8 月 10 日，大唐集团召开经济活动分析例会，会议中提出大力发展新能源，持续跟进风光水火储一体化项目，积极推进集约化分布式项目，把创新摆在发展全局的核心位置，坚定不移推动综合智慧能源、储能、氢能等新业态协同发展。

2021 年 11 月 23 日，大唐集团宁夏分公司新能源事业部发布大唐中宁压缩空气网侧共享储能地质勘查项目招标公告，本项目为建设规模 200 兆瓦/800 兆瓦时的电网侧共享储能项目，其中包含 100 兆瓦/400 兆瓦时全钒液流电池储能和 100 兆瓦/400 兆瓦时压缩空气储能。2022 年 9 月 27 日，大唐集团内蒙古分公司 170 万千瓦新能源项目储能工程发布中标结果和中标候选人，本次招标总规模为 490 兆瓦/980 兆瓦时，分布在 3 个区域的 9 个项目中，中标情况如下：

投标最低价格为 1.506 元人民币/瓦时，投标最高价格为 1.64 元人民币/瓦时，投标均价为 1.556 元人民币/瓦时。

5. 国家电网有限公司

2021 年 1 月 27 日，国家电网有限公司（以下简称国家电网）董事长辛保安在世界经济论坛"达沃斯议程"对话会中指出推进抽水蓄能与储能建设，提高系统灵活调节能力，建设能源互联网，有利于提高系统智能化水平，促进"源网荷储"协调互动，有力支撑分布式能源、电动汽车、储能等各种能源设施的灵活便捷接入。3 月 1 日，国家电网发布"碳达峰、碳中和"行动方案，完善抽水蓄能电价形成和容量电费分摊机制，建立储能电站投资回报机制；提升灵活调节电源的比重，建设调峰电源，发展"新能源+储能"、光热发电，提高系统调节能力。国家电网还表示，推动抽水蓄能和新能源的合理装机比例的研究，引导抽水蓄能结合新能源发展和调峰需求进行科学合理布局，力争"十四五"时期新开工装机容量 2 000 万千瓦以上、投资规模 1 000 亿元人民币以上的电站。2021 年年底，国家电网经营区抽水蓄能电站在运、在建规模分别达到 2 631 万千瓦、4 643 万千瓦。到 2035 年，国家电网预计新增抽水蓄能装机容量 3 600 万千瓦。国家电网先后在山东、甘肃、重庆、青海成立电池储能技术共享实验室，推动储能运行、检测、运维等相关技术体系建设，完善储能系统的试验检测能力建设。

2021 年 12 月，国网新源控股有限公司发出公告，根据国家电网与国网新源集团有限公司（以下简称新源集团）签署的股权无偿划转协议，国家电网将公司 51.54%的股权全部无偿划转至新源集团。新源集团于 2011 年 7 月成立，负责开发、投资、建设和经营管理抽水蓄能电站。此次股权划转，体现了国家电网在投资抽水蓄能、电网侧储能方面的决心。2022 年 5 月，国网江苏综合能源服务有限公司（以下简称国网江苏综能）与中国天楹股份有限公司（以下简称中国天楹）签署了《战略合作协议》，就重力储能技术研究与项目开发相关事宜达成战略合作。合作内容包括：共同推进建设如东 100 兆瓦时用户侧重力储能示范项目；中国天楹向国网江苏综能提供重力储能项目与技术支持，国网江苏综能向中国天楹提供接入系统设计规划审查、并网准入、涉网试验等方面的

第 2 章　中国储能发展现状与政策环境

咨询与协调服务。截至 2021 年年底，国家电网经营区新型储能装机容量已突破 453 万千瓦，占全国储能总装机容量的 82%以上。未来，国家电网将持续支持新型储能规模化应用，预计 2030 年国家电网经营区新型储能装机容量将达到 1 亿千瓦。

6. 中国南方电网有限责任公司

中国南方电网有限责任公司（以下简称南方电网）不仅在战略规划和项目直接投资等领域部署储能，还采取科创板上市方式进一步开拓资金来源。

2021 年 1 月，南方电网在"应对新冠疫情带来的挑战——加快向低碳经济转型"经验分享会议中表示要加快新型储能技术的研究应用，依赖氢能储能，解决新能源的间歇性特点与电力供应稳定性之间的矛盾，提升电网安全风险辨识和防控能力，保障电网的安全稳定运行，加强需求侧友好互动响应，加强储能、电动汽车、分布式电源等多种灵活负荷资源的聚合，共同参与需求侧响应。10 月 12 日，南方电网在 2021 年服务碳达峰、碳中和促进清洁能源消纳专项行动中表示未来将大力推进新能源配置储能，按需加快抽水蓄能项目建设。10 月 24 日，南方电网召开抽水蓄能建设动员会，提出未来 10 年将建成投产 2100 万千瓦的抽水蓄能，同时开工建设"十六五"时期投产的 1500 万千瓦抽水蓄能，总投资约 2000 亿元人民币，加上合理规模的新型储能，满足 2030 年南方五省区约 2.5 亿千瓦新能源的接入与消纳。从"十四五"时期到"十六五"时期，南方电网将持续加大投资力度，加快建设抽水蓄能和新型储能。11 月 10 日，文山电力拟置入南方电网调峰调频发电有限公司 100%的股权。文山电力主要业务将转变为抽水蓄能、调峰水电和电网侧独立储能业务的开发、投资、建设与运营。

2021 年 12 月 22 日，南方电网电力科技股份有限公司（以下简称南网科技）在上海证券交易所科创板挂牌上市，南网科技的储能业务主要是提供储能系统技术服务，其中又以系统集成服务为主，即根据电源、电网和用户侧客户需求，针对性提供电化学储能系统整套解决方案，在业内具有一定的先进性。主要客户包括南方电网、易事特、智光电气、燕开电气、中国能建等。截至 2022 年 9 月，南方电网储能股份有限公司（以下简称南网储能）已投运储能电源装机容量1 234万千瓦。其中，抽水蓄能装机容量1 028万千瓦，新型储能装机容量3万千瓦，常规调峰水电装机容量203万千瓦。南网储能计划在"十四五""十五五""十六五"时期分别新增投产抽水蓄能600万千瓦、1 500万千瓦、1 500万千瓦，新增投产电网侧独立储能200万千瓦、300万千瓦、500万千瓦，以满足3亿千瓦新能源的接入与消纳，预计到2030年总投资约2 000亿元人民币。2022年9月15日，南方电网公司广东梅州五华电网侧独立电池储能项目开工。该项目为广东省能源局和南方电网的示范项目，项目建设规模为70兆瓦/140兆瓦时，是南方电网首个百兆瓦时级电网侧独立储能项目。该项目首次研发的应用浸没式储能电池系统可有效提升消防安全性。

2.3 中国储能发展的政策环境

中国"双碳"目标明确要求到2030年，在能源消费结构中非化石能源占比达25%左右，风电和光伏装机容量达12亿千瓦以上。这一数字不仅表明风电和光伏等可再生能源即将迎来蓬勃发展，同时也对储能行业的发展提出了较高要求。

2.3.1 储能发展的总体战略规划

从储能发展的战略规划来看，2014年，国务院发布《能源发展战略行动计划（2014—2020年）》，首次将储能列入9个重点创新领域。2017年，国家发展改革委等五部门联合印发《关于促进储能技术与产业发展的指导意见》，为储能技术和产业制订了未来10年的发展目标。2019年，国家发改委办公厅等四部门联合印发《贯彻落实〈关于促进储能技术与产业发展的指导意见〉2019—2020年行动计划》，为"十四五"期间储能由商业化初期向规模化发展转变奠定了基础。

2021年4月，国家能源局发布《2021年能源工作指导意见》，提出要推动新型储能产业化、规模化示范，促进储能技术装备和商业模式创新。2021年7月，

第 2 章　中国储能发展现状与政策环境

《国家发展改革委 国家能源局关于加快推动新型储能发展的指导意见》发布，提出新型储能未来发展的主要目标。2021 年 12 月，国家能源局正式发布《电力并网运行管理规定》和《电力辅助服务管理办法》，正式明确将电化学、压缩空气、飞轮等新型储能纳入并网主体管理，同时，鼓励新型储能、可调节负荷等并网主体参与电力辅助服务。2022 年 3 月 21 日，国家发展改革委和国家能源局联合印发《"十四五"新型储能发展实施方案》，提出到 2025 年，新型储能由商业化初期步入规模化发展阶段，具备大规模商业化应用条件；电化学储能技术性能进一步提升，系统成本降低 30%以上；火电与核电机组抽汽蓄能等依托常规电源的新型储能技术、百兆瓦级压缩空气储能技术实现工程化应用；兆瓦级飞轮储能等机械储能技术逐步成熟；氢储能、热（冷）储能等长时间尺度储能技术取得突破；到 2030 年，新型储能全面市场化发展。

2022 年 7 月 7 日，工业和信息化部、国家发展改革委和生态环境部联合印发《工业领域碳达峰实施方案》，提出鼓励企业、园区就近利用清洁能源，支持具备条件的企业开展"光伏+储能"等自备电厂、自备电源建设；增强源网荷储协调互动，引导企业、园区加快分布式光伏、多元储能、智慧能源管控等一体化系统开发运行，推进多能高效互补作用，促进就近大规模高比例消纳可再生能源，加强能源系统优化和梯级利用，因地制宜推广园区集中供热、能源供应中枢等新业态；加快新型储能规模化应用。

2023 年 9 月，国家发展改革委、国家能源局发布《电力现货市场基本规则（试行）》（以下简称《基本规则》）。《基本规则》明确，电力现货市场建设的目标是形成体现时间和空间特性、反映市场供需变化的电能量价格信号，发挥市场在电力资源配置中的决定性作用，提升电力系统调节能力，促进可再生能源消纳，保障电力安全可靠供应，引导电力长期规划和投资，促进电力系统向清洁低碳、安全高效转型。《基本规则》明确了电力现货市场近期建设的主要任务，其中与储能政策相关的有以下两点：①做好调频、备用等辅助服务市场与现货市场的衔接，加强现货市场与调峰辅助服务市场融合，推动现货市场与辅助服务联合出清；②推动分布式发电、负荷聚合商、储能和虚拟电厂等新型经营主体参与交易。

目前我国在电源侧、电网侧和用户侧都制定了相应的政策推动储能发展。

2.3.2 电源侧储能发展相关政策

在电源侧，我国鼓励"火电+储能"与"可再生能源+储能"并行发展。

在"火电+储能"领域，2019年，《国家电网有限公司关于促进电化学储能健康有序发展的指导意见》印发，支持常规火电配置储能提升调节性能和运行灵活性，促进电网安全高效运行。目前我国电力辅助服务补偿费用主要来自发电机组分摊，与国外"谁用电、谁付费"的原则存在差异。其中，火电机组分摊到应缴纳的辅助服务费用最高，同时获得的辅助服务补偿费用也最高。

在"可再生能源+储能"领域，为了解决弃水、弃风、弃光等问题，2020年，《国家能源局关于2020年风电、光伏发电项目建设有关事项的通知》《国家能源局综合司关于做好可再生能源发展"十四五"规划编制工作有关事项的通知》《中共中央 国务院关于新时代推进西部大开发形成新格局的指导意见》和《关于建立健全清洁能源消纳长效机制的指导意见（征求意见稿）》发布，对新能源配储相关领域提出要求和建议，从而促进清洁能源高质量发展。2021年是我国"十四五"建设的开局之年，《中华人民共和国国民经济和社会发展第十四个五年规划和2035年远景目标纲要》明确，要在氢能、储能等前沿科技和产业变革领域，组织实施未来产业孵化和加速计划，谋划布局一批未来产业；加快电网基础设施智能化改造和智能微电网建设，提升清洁能源消纳和存储能力。此后，《国家能源局综合司关于报送"十四五"电力源网荷储一体化和多能互补发展工作方案的通知》《国家发展改革委 国家能源局关于加快推动新型储能发展的指导意见》和《国家发展改革委 国家能源局关于鼓励可再生能源发电企业自建或购买调峰能力增加并网规模的通知》等文件先后发布，明确区域间可再生能源和储能协同发展的"共享模式"，鼓励发电企业自建或购买调峰储能能力，增加可再生能源发电装机并网规模。

在地方层面，目前已有多个地区对新建的光伏和风电项目发布强制或建议可再生能源电站配储的政策（见表2-3），配置比例为5%~30%，配置时长为

第2章 中国储能发展现状与政策环境

2 小时。部分地区甚至要求存量项目在一定期限内也需要增加储能配置。

表 2-3 部分地区可再生能源电站配储政策

地区	发布时间	文件名称	政策内容	配置比例	配置时长（小时）	配置类型
江苏	2023 年 9 月	《关于进一步做好可再生能源发电市场化并网项目配套新型储能建设有关事项的通知》	市场化并网项目不再按长江以南和长江以北区分配套建设新型储能比例，均应按照功率 10% 及以上比例配套建设新型储能（时长为 2 小时）	0.1	2	风电/光伏
浙江	2023 年 9 月	《关于做好新能源配储工作 提高新能源并网电能量的通知（征求意见稿）》	为进一步提高新能源并网电能质量，自 2024 年 1 月 1 日起并网的近海风电、集中式光伏项目，按不低于发电装机容量的 10%、时长 2 小时配置新型储能	0.1	2	风电/光伏
天津	2023 年 9 月	《天津市 2023 年度风电、光伏发电项目开发建设方案的项目清单》	全市共 10 个项目，总规模为 2 384.1 兆瓦。其中，光伏项目有 3 个，总规模为 856 兆瓦；风电项目有 7 个，总规模为 1 528.1 兆瓦，上述项目需要配置不低于项目规模 15% 的储能设施	0.15	—	风电/光伏
四川	2023 年 9 月	《四川省发展和改革委员会 四川省能源局关于加快推动四川省新型储能示范项目建设的实施意见》	对 2023 年 7 月 20 日后核准或备案的单独开发的风电、集中式光伏项目，原则上按照不低于装机容量 10%、储能时长 2 小时以上配置新型储能	0.1	2	风电/光伏
甘肃	2023 年 8 月	《甘肃省发展和改革委员会关于甘肃省集中式新能源项目储能配置有关事项的通知》	全省"十四五"第一批风光电项目，河西地区（酒泉、嘉峪关、金昌、张掖、武威）最低按电站装机容量的 10% 配置，其他地区最低按电站装机容量的 5% 配置，储能设施连续储能时长均不低于 2 小时。全省"十四五"第二批风光电项目，河西地区（酒泉、嘉峪关、张掖、金昌、武威）按 15%、4 小时，中东部地区（兰州、白银、天水、平凉、庆阳、定西、陇南、甘南、临夏、兰州新区）按 10%、2 小时配置储能	0.05~0.15	2~4	风电/光伏

(续表)

地区	发布时间	文件名称	政策内容	配置比例	配置时长(小时)	配置类型
河北	2023年6月	《河北省风电、光伏发电年度开发建设方案拟安排项目情况公示》	保障性并网项目需要配置一定比例储能或购买储能调峰服务（冀北电网20%，2小时，南网15%，2小时），项目单位需要出具承诺配置储能并与风光项目同步投产	0.15～0.2	2	风电/光伏
湖北	2023年6月	《湖北省能源局关于发布2023年新型储能电站试点示范项目的通知》	全省共21个项目纳入新型储能电站试点示范项目。并提出：按照储能电站调节容量的5倍配置新能源项目	0.2	—	风电/光伏
广西	2023年5月	《广西壮族自治区发展和改革委员会关于申报2023年陆上风电、集中式光伏发电项目的通知》	陆上风电和集中式光伏发电项目配置比例分别为20%和10%。新型储能主要设备性能应符合国家相关标准规范，有效运行年限不少于10年，原则上额定功率下连续充放电时间不低于2小时	0.2/0.1	2	风电/光伏
广东	2023年5月	《广东省促进新型储能电站发展若干措施》	按照分类实施的原则，2022年以后新增规划的海上风电项目及2023年7月1日以后新增并网的集中式光伏电站和陆上集中式风电项目，按照不低于发电装机容量的10%、时长1小时配置新型储能	0.1	1	风电/光伏
西藏	2023年5月	《2023年风电、光伏发电等新能源项目开发建设方案》	保障性"并网光伏+储能"项目配置储能规模不低于光伏装机容量的20%，储能时长不低于4小时，并要求加装构网型装置	0.2	4	风电/光伏
江西	2023年4月	《江西省能源局关于做好2023年风电、光伏发电竞争优选工作的通知》	为便于电网接入，申报竞争优选的项目应同步落实调峰能力（火电灵活性改造，10%、2小时储能等）。需要新建接网工程的项目，其接网工程应已纳入江西省电网发展规划项目库	0.1	2	风电/光伏
云南	2023年3月	《云南省发展和改革委员会 云南省能源局关于进一步规范开发行为加快光伏发电发展的通知》	光伏发电项目按照装机的10%配置调节资源，可通过自建新型储能设施、购买共享储能服务和购买燃煤发电系统调节服务等方式实现	0.1	—	光伏

第 2 章 中国储能发展现状与政策环境

（续表）

地区	发布时间	文件名称	政策内容	配置比例	配置时长（小时）	配置类型
吉林	2022年12月	《吉林省新能源产业高质量发展战略规划（2022—2030年）》	结合"陆上风光三峡"调峰需要，优化电源侧储能配置，协调推动新建新能源电站配建储能规模不低于发电装机容量的15%，鼓励已并网项目增建新型储能装置，为电力系统提供容量支撑和调峰能力	0.15	—	风电/光伏
贵州	2022年11月	《关于推动煤电新能源一体化发展的工作措施（征求意见稿）》	支持煤电一体化项目优先并网，对未纳入煤电新能源一体化、需要参与市场化并网的新能源项目，应按不低于新能源装机规模10%（挂钩比例可根据实际动态调整）、2小时运行要求自建或购买储能，以满足调峰需求	0.1	2	风电/光伏
福建	2022年10月	《福建省发展和改革委员会关于公布2022年集中式光伏电站试点项目名单的通知》	原则上各试点项目应于2023年年底前全部建成投产，同时按承诺同步配套建成投产不低于项目规模10%（时长不低于2小时）的电化学储能设施。储能设施未按要求与试点项目同步建成投产的，配建要求提高至不低于项目规模15%（时长不低于4小时）	0.1～0.15	2/4	光伏
湖南	2022年9月	《关于开展2022年新能源发电项目配置新型储能试点工作的通知》	对湖南省内风电、集中式光伏发电项目应分别按照不低于装机容量的15%、5%比例（储能时长2小时）配建储能电站。对已按照要求配置新型储能的新建新能源项目，电网企业优先予以并网	0.15	2	风电/光伏
辽宁	2022年5月	《辽宁省2022年光伏发电示范项目建设方案（征求意见稿）》	优先鼓励承诺按照建设光伏功率15%的挂钩比例（时长3小时以上）配套安全高效储能（含储热）设施，并按照共享储能方式建设	0.15	3	光伏
内蒙古	2022年3月	《内蒙古自治区关于工业园区可再生能源替代工程实施细则（2022年修订版）》	申报工业园区应满足：新增用电负荷配置的新能源项目，新增负荷需求的时间周期应不低于新能源的全寿命周期。并要求新增负荷所配置的新能源项目配建储能比例不低于新能源配置规模的15%（4小时）；存量自备负荷部分按需配置储能比例	0.15	4	光伏

储能规模化发展政策体系、商业模式与综合影响

（续表）

地区	发布时间	文件名称	政策内容	配置比例	配置时长（小时）	配置类型
宁夏	2022年1月	《自治区发展改革委关于2022年光伏发电项目竞争性配置方案（征求意见稿）》	按照国家下达的宁夏2022年可再生能源电力消纳责任权重目标，综合考虑全区全社会用电量、外送电量、电网消纳能力、弃风弃光率控制目标、存量项目规模、储能设施建设等因素，经自治区发展改革委同国网宁夏电力有限公司研究测算，确定2022年全区新增光伏发电项目竞争配置的保障性并网规模为400万千瓦（同步配套建设10%、2小时储能设施）	0.1	2	光伏
上海	2022年1月	《金山海上风电场一期项目竞争配置工作方案》	承诺按照上海市能源主管部门要求的建设时序建设电化学等储能装置，且配置比例不低于20%、时长4小时以上	0.2	4	风电
海南	2022年1月	《海南省发展和改革委员会关于开展2022年度海南省集中式光伏发电平价上网项目工作的通知》	全省集中式光伏发电平价上网项目实施总规模控制，具体由省发展改革委根据2021年度及"十四五"期间全省可再生能源电力消纳责任权重确定。每个申报项目规模不得超过10万千瓦，且同步配套建设不低于10%的储能装置	0.1	—	光伏
山东	2021年11月	《山东省能源局关于公布2021年市场化并网项目名单的通知》	在落实灵活调节能力方面，应根据企业承诺，按不低于10%比例（时长不低于2小时）配建或租赁储能（制氢）设施	0.1	2	风电/光伏
陕西	2021年3月	《关于促进陕西省可再生能源高质量发展的意见（征求意见稿）》	2021年起，关中、陕北新增10万千瓦（含）以上集中式风电、光伏发电项目按照不低于装机容量10%配置储能设施，其中榆林地区不低于20%，新增项目储能设施按连续储能时长2小时以上、储能系统满足10年（5000次循环）以上工作寿命、系统容量10年衰减率不超过20%标准进行建设，且须与发电项目同步投运	0.1~0.2	2	风电/光伏

资料来源：公开信息收集

第 2 章 中国储能发展现状与政策环境

此外,部分地区也针对电网侧和用户侧储能制定补贴政策,如表 2-4 所示。补贴类型涉及固定投资、运营及自主研发等多方面,以多种方式推动储能的商业化应用。其中部分地区的储能补贴最高达到 0.7 元人民币/千瓦时,已经高于锂离子电池储能的平准化度电成本,具备商业化应用的经济性。

表2-4 部分地区电源侧储能补贴政策

地 区	发布时间	文 件 名 称	政 策 内 容
四川	2022 年 2 月	《成都市发展和改革委员会关于申报 2022 年生态文明建设储能领域市级预算内基本建设投资项目的通知》	对入选的用户侧、电网侧、电源侧、虚拟电厂储能项目,年利用小时数不低于 600 小时,按照储能设施规模给予每千瓦每年 230 元人民币且单个项目最高不超过 100 万元人民币的市级预算内资金补助,补助周期为连续 3 年
北京	2022 年 3 月	《2022 年朝阳区节能减碳专项资金申报指南》	对储能技术项目给予不超过总投资额20%的补助
内蒙古	2022 年 12 月	《内蒙古自治区支持新型储能发展的若干政策（2022—2025 年)》	建立市场化补偿机制,纳入自治区示范项目的独立新型储能电站享受容量补偿,补偿上限为 0.35 元人民币/千瓦时,补偿期不超过 10 年
江苏	2023 年 1 月	《常州市推进新能源之都建设政策措施》	支持光伏等新能源与储能设施融合发展,对装机容量 1 兆瓦及以上的新型储能电站,自并网投运次月起按放电量给予投资主体不超过 0.3 元人民币/千瓦时的奖励,连续奖励不超过 2 年
山东	2023 年 3 月	《山东省电力辅助服务管理实施细则（2023 年修订版)》	给予储能电站一次调频辅助服务 100 元人民币/兆瓦补偿,快速调压辅助服务 72 元人民币/兆瓦补偿
广东	2023 年 5 月	《2023 年战略性新兴产业专项资金项目申报指南（第一批)》	储能新技术新产品示范应用推广支持工业园区储能、光储充示范两个方向。通过专家评审、现场核查的项目,市发展改革部门择优予以批复立项,项目单位须先自行投入资金组织实施项目,待项目通过验收后,按经专项审计核定项目总投资的 30%给予事后资助,最终资助金额以实际完成投资额和资助比例确定,最高不超过 1 000 万元人民币

资料来源:公开信息收集

2.3.3 电网侧储能发展相关政策

在电网侧,国家鼓励为调峰、调频与辅助服务提供应用空间。

储能规模化发展政策体系、商业模式与综合影响

储能具有跟踪负荷能力强、响应速度快和充放电"双向"调节等优点，是电力主体参与电力行业调峰调频和参与辅助服务的重要方式。我国电力辅助服务市场经历了近 20 年的发展历程，2017 年，电力辅助服务成为国内电力市场改革的热点，江苏、山东等地区陆续发布和实施本地区包含储能在内的电力辅助服务市场运营规则。2018—2020 年，在电力辅助服务建设工作的推进下，电力辅助服务市场经历了由省级到区域级范围逐渐扩大的过程。2021 年 5 月，《国家发展改革委关于进一步完善抽水蓄能价格形成机制的意见》印发，明确指出抽水蓄能对电力系统各项辅助服务的价值。2021 年 7 月，《国家发展改革委关于做好 2021 年能源迎峰度夏工作的通知》发布，指出要加大力度推动抽水蓄能和新型储能加快发展，不断健全市场化运行机制，全力提升电源侧、电网侧、用户侧储能调峰能力。2021 年 8 月，国家能源局发布新版"两个细则"[《并网主体并网运行管理规定（征求意见稿）》和《电力系统辅助服务管理办法（征求意见稿）》]，明确了新型储能独立的主体资格。2022 年 6 月，《国家发展改革委办公厅 国家能源局综合司关于进一步推动新型储能参与电力市场和调度运用的通知》发布，指出新型储能具有响应快、配置灵活、建设周期短等优势，可在电力运行中发挥顶峰、调峰、调频、爬坡、黑启动等多种作用，是构建新型电力系统的重要组成部分。

国内各省份也相继针对调频辅助服务和调峰辅助服务出台了相关价格政策，其中，广东省发展改革委在 2021 年 12 月 3 日发布《广东省电网企业代理购电实施方案（试行）》，提出现阶段辅助服务费用主要包括储能、抽水蓄能电站的费用和需求侧响应等费用，相关费用由全体工商业用户共同分摊。此外，广东省还印发了《广东省能源发展"十四五"规划》《广东省构建新型电力系统推动电力高质量发展行动方案（2021—2025 年）》，支持鼓励发电侧、电网侧、用户侧储能及独立储能等各类新型储能项目建设。浙江省发展改革委于 2021 年 11 月 9 日发布《省发展改革委 省能源局关于浙江省加快新型储能示范应用的实施意见》，提出过渡期间，调峰项目（年利用小时数不低于 600 小时）给予容量补偿，补偿标准逐年退坡，补贴期暂定 3 年（按 200 元人民币/千瓦·年、180 元人民币/千瓦·年、170 元人民币/千瓦·年退坡）。2022 年 7 月，青海省

第 2 章 中国储能发展现状与政策环境

发展改革委印发《青海省国家储能发展先行示范区行动方案 2022 年工作要点》，指出要研究制定新型储能电站规划布局方案，按照"统一规划、统一建设、统一调度、统一运营"模式推动电化学储能建设，开工建设吉瓦级源网共建共享储能示范项目，力争年内建成 50 万千瓦。2022 年 8 月，江西省人民政府印发《江西省碳达峰实施方案》，指出要加快建设新型电力系统，推动能源基础设施可持续转型，建立健全新能源占比逐渐提高的新型电力系统。2022 年 9 月 1 日，山东省能源局印发《关于促进山东省新型储能示范项目健康发展的若干措施》，明确了要依托现货市场，推动新型储能市场化发展。

2.3.4 用户侧储能发展相关政策

在用电侧，国家和各级政府实行"分时电价+需求响应+容量电价管理+中长期分时交易+综合能源服务"，为储能的用户侧应用提供广阔的发展空间。

首先，在峰谷电价方面，2020 年，《国家发展改革委 国家能源局关于做好 2021 年电力中长期合同签订工作的通知》提出峰谷差价作为购售电双方电力交易合同的约定条款，在发用电两侧共同施行，拉大峰谷差价。随着夏季用电的攀升，《国家发展改革委关于进一步完善分时电价机制的通知》于 2021 年 7 月印发，提出上年或当年预计最大系统峰谷差率超过 40%的地方，峰谷电价价差原则上不低于 4∶1，其他地方原则上不低于 3∶1，旨在刺激用户侧储能发展，同时加强调峰能力建设，提高电力系统灵活性。该文件还明确规定，电力现货市场尚未运行的地方，要完善中长期市场交易规则，指导市场主体签订中长期交易合同时申报用电曲线、反映各时段价格，原则上峰谷电价价差不低于目录分时电价的峰谷电价价差。2022 年 7 月 1 日起，27 个省（自治区、直辖市）在冬夏用电高峰时段执行尖峰电价机制，在原先峰谷电价之上新增尖峰电价，合理界定尖峰时段，尖峰电价在峰段电价基础上（原则上）上浮不低于 20%。

其次，在电网需求响应方面，2023 年 9 月，国家发展改革委等六部委印发《电力需求侧管理办法（2023 年版）》（以下简称《管理办法》）。《管理办法》指出，到 2025 年，各省需求响应能力达到最大用电负荷的 3%～5%，其中年度最

储能规模化发展政策体系、商业模式与综合影响

大用电负荷峰谷差率超过 40%的省份达到 5%或以上；到 2030 年，形成规模化的实时需求响应能力，结合辅助服务市场、电能量市场交易可实现电网区域内需求侧资源共享互济。截至 2022 年年底，全国已有 20 余个省（自治区、直辖市）出台了需求响应实施细则。2021 年 2 月，天津市工业和信息化局发布《市工业和信息化局关于开展 2021 年度电力需求响应工作的通知》，提出电力需求响应类型分为"削峰需求响应"和"填谷需求响应"。原则上，参与填谷需求响应的电力用户、负荷集成商的响应能力不低于 500 千瓦；参与削峰需求响应的工业用户、负荷集成商的响应能力不低于 500 千瓦，非工业用户的响应能力不低于 100 千瓦。居民侧电动汽车用户暂无须满足响应容量要求，由负荷集成商代理以集中形式参与。填谷需求响应固定补贴价格为 1.2 元人民币/千瓦时，竞价补贴价格为 1.2~2 元人民币/千瓦时，削峰需求响应一般采用固定补贴价格模式。目前，需求响应仍然存在覆盖面窄、补偿资金来源不确定性强的问题，需要进一步完善需求响应机制的设计。2022 年 5 月，福建省发展和改革委员会印发《福建省电力需求响应实施方案（试行）》，响应负荷能力在 200 千瓦及以上的电力用户可作为直接需求用户参与需求响应，也可通过负荷聚合商代理参与。响应负荷能力在 200 千瓦以下的电力用户由负荷聚合商代理参与。鼓励有储能资源的用户、充电桩运营用户及当年列入有序用电方案的用户参与响应。根据用户实际响应量占申报响应量的比例，设置补贴价格系数，按公式计算用户补贴金额。2022 年 6 月，宁夏回族自治区发展改革委印发《宁夏回族自治区电力需求响应管理办法》，提出在国网宁夏电力有限公司单独立户、单独计量的直供终端电力用户，若满足市场化交易准入条件，则可直接或由负荷聚合商代理参与需求响应，响应持续时间不低于 60 分钟。响应能力大于或等于 1 000 千瓦的电力用户可单独参与，也可由负荷聚合商代理参与。鼓励电能替代、储能（热）、电动汽车充电设施等具有可调节能力的用户、运营商参与需求响应。同时明确了补偿标准，削峰响应按照 2 元人民币/千瓦时的标准发放补贴，补偿费用按照有效响应量、补贴系数、补偿价格、响应时长计算得出。填谷需求按照 0.35 元人民币/千瓦时的标准发放补贴，补偿费用按照有效响应量、补贴系数、补偿价格、响应时长计算得出。

第 2 章　中国储能发展现状与政策环境

再次,在成本回收方面,2021 年,《国家发展改革委关于进一步完善抽水蓄能价格形成机制的意见》发布,指出现阶段,要坚持以两部制电价政策为主体,进一步完善抽水蓄能价格形成机制,以竞争性方式形成电量电价,将容量电价纳入输配电价回收,同时强化与电力市场建设发展的衔接,逐步推动抽水蓄能电站进入市场,着力提升电价形成机制的科学性、操作性和有效性,充分发挥电价信号作用,调动各方面积极性,为抽水蓄能电站加快发展、充分发挥综合效益创造更加有利的条件。2021 年 7 月,《国家发展改革委 国家能源局关于加快推动新型储能发展的指导意见》明确提出建立电网侧独立储能电站容量电价机制,逐步推动储能电站参与电力市场。

最后,在储能参与综合能源服务方面,2020 年,《国家电网有限公司关于全面深化改革奋力攻坚突破的意见》印发,指出要加快培育"两网"融合新兴产业,立足综合能源服务、储能等战略性新兴产业,强化技术、管理和商业模式创新,培育增长新动能。2021 年 6 月,《住房和城乡建设部等 15 部门关于加强县城绿色低碳建设的意见》发布,进一步强调了推动县城绿色低碳建设的重要意义。

2.3.5　国家与地方储能发展规划

未来,从抽水蓄能来看,在"双碳"目标的驱动下,我国出台了《抽水蓄能中长期发展规划(2021—2035 年)》(以下简称《发展规划》),大力支持储能技术发展,我国抽水蓄能的发展也因此迎来了前所未有的历史性机遇。《发展规划》指出,到 2025 年,抽水蓄能投产总规模 6 200 万千瓦以上;到 2030 年,投产总规模 1.2 亿千瓦左右;到 2035 年,形成满足新能源高比例大规模发展需求的、技术先进、管理优质、国际竞争力强的抽水蓄能现代化产业,培育形成一批抽水蓄能大型骨干企业。同时提出,中长期规划布局重点实施项目 340 个,总装机容量约 4.21 亿千瓦;抽水蓄能储备项目 247 个,总装机规模约 3.05 亿千瓦。未来以可再生能源为主体的能源需求结构对储能电站的储能容量需求较高,抽水蓄能电站作为当下技术最成熟、成本最经济、应用最广泛的储能技术选择，在未来也应承担起储能重任。《国家发展改革委关于进一步完善抽水蓄能价格形成机制的意见》的出台完善了抽水蓄能的价格形成机制；同时该文件也明确了要推动抽水蓄能电站作为独立市场主体参与市场。随着我国电力市场的逐渐成熟，其余类似辅助电源的价格机制也有望参照抽水蓄能的模式。此外，各地也积极布局抽水蓄能。截至 2022 年 10 月，浙江、福建、安徽、山东、江苏、陕西等 10 个地区明确"十四五"期间抽水蓄能装机规划目标，到 2025 年 10 个地区的抽水蓄能总装机容量将达到 43.29 吉瓦。湖南、辽宁、陕西、江西等 8 个地区明确"十五五"期间抽水蓄能装机规划目标。根据已发布的规划，到 2030 年抽水蓄能总装机容量将达到 92.05 吉瓦。部分地区的抽水蓄能"十四五"规划如表 2-5 所示。

表 2-5 部分地区的抽水蓄能"十四五"规划

地区	发布时间	文件名称	政策内容
青海	2021 年 7 月	《青海打造国家清洁能源产业高地行动方案（2021—2030 年）》	"十四五"期间，开工建设贵南哇让抽水蓄能电站，推动格尔木南山口抽水蓄能电站、玛尔挡抽水蓄能电站前期工作，实现电力系统中长周期储能调节
甘肃	2022 年 1 月	《甘肃省"十四五"能源发展规划》	充分发挥梯级水库调蓄能力，推进黄河上游既有水电站扩机改造工程，谋划布局混合式抽水蓄能电站。按照"多核快核、能开尽开"的原则，加快列入国家抽水蓄能中长期规划的昌马、黄羊、平川、东乡、康乐、积石山、黄龙等抽水蓄能电站建设，进一步提升全省电网系统调峰能力
河南	2022 年 2 月	《河南省"十四五"现代能源体系和碳达峰碳中和规划》	加快推进在建抽水蓄能电站建设；完善支持政策，谋划新一批抽水蓄能站点
内蒙古	2022 年 3 月	《内蒙古自治区"十四五"可再生能源发展规划》	加快推进赤峰芝瑞 120 万千瓦抽水蓄能电站建设，做好安全管理，力争早日建成投产。早日开工乌海 120 万千瓦、包头 120 万千瓦抽水蓄能电站，确保在"十四五"前期开工建设
四川	2022 年 3 月	《四川省"十四五"能源发展规划》	优先在负荷中心、新能源大规模开发基地规划建设抽水蓄能电站，提升电力系统调节能力
广东	2022 年 4 月	《广东省能源发展"十四五"规划》	建成梅州、阳江抽水蓄能电站，开工建设云浮水源山、肇庆浪江、汕尾三江口、惠州中洞、河源岑田、梅州二期、阳江二期、茂名电白等抽水蓄能电站。"十四五"时期新增抽水蓄能电站装机容量 240 万千瓦

第 2 章 中国储能发展现状与政策环境

（续表）

地 区	发布时间	文 件 名 称	政 策 内 容
浙江	2022 年 5 月	《浙江省能源发展"十四五"规划》	加快推进抽水蓄能电站布局建设，建设混合型（中小型）抽水蓄能电站，组织实施抽水蓄能中长期发展规划（2021—2035 年）。到 2025 年，抽水蓄能电站装机达到 798 万千瓦以上
福建	2022 年 6 月	《福建省"十四五"能源发展专项规划》	建成厦门（4×35 万千瓦）、永泰（4×30 万千瓦）、周宁（4×30 万千瓦）等抽水蓄能电站，加快建设云霄（6×30 万千瓦）抽水蓄能电站；推进仙游木兰（4×30 万千瓦）、永安（4×30 万千瓦）、华安（4×35 万千瓦）、古田溪一级（2×10 万千瓦）共计 400 万千瓦抽水蓄能电站前期工作开展
安徽	2022 年 6 月	《安徽省能源发展"十四五"规划》	打造千万千瓦级绿色储能基地，建成金寨抽水蓄能电站，有序推进桐城、宁国等抽水蓄能电站建设，加快推进已纳入国家规划的抽水蓄能电站前期工作。到 2025 年，全省抽水蓄能电站装机容量达到 468 万千瓦
贵州	2022 年 6 月	《贵州省新能源和可再生能源发展"十四五"规划》	充分利用水电及火电的调节能力，合理布局新型储能或抽水蓄能，优化调度、联合运行、高效利用，建设水（火）风光储一体化可再生能源综合开发基地，降低可再生能源综合开发成本，提高水电或火电送出通道利用率
重庆	2022 年 6 月	《重庆市能源发展"十四五"规划（2021—2025 年）》	加快推进抽水蓄能电站建设，建成綦江蟠龙抽水蓄能电站，启动丰都栗子湾等一批抽水蓄能电站建设
山东	2022 年 6 月	《能源保障网建设行动计划》	开展中小型抽水蓄能电站站点资源普查，适时启动开发建设。到 2025 年，抽水蓄能电站装机容量达到 400 万千瓦；到 2030 年，达到 1 200 万千瓦
江苏	2022 年 6 月	《江苏省"十四五"可再生能源发展专项规划》	积极推进句容抽水蓄能电站建设，开展连云港抽水蓄能电站前期工作并力争开工建设，开展句容石砀山铜矿抽水蓄能电站和韦岗青山湖抽水蓄能电站前期工作。到 2025 年，全省抽水蓄能电站装机规模达到 328 万千瓦以上
宁夏	2022 年 7 月	《自治区碳达峰实施方案（征求意见稿）》	到 2030 年，抽水蓄能电站装机容量达到 680 万千瓦，新型储能建设取得显著成果，需求侧响应能力稳步提升
江西	2022 年 7 月	《江西省碳达峰实施方案》	到 2030 年，抽水蓄能电站装机容量力争达到 1 000 万千瓦
吉林	2022 年 8 月	《吉林省能源发展"十四五"规划》	预计到 2025 年，全省抽水蓄能开工建设项目规模达到 1 000 万千瓦以上

储能规模化发展政策体系、商业模式与综合影响

(续表)

地 区	发布时间	文件名称	政策内容
广西	2022年9月	《广西能源发展"十四五"规划》	争取开工建设抽水蓄能电站装机840万千瓦,推进南宁抽水蓄能电站(4×30万千瓦)首台机组投产。积极推动再开工投产一批项目
山西	2022年10月	《山西省可再生能源发展"十四五"规划》	开展中小型抽水蓄能电站规划选址,在新能源快速发展地区,因地制宜推进灵活分散的中小型抽水蓄能电站建设示范,扩大抽水蓄能发展规模
湖南	2022年10月	《湖南省推动能源绿色低碳转型做好碳达峰工作的实施方案》	到2025年,全省抽水蓄能电站装机规模达到155万千瓦;到2030年,力争抽水蓄能装机规模达到2 000万千瓦左右
辽宁	2022年10月	《辽宁省加快推进清洁能源强省建设实施方案》	积极推进本溪大雅河、葫芦岛兴城、清原二期、朝阳等后续项目建设前期工作,确保2025年和2030年全省装机分别达到300万千瓦和1 300万千瓦

资料来源:公开信息收集

从新型储能来看,国务院印发的《2030年前碳达峰行动方案》指出到2025年,新型储能装机容量达到3 000万千瓦以上,到2030年,抽水蓄能电站装机容量达到1.2亿千瓦左右。明确的规模和增速要求,将引导社会资金流入百花齐放的新型储能产业,推动万亿储能市场的到来。为推动新型储能发展,《国家发展改革委 国家能源局关于加快推动新型储能发展的指导意见》发布,提出要加强顶层设计,统筹储能发展各项工作,强化规划科学引领作用。《"十四五"新型储能发展实施方案》进一步明确了发展目标和各项细则,对于推动新型储能市场化发展具有重要意义。2030年前这一阶段是我国实现碳达峰目标的关键时期,同时也是新型储能发展的重大机遇期。国家大力推动新型储能参与各类电力市场,加快建设电力中长期交易市场、电力现货市场、辅助服务市场,积极推动储能作为独立主体参与各类电力市场。同时,在构建国内国际双循环相互促进新发展格局背景下,加速新型储能产业布局面临重大机遇。新型储能是催生能源工业新业态、打造经济新引擎的突破口之一,面向世界能源科技竞争,支撑绿色低碳科技创新,加快新型储能技术创新体系建设机不容发。2022年6月,国家发展改革委等9部门联合发布《"十四五"可再生能源发展规划》,明确新型储能独立市场主体地位,完善储能参与各类电力市场的交易机

第2章 中国储能发展现状与政策环境

制和技术标准，发挥储能调峰调频、应急备用、容量支撑等多元功能，促进储能在电源侧、电网侧和用户侧多场景应用。此外，各地也在积极规划新型储能建设。截至 2022 年年底，青海、内蒙古、甘肃、广东、湖北、浙江、北京等 24 省（自治区、直辖市）规划了"十四五"期间新型储能装机容量目标，到 2025 年新型储能装机容量目标达到 65.85 吉瓦，部分地区新型储能"十四五"规划如表 2-6 所示。

表 2-6 部分地区新型储能"十四五"规划

地区	发布时间	文件名称	政策内容
甘肃	2022 年 1 月	《甘肃省"十四五"能源发展规划》	提高常规电源调节能力，综合运用储能和需求侧管理等技术，提高系统灵活性，力争在储能和多能集成等技术领域达到领先水平。争取率先开展推动重力压缩空气储能应用示范。预计到2025年，全省储能装机规模达到 600 万千瓦
四川	2022 年 3 月	《四川省"十四五"能源发展规划》	推动大规模、大容量、高安全性和经济性的化学储能技术发展，探索推进化学储能在电源侧、电网侧、用户侧多场景商业化应用，不断提升化学储能电站全生命周期安全管理水平
河北	2022 年 8 月	《河北省"十四五"新型储能发展规划》	到 2025 年，全省布局建设新型储能规模 400 万千瓦以上，实现新型储能从商业化初期向规模化发展转变，具备规模化商业化应用条件
广东	2022 年 4 月	《广东省能源发展"十四五"规划》	推进先进储能在电力领域示范应用，制定储能项目成本回收机制，创新储能项目营运模式，强化储能标准体系建设，带动产业发展。建设发电侧、变电侧、用户侧及独立调频储能项目 200 万千瓦以上
上海	2022 年 5 月	《上海市能源发展"十四五"规划》	支持低成本、高安全和长寿命的储能技术发展，积极研究新型储能技术。探索潮汐能、波浪能等新型能源开发。因地制宜发展储能设施，大型风光电站按需适时配置储能设施，在工业园区等领域有序发展用户侧储能
湖北	2022 年 5 月	《湖北省能源发展"十四五"规划》	推动新型储能技术装备创新和示范应用，积极研制成套电池装备，支持全钒液流电池储能装备产业化发展和应用示范。开展压缩空气储能、飞轮储能等机械储能和其他化学储能技术攻关
浙江	2022 年 6 月	《浙江省"十四五"新型储能发展规划》	"十四五"期间，建成新型储能装机规模 300 万千瓦左右

（续表）

地区	发布时间	文件名称	政策内容
山东	2022年6月	《能源保障网建设行动计划》	支持建设独立储能设施，推动新能源场站合理配置储能设施，引导有条件的新能源项目探索制氢应用鼓励电力大用户、工业园区等布局新型储能，支持家庭储能示范应用。到2025年，新型储能设施规模达到500万千瓦；到2030年，达到1 000万千瓦
贵州	2022年6月	《贵州省新能源和可再生能源发展"十四五"规划》	推进新能源网络与物联网在数字层面实现互联互通，推进储能多元化应用支撑能源互联网应用示范，实现"源网荷储"的智能化调度与交易。构建电、热、冷、储、氢等多能流综合运行的区域能源管理系统
重庆	2022年6月	《重庆市能源发展"十四五"规划（2021—2025年）》	建立市场化电力电量平衡机制，放开发用电计划。推进电力辅助服务市场化，推动储能、调峰作为独立主体参与电力辅助服务市场
辽宁	2022年7月	《辽宁省"十四五"能源发展规划》	不断完善电力调峰辅助服务市场建设，理顺新型储能价格机制，保障本地电化学储能示范项目并网运行。到2025年，新型储能规模达到100万千瓦
湖南	2022年10月	《湖南省电力支撑能力提升行动方案（2022—2025年）》	积极发展电化学储能，优先在新能源消纳困难地区建设一批集中式共享储能项目，引导电源侧储能规模化应用，积极支持用户侧储能发展，围绕终端用户探索储能融合发展新场景
江西	2022年8月	《江西省碳达峰实施方案》	到2025年，新型储能装机容量达到100万千瓦
江苏	2022年8月	《江苏省"十四五"新型储能发展实施方案》	按照"统筹规划、开放多元、市场主导、安全规范"的原则，与电力系统各环节融合发展，全省新型储能装机规模达到260万千瓦左右，为新型电力系统提供容量支撑和灵活调节能力，促进能源清洁低碳转型
吉林	2022年8月	《吉林省碳达峰实施方案》	打造涵盖技术研发、装备制造、资源开发、应用服务的完整储能产业链，推动储能设施建设。到2025年，新型储能装机容量达到25万千瓦以上
安徽	2022年8月	《安徽省新型储能发展规划（2022—2025年）》	到2025年，实现新型储能从商业化初期向规模化发展转变，全省新型储能装机规模达到300万千瓦以上
河南	2022年8月	《河南省"十四五"新型储能实施方案》	到2025年实现新型储能从商业化初期向规模化发展转变，逐步培育完善市场环境和商业模式，新型储能技术创新能力明显提高，在源、网、荷侧应用场景建设一批多元化新型储能项目，力争并网新型储能装机规模达到220万千瓦

第 2 章 中国储能发展现状与政策环境

（续表）

地 区	发布时间	文件名称	政策内容
海南	2022 年 9 月	《海南省碳达峰实施方案》	以现代电力能源网络与新一代信息网络为基础，依托数字化、智慧化等先进的前沿技术，不断提高电网数字化、网络化、智能化水平，优化整合电源侧、电网侧、负荷侧、储能侧资源，坚守安全底线，探索构建具有绿色高效、柔性开放、数字赋能等特征的新型电力系统
福建	2022 年 8 月	《福建省推进绿色经济发展行动计划（2022—2025）》	有序推进新型储能设施发展，到 2025 年新型储能装机容量达到 60 万千瓦以上
广西	2022 年 9 月	《广西能源发展"十四五"规划》	"十四五"期间，全区新增集中式新型储能并网装机 200 万千瓦以上
天津	2022 年 9 月	《天津市碳达峰实施方案》	推动新型储能应用，积极发展"可再生能源+储能"、源网荷储一体化和多能互补，支持新能源合理配置储能，鼓励建设集中式共享储能，到 2025 年，新型储能装机容量力争达到 50 千瓦以上
山西	2022 年 10 月	《山西省可再生能源发展"十四五"规划》	探索利用退役火电机组既有厂址和输变电设施建设储能或风光储设施。积极支持用户侧储能多元化发展，探索储能与电动汽车等融合发展新场景。到 2025 年，力争新型储能装机规模达到 600 万千瓦左右
北京	2022 年 10 月	《北京市碳达峰实施方案》	深化与河北、内蒙古、山西可再生能源电力开发利用方面合作，大力推动绿电进京输送通道和调峰储能设施建设，建设以新能源为主的新型电力系统。到 2025 年，新型储能装机容量达到 70 万千瓦
云南	2022 年 11 月	《云南省应对气候变化规划（2021—2025 年)》	到 2025 年，力争建设新型储能规模 200 万千瓦左右
四川	2022 年 12 月	《四川省电源电网发展规划（2022—2025 年)》	到 2025 年，力争全省新型储能规模达 200 万千瓦以上
青海	2022 年 12 月	《青海省碳达峰实施方案》	电化学储能装机 2025 年达到 600 万千瓦，建成国家储能先行示范区
宁夏	2023 年 2 月	《宁夏"十四五"新型储能发展实施方案》	到 2025 年，力争新型储能装机规模达到 500 万千瓦以上
内蒙古	2023 年 3 月	《内蒙古自治区"十四五"电力发展规划》	2025 年，新型储能装机力争达到 500 万千瓦以上

资料来源：公开信息收集

2.4　中国储能发展的市场条件

2.4.1　电源侧储能发展的盈利模式

在"碳达峰、碳中和"目标愿景下,《国家发展改革委 国家能源局关于开展"风光水火储一体化""源网荷储一体化"的指导意见（征求意见稿）》于 2020 年 8 月发布，强调通过优先利用清洁能源资源、充分发挥水电和煤电调节性能、适度配置储能设施、调动需求侧灵活响应积极性，有利于发挥新能源资源富集地区优势，实现清洁电力大规模消纳，优化能源结构，破解资源环境约束，促进能源领域与生态环境协调可持续发展，推进生态文明建设。

"风光水火储一体化"侧重于电源基地开发，结合当地资源条件和能源特点，因地制宜采取风能、太阳能、水能、煤炭等多能源品种发电相互补充，并适度增加一定比例储能，不仅有助于解决传统能源系统中信息不互通的问题，从而促进能源管理者、能源需求侧和能源供给侧之间的协调与合作。统筹各类电源的规划、设计、建设、运营，积极探索"风光储一体化"，因地制宜开展"风光水储一体化"，稳妥推进"风光火储一体化"，提升各环节自动化、智能化发展水平，从而让能源系统持续保持最佳状态。2021 年 3 月 30 日,《中华人民共和国国民经济和社会发展第十四个五年规划和 2035 年远景目标纲要》明确提出要构建现代能源体系，建设一批多能互补的清洁能源基地。具体为：建设雅鲁藏布江下游水电基地；建设金沙江下游、雅砻江流域、黄河上游和几字湾、河西走廊、新疆、冀北、松辽等清洁能源基地；建设广东、福建、浙江、江苏、山东等海上风电基地。2022 年 11 月 29 日，国家发展改革委发布"能源绿色低碳转型行动成效明显——'碳达峰十大行动'进展（一）"，该文表示制定实施以沙漠、戈壁、荒漠地区为重点的大型风电光伏基地规划布局方案，规划总规模约 4.5 亿千瓦，目前第一批 9 500 万千瓦基地项目已全部开工建设，印发第二批项目清单并抓紧推进前期工作，组织谋划第三批基地项目。

第 2 章 中国储能发展现状与政策环境

就电源侧而言，随着清洁能源装机规模的不断扩大，灵活采取多能源品种发电互相补充显然更加重要。各大发电公司响应国家"碳达峰、碳中和"的号召，统筹规划清洁能源装机占比，逐渐向以清洁能源为主的装机结构转变，国家电力投资集团有限公司的清洁能源占比最高，因此有望最早实现碳达峰。风光水火储智慧能源业务一体化平台的发展还应结合当地资源条件和产业特色，加强能源系统的建设与完善，可实现就地供应，最大限度利用好能源。整体来讲，我国风光水火储智慧能源业务一体化平台正在构建以能源为基础的综合体，未来还会以多元化运营模式长期共存为主，如基地式、分布式、集中式等运营模式会长期共存。

"十四五"期间，新能源的广泛发展带来了电力系统中负荷多样性和随机性的挑战。为了确保电网的安全运行，必须实现实时功率平衡和动态供需平衡，以适应不断变化的能源输入。"风光水火储一体化"有利于解决电力系统的灵活性问题，促进新能源消纳，因此迎来了市场机遇。在此背景下，必须重点发展储能技术，系统规划储能产业，确保储能的可持续发展。在"风光水火储一体化"场景下，应综合考虑储能的经济性、灵活性及安全性等因素，科学论证、因地制宜选择储能技术路线。应重点考虑以下因素：①以区域电源的总成本最低为目标，寻求不同电源和储能的最优容量配比；②以各类电源与储能投资商的收益最优为目标，综合考虑容量优化配置、储能技术路线选择和商业模式开发；③以保证安全为红线，重点考虑系统总体的碳交易目标，平衡储能系统的稳定性、功能性、灵活性、协调性、安装位置和容量。综合而言，发电侧储能系统应兼具能量型和容量型的特点，同时需要考虑成本与地理条件因素。在目前的情况下，锂离子电池、液流电池、钠硫电池都是合适的技术选择。同时，在条件具备的地区，也可以采用抽水蓄能或压缩空气储能。

在目前的政策下，可再生能源并网储能投资的主体是可再生能源企业。未来，如果政策放宽或调整，也可以采取共享储能或租赁储能等方式。

2020 年以来，随着多地出台风光强制配置储能的政策，储能在可再生能源消纳的应用场景下装机规模增长迅速。2020 年，可再生能源并网应用达到

495 兆瓦，同比增长 405%。未来，随着可再生能源继续保持高速增长，以及风光配储政策的持续执行，可再生能源并网储能规模将继续快速增长。

2022 年，我国新增光伏装机容量 87.41 吉瓦，其中集中式电站装机容量 36.3 吉瓦，分布式电站装机容量 51.1 吉瓦。此外，根据中电联预测，假设 2025 年国内新增陆上风电及集中式光伏电站的储能配套比例为 20%，那么储能时长由 2 小时逐步提升至 2.5 小时，在"十四五"期间，相应的新能源配套储能电量规模将超过 60 吉瓦时，预计每年可再生能源并网的储能装机规模将达到 7.4 吉瓦/14.8 吉瓦时。

2.4.2 储能参与辅助服务盈利模式

电力系统辅助服务旨在保证发电与用电之间的平衡、维持电能质量，以及保障电力系统的稳定运行。长期以来，我国电力辅助服务实施考核与补偿相结合的管理机制，将辅助服务分为基本辅助服务和有偿辅助服务。基本辅助服务由发电机组无偿提供，主要包括一次调频、基本调峰及基本无功调节等服务。有偿辅助服务是并网主体在基本辅助服务之外提供的辅助服务，包括自动发电控制（Automatic Generation Control，AGC）、有偿调峰、旋转备用、有偿无功调节、黑启动等。有偿辅助服务的补偿或费用主要由并网发电厂分摊，一般火电等出力可调的机组可通过提供电力辅助服务获取补偿，相关的费用则主要由各类电源承担。因此，在原有的规则下，电力辅助服务基本上为发电侧的"零和游戏"，产生的费用较难传导至终端电力用户。

2021 年 12 月 21 日，国家能源局印发《电力并网运行管理规定》和《电力辅助服务管理办法》，对辅助服务的提供主体、服务品种、补偿方式及费用来源进行了修订。其中，新规定增加了辅助服务的品种，并明确了辅助服务成本传导机制改革的方向。根据现有的政策文件，新型储能纳入提供辅助服务的主体范围，相较于传统的火电并网机组，电化学储能具有调节速率快、响应时间短、调节精度准的优势，在电力辅助服务市场中具有较强的竞争力。未来储能系统可以部署在发电侧，辅助并网主体参与辅助服务市场；也可以作为独立的

第 2 章 中国储能发展现状与政策环境

辅助服务提供商参与到辅助服务市场中。

根据目前我国辅助服务市场的结构,新型储能技术在辅助服务中的主要应用场景有二次调频、调峰和备用容量。潜在的商业模式如下。

一是与火力发电相结合,进行火电储能联合调频。燃煤电厂如果单独参与电力系统的频率调节,那么大部分时候是运行在非额定负荷并进行变功率输出的。由于调频需求而频繁调整输出功率会降低机组运行效率,增加机组磨损,影响机组运行寿命,因此,通过储能系统和火电机组联合运行,构成新的电力调频电源,既解决了传统火电机组调节速度慢、折返延迟和误差大的问题,又弥补了储能系统由于能量有限增加电网调频难度的劣势。相关的商业模式案例有北京京能电力股份有限公司石景山热电厂(以下简称石景山热电厂)在 2013 年投运了一套 2 兆瓦/0.5 兆瓦时的储能系统,并与一台 200 兆瓦机组并网运行。项目总投资为 2 260 万元人民币,投资回收期为 5 年。当然,随着大量储能参与辅助服务市场,辅助服务补偿费用标准可能会降低。然而,储能技术成本的不断下降也保障了其应用的经济性。例如,石景山热电厂的储能投资成本高达 1.13 万元人民币/兆瓦或 4.52 万元人民币/兆瓦时,而目前储能系统成本相较于该项目已降低 90%。

二是与可再生能源结合,在帮助可再生能源消纳的同时,参与辅助服务市场。由于风电和光伏等新能源机组不具备调峰与调频能力,所以传统上辅助服务补偿收益主要由火电机组获得。在国外成熟的电力市场中,新能源侧的储能超过 50%的收益源于参与电力市场交易、辅助服务等获得的收入。目前部分地区新建风光项目时要求按照一定比例配置储能装机,但风光如何参与辅助服务仍不明确,在调度与市场机制层面仍然存在一定的障碍。山东省率先开启共享储能新模式市场。2021 年 8 月,山东省人民政府印发《山东省能源发展"十四五"规划》,支持建设运营共享储能设施,鼓励风电、光伏项目优先租赁共享储能设施。

三是储能作为独立的市场主体参与辅助服务市场。目前我国的辅助服务市场正在建设中。虽然新的《电力辅助服务管理办法》提出要结合当地电网运行需求和特性,按照"谁提供、谁获利;谁受益、谁承担"的原则,确定各类电力辅助服务品种、补偿类型并制定具体细则。然而辅助服务市场建设的方向仍未明确，辅助服务在未来较长的时期内仍然可能以补偿的方式进行投资回收。储能作为独立的市场主体，主要通过与电网公司签订双边合同的模式参与辅助服务市场，提供调频与调峰服务，并获得补偿。随着现货市场和辅助服务市场的逐步完善，未来储能也可能通过参与现货市场进行调峰，以及通过招标或双边合同的形式参与调频与备用辅助服务市场。

四是用户侧或售电公司建设储能设施，并作为独立市场主体参与辅助服务市场。在美国的储能市场中，工商业用户配置的储能装机容量占比达到了17%。用户侧配置的储能不仅可以通过参与传统的峰谷价差套利、容量电价管理等方式获得回报，也可以联合参与调频、深度调峰、启停调峰等辅助服务，提升储能投资的回报能力。

由于目前我国调峰、调频与备用三类辅助服务补偿超过辅助服务补偿总量的95%，因此以下重点讨论调峰、调频与备用的技术需求。

调峰是一种容量调节，参与机组需要具有较大容量。综合各地调峰补偿费用规则，调峰补偿费用普遍在 0.2~0.6 元人民币/千瓦时的水平，并且参与调峰的储能都有规模要求，普遍在 10 兆瓦/20 兆瓦时以上，储能机组需要具备 2 小时时长。对比用于调峰的灵活性电源的度电成本，抽水蓄能的度电成本最低。但抽水蓄能由于地理位置限制，不能灵活布置于所有需要调峰的场地。磷酸铁锂电池、液流电池和钠硫电池兼顾了放电速率与循环寿命，是较为理想的调峰电源。

调频辅助服务目前大多基于调频里程进行补偿，对于储能的响应速度、响应时间和调节精度有着较高的要求。调频属于功率型调节，电池、超级电容器、飞轮都可以满足需求。考虑到不同储能技术的平准化度电成本，磷酸铁锂电池能够平衡成本、放电时长、响应速度，是较为理想的调频电源。

与传统电源相比，储能的装机成本相对较高，在备用辅助服务市场上不具备竞争优势。但是如果联合调频辅助服务应用与备用辅助服务应用，则可以增加储能运行的收益。因此，备用辅助服务的技术需求可以参考调频辅助服务，可以选择磷酸铁锂电池技术路线。

2.4.3 用户侧储能应用主体与盈利模式

用户侧储能将成为未来储能应用的重要领域，在美国储能市场中，工商业用户配置的储能装机容量占比达到了 17%；而在德国市场，由于较高的居民电价及对分布式光伏配置储能的补贴政策，工商业用户和居民用户的表后储能占据了主要的市场份额。当前，用户侧储能应用的场景主要有以下几类。

1. 分时电价管理

分时电价管理也称为峰谷电价套利，通过将电能需求从电价较高的时段转移至电价较低的时段，减少用户的购电成本。近年来，随着我国一般工商业用电与居民用电占电力消费比重的不断提升，电力需求的峰谷差率也不断拉大。部分省份针对大工业用户与一般工商业用户出台了分时电价的政策（见图 2-7）。

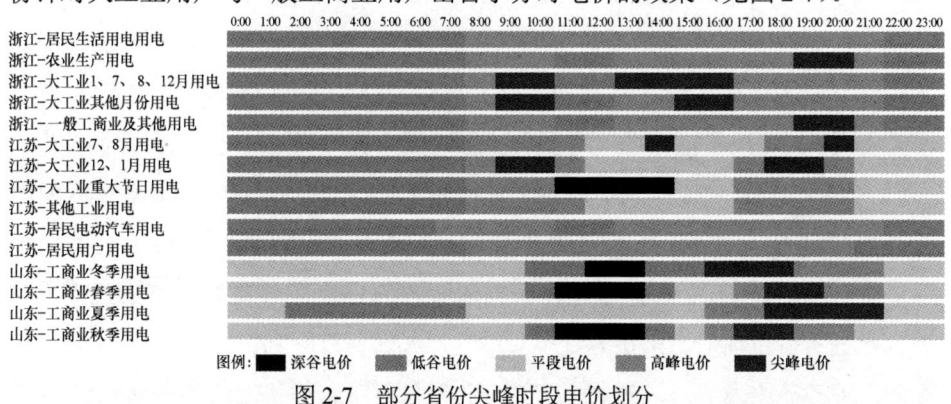

图 2-7 部分省份尖峰时段电价划分

资料来源：根据各省发展改革委发布的数据整理

2021 年 7 月，《国家发展改革委关于进一步完善分时电价机制的通知》发布，提出完善峰谷电价机制、建立尖峰电价机制、健全季节性电价机制。其中，在进行合理确定峰谷电价价差的要求中，上年或当年预计最大系统峰谷差率超过 40%的地方，峰谷电价价差原则上不低于 4∶1；其他地方原则上不低于 3∶1。同时设立尖峰电价机制，尖峰电价在峰段电价基础上上浮比例原则上不低于 20%。随后，浙江、江苏、山东、重庆等 20 多个省（自治区、直辖市）出台完善分时电价机制的相关政策，这些政策提升了用户侧储能应用的经济性。首先，扩大峰谷价差提升了储能的收益能力，特别是尖峰电价机制极大地增加了负荷高峰储能的放电收益。其次，峰谷电段划分的变化也增加了储能系统的利用率。部分地区根据电力需求特点，将高峰电价拆分为两个高峰时段，且两个高峰时段的间隔中还存在低谷时段。在新的分时电价机制下，应用于峰谷价差套利的储能设施每天充放电的次数能够由原先的一次变为两次，大大缩短了储能投资的回收期。

2. 容量电费管理

目前大部分省份的大工业用电都采取两部制电价的模式，即将与容量对应的基本电价和与用电量对应的电量电价结合起来决定电价的模式。其中，容量电费又称为基本电费，是电网公司根据客户变压器容量或最大需量，以及国家批准的基本电价计算的电费。目前，从基本电价的情况来看，最大需量平均约为 35.12 元人民币/千瓦·月，变压器容量平均约为 24.44 元人民币/千瓦·月，其中北京最高（最大需量为 48 元人民币/千瓦·月、变压器容量为 32 元人民币/千瓦·月），天津最低（最大需量为 25.5 元人民币/千瓦·月、变压器容量为 17 元人民币/千瓦·月）。目前锂离子电池储能成本已降至 2 000～3 000 元人民币/千瓦，按照 10 年的静态投资回收期计算，年成本大约为 200～300 元人民币/千瓦。大工业用户应用储能进行容量电费管理，已经能够覆盖储能的投资。此外，部分省份正在着力解决容量电费的交叉补贴问题。2021 年 12 月 14 日，广东省发展改革委发布《广东省"十四五"时期深化价格机制改革实施方案》，提出进一步完善省级电网、增量配电网输配电价格形成机制，推进解决全省各价区间电价交叉补贴问题。按照"放开两头、管住中间"的原则，加强输配电价监管，有序推进上网电价、销售电价市场化改革。进一步完善省级电网、增量配电网输配电价格形成机制，推进解决全省各价区间电价交叉补贴问题，理顺输配电价结构。

此外，大工业用户的储能投资除了可以进行容量电费管理，还可以同时进行电量电费管理。对于参与市场化交易的大工业用户，其储能投资可以通过参与现货市场或中长期分时交易进行价差套利；而对于仍然由电网公司代购电的

第 2 章 中国储能发展现状与政策环境

大工业用户，其电量电费也是采用峰谷分时电价的机制，同样存在套利空间。峰谷价差套利与容量电费组合应用，能够提升用户储能投资回报水平。

3. 需求响应补偿

需求响应是当电力批发市场价格升高或系统可靠性受威胁时，电力用户针对市场价格信号或激励机制做出的响应，并主动调整原有电力消费模式，减少或者推移某时段的用电负荷，从而响应电力需求，保障电网稳定，并抑制电价上升的短期行为。

需求响应又可分为基于价格的需求响应和基于激励的需求响应两种类型。其中，基于价格的需求响应是指用户根据收到的分时电价、尖峰电价等价格信号，相应地调整电力需求。基于激励的需求响应中，用户通过直接负荷控制、可中断负荷、需求侧竞价等方式，在系统需要响应时主动减少电力需求，并获得补偿。

2017 年 9 月，国家发展改革委等六部委发布《电力需求侧管理办法（修订版）》，提出健全和完善电力需求侧管理法制规制综合保障体系，及时将电力需求侧管理相关措施纳入相关法律法规或专门制定电力需求侧管理有关规章。之后，部分地区对需求响应进行了探索和实践，实施了"填谷"需求响应、需求侧竞价等模式。2023 年 9 月，国家发展改革委等部门发布《电力需求侧管理办法（2023 年版）》，提出进一步加强需求响应、电能替代、节约用电、绿色用电、智能用电、有序用电等领域的技术研发和推广。目前，已有山东、浙江、上海、江苏、天津等多个省（自治区、直辖市）进行需求响应试点，各地响应大多采用容量竞价、现货电能量竞价等方式。2021 年 6 月，山东省能源局等部门联合发布《2021 年全省电力需求响应工作方案》，鼓励电力用户、负荷聚合商、虚拟电厂运营商、新能源发电企业参与电力需求响应。需求响应类型可分为紧急型削峰需求响应、紧急型填谷需求响应、经济型削峰需求响应、经济型填谷需求响应四类。容量补偿价格暂定为每响应 1 千瓦负荷最高不超过 2 元人民币/千瓦·月。2021 年 6 月，浙江省发展改革委发布《省发展改革委省能源局关于开展 2021 年度电力需求响应工作的通知》，明确提出全省储备用户侧削峰响应能力 1 000 万千瓦以上，具备最高用电负荷 5%以上的削峰能力。2023 年

7月，贵州省能源局印发《贵州省电力需求响应实施方案（试行）》，规定负荷聚合商聚合的单个虚拟电厂响应能力不低于0.1万千瓦，单个需求响应资源响应能力不低于0.01万千瓦，响应时长均不低于1小时。

储能作为新兴的电力资源，同样可以参与需求响应。其中，基于价格的需求响应其实就是峰谷电价套利的模式；而在基于激励的需求响应模式中，电储能装置可以通过增加放电量和增加自用量来实现响应时段的负荷削减，从而获得需求响应补偿。此外，储热（冷）系统在配合传统供冷模式的运行过程中，可对各时段放热（冷）量进行控制，通过停用主要用电设备并增大储热（冷）设备供热（冷）量的方式，实现负荷的调节。

4. 分布式发电与微电网

在国外市场，分布式光储发电是储能的主要应用领域之一。美国加州实施了自发电激励计划和各种形式的储能补贴政策，提升分布式光伏收益，以吸引工商业领域和居民用户的参与，增加了电力系统的稳定性。德国主要针对居民用户进行分布式光储补贴，因此户用储能得到广泛应用。国内分布式光伏发电则主要由电网公司和发电集团主导开展，应用领域集中在海岛和偏远地区等特定场景。

基于储能在用户侧的应用场景，结合国外用户侧储能市场的发展经验，未来用户侧储能潜在的商业模式如下。

第一，工商业用户直接投资储能设施，进行分时电价套利，大工业用户可同步进行按最大需量计算的容量电费管理。此外，在市场机制允许的地区，可以同时参与需求侧响应报价。

第二，由售电商或电力聚合商与用户共同投资储能设施。售电商或电力聚合商可以直接投资储能设备，也可以采取由用户投资、由售电商或电力聚合商运营的方式。根据商业协议，售电商或电力聚合商将获得相应的储能应用收益，并与参与投资的用户进行分配。

第三，分布式光储发电模式。用户通过自行投资，或是采取向第三方运营商租赁的模式，配置"分布式光伏+储能"的设施，利用光储发电收益为投资者提供稳定的现金流回报。这种商业模式已经在美国加州市场与德国市场得到商业化应用，但是前提是光储发电投资能够获得较为可观的回报。在国内，这种商业模式的应用仍然面临补贴机制的完善问题。

储能在用户侧的应用主要在分时电价套利、容量电费管理及分布式光储发电等领域。其中，分时电价套利的收益能力取决于峰谷价差及储能的平准化度电成本，而容量电费管理的收益能力则取决于储能的功率成本。综合而言，全钒液流电池和磷酸铁锂电池的平准化度电成本较低，适合进行分时电价套利；而三元锂电池和磷酸铁锂电池的出力特性较好，适合进行容量电费管理。

2.5　中国储能发展的障碍与挑战

当前，全球能源格局正在经历深刻的变革，新一轮能源革命和转型发展正在蓬勃兴起，发展可再生能源已成为世界各国的普遍共识和一致行动。保持我国在可再生能源的领跑态势是实现我国能源高质量发展的不二选择。作为推动我国能源结构调整的关键支撑技术，储能的发展已受到政府机构、行业协会、大型能源企业、电网公司、系统集成商、检测认证机构等业界力量的重视。然而，作为一项新兴技术，储能在商业化发展中仍然面临着技术、应用、市场等多层面的问题和挑战。从各地储能发展情况来看，有以下问题需要关注。

2.5.1　新能源并网消纳压力大

发电是当前新能源的主要利用方式，但新能源大规模并网将对现有电力系统的运行产生重大影响：①为大电网安全稳定运行带来巨大压力。主要由于新能源涉网性能标准偏低，频率、电压耐受能力有限，新能源大规模并网可能导致系统转动惯量不足。同时，电力系统电子化趋势将引发次同步谐波与次同步振荡，给高渗透率的分布式电源带来运行管理问题。②给系统供给侧稳定性带来隐患。由于风电、光伏电力产量会随着天气和时间的变化而波动，因此这种间歇性和反调峰特性可能导致电力系统供给侧的不稳定性。③易引发电力供给与需求失衡。目前，输电网规划建设滞后于新能源电力输送需求，电力无法及时被输送到需求端,可能导致电力供需失衡问题。

此外,我国的储能部署与调度运行机制兼容性不强,设施难以被高效利用。一方面,储能建设布局缺乏更具科学性的规划和评估,"一刀切"的行政性要求无法充分考虑局部的电网调节需求,部分储能资源无法发挥应有的作用,若大范围快速部署,则可能造成短期内的资源浪费。另一方面,调度系统无法对部分已部署储能实现高效调度。经调研,我国除大型独立储能模式以外的储能项目利用率较低,主要原因有 3 点:①受现行政策影响,大部分储能资源不是电网资产,不纳入直接调度范围;②新能源项目配套储能的运行状态未接入调度系统,且并网协议中也未收集储能的信息,调度系统无法调用发电侧的储能资源;③发电侧和用户侧的储能规模远小于火电、抽水蓄能等资源,电网集中调度的工作量大且绩效差。随着未来分布式电源和储能资源的接入,如何整合分布式资源以响应系统需求将成为调度机制改革的难点。

2.5.2 储能收益机制不健全

近年来,我国储能技术取得显著的进展,在电力系统发、输、配、用等环节的应用规模正在不断扩大。储能技术自主化程度不断提高,液流电池等技术处于国际领先地位。尽管如此,我国储能市场仍存在主体地位不明晰、市场机制不完善、储能价值收益难补偿等问题。当前国内新型储能市场尚未形成稳定的收益模式。新型储能的发展受政策影响大,商业模式不清晰、盈利困难。随着分时电价政策的推行,部分储能项目可利用分时电价差实现一定盈利,但电源侧和电网侧的储能项目仍缺乏盈利模式,社会投资新型储能的积极性较差。一方面,由于当前的电价设计依据技术品种分类,而不是依据提供的服务品种分类,因此储能投资成本既不能纳入输配电价进行疏导,也无法遵循抽水蓄能的定价方式通过容量电费回收部分成本。另一方面,各地电量现货市场和辅助服务市场的建设进度与建设规则差异大,市场规模有限,通过优化新能源项目发电曲线和提供辅助服务而获取的收益无法覆盖项目投资成本。部分地区不允许新能源发电项目提供调峰辅助服务,限制了发电侧储能的参与。

当前新型储能面临降低成本的挑战。2021 年以来，受市场需求快速增长、上下游扩产周期错配、部分企业囤积居奇，以及期货市场不规范等因素影响，碳酸锂、电解镍、电解钴等锂电池上游原材料价格持续上涨。电池系统技术是新型储能产业的关键技术，其开发成本占储能电站成本的 60%以上，原材料价格上涨为整个储能项目的经济性带来显著压力，目前部分已招标项目暂缓执行，商业化进程明显放缓。

2.5.3 储能建设标准体系不健全

储能集成系统的开发覆盖多学科、多领域，包括系统控制、电气安全、直流侧管理、设备优化匹配、电池健康及安全联动保护管理等，无论哪个部分出现短板，都会影响整个系统，储能系统如何做到高安全、低成本、智能化和模块化是目前储能产业亟待解决的问题。目前，储能产业存在以动力电池代替储能电池、非专业集成、堆砌化的"系统拼凑"、非一体化设计、未全面测试验证等行业乱象，不仅造成系统效率低下，还会存在安全隐患。此外，电化学储能电站在选址定容、电池技术路线确定、检修运维便利性、消防设计等方面需要系统的构思和整体设计。前期电化学储能电站发展较快，个别项目存在技术标准不统一、功能安全设计缺陷等问题。对于已建成的电化学储能电站，应建立监测和评估体系，定期检查设备的运行状态和性能。对于存在问题的电化学储能电站，应进行全面的摸排，确定存在的技术问题和安全问题，组织进行评估论证和整改，避免出现重大事故。

随着"3060 目标"的提出，可再生能源发电比例逐渐增加，对电力系统的灵活性要求也逐渐提高，世界各国纷纷出台举措推进储能技术研发。2020 年 12 月，美国能源部发布"储能大挑战路线图"（Energy Storage Grand Challenge Roadmap），提出将在储能技术开发、储能制造和供应链、储能技术转化、政策与评估、劳动力开发五大重点领域开展行动，实现到 2030 年满足美国市场需求并达到全球储能领域领导地位。欧盟委员会发布了"2030 电池创新路线图"（Battery Innovation Roadmap 2030），系统提出了未来储能发展的战略目标。我国储能技术发展不均衡，核心技术有待突破，尤其在电解液、离子交换膜等技术方面与国际领先水平相比仍有较大差距，且缺乏国家级的上层规划和指导，影响了储能产业的市场化发展。

此外，储能建设的标准体系尚未形成也制约着行业快速健康发展。目前系统集成设计、能量管理系统（Energy Management System，EMS）、电池管理系统（Battery Management System，BMS）、日常管理技术等的相关标准全部处于空缺状态，储能系统并网验收标准也不够完善。部分地区要求光伏强制配备储能，但电网公司并没有明确储能如何参与调度，以及调度的频次、充放电次数、放电深度达到多少算合格，标准的缺位造成当前储能系统门槛不一致的局面。目前国内尚无储能设施涉网相关技术标准和安全规范，个别地区亦发生过电池组起火的事故，给行业安全发展敲响了警钟。

我国储能还面临着基础性、原创性、突破性创新不足的问题。目前在储能领域中，我国处于领先地位的技术还不多，储能转化的相关机理、技术及系统研究亟待加强，对储能的基础性研究和关键共性技术研究，特别是在设计软件、设计标准与理念方面的研究还不够成熟。

2.5.4 电力市场机制尚未形成

当前，美国、澳大利亚、欧盟等国家和地区已经将新型储能发展作为经济发展的新驱动力之一，在研发资金、市场机制、电价补贴和退税等方面给出各项支持政策。与国外相比，我国的现货市场仍然以发电侧单边交易为主，价格信号无法传导到用户侧形成有效激励引导，无法形成商业模式闭环。我国现阶段还远未建立起成熟的竞争性电力市场运行机制，无法准确确定各类电力辅助服务的价格，从而造成储能系统的价值和收益难以对接。正如《国家发展改革委 国家能源局关于加快建设全国统一电力市场体系的指导意见》中所指出的那样，我国电力市场还存在体系不完整、交易规则不统一、跨省跨区交易存在市场壁垒等问题。

第一，体系不完整。成熟的电力市场通常有完整的市场体系。以北欧电力

第 2 章　中国储能发展现状与政策环境

市场为例，其市场体系主要包括金融市场、现货市场、实时市场及零售市场。我国目前已初步建立了电力现货市场试点和中长期交易市场，电力辅助服务交易也在尝试推进，但市场体系仍待完善。近期，各级电力交易中心密集揭牌，目前已成立 34 个电力交易中心，其中包括 2 个区域性电力交易中心和 32 个省级电力交易中心。以北京电力交易中心为例，北京电力交易中心积极落实国家能源安全新战略，将西北、东北、西南大型能源基地优质能源通过特高压交直流大电网送至华北、华东、华中等负荷中心，促进能源资源大范围优化配置。2022 年，省间交易电量完成 13 047 亿千瓦时，同比增长 5.0%，其中，新能源交易电量达 1 418 亿千瓦时，同比增长 8.3%。2022 年，国调中心、北京电力交易中心发布《关于开展省间电力现货交易连续结算试运行的通知》后，省间现货市场作为省内现货市场的"边际替代市场"，将对各省市场产生重要影响。虽然北京电力交易中心等作为区域电力市场起到了统筹区域电力交易的作用，省级电力交易中心起到了优化电力资源配置的基础作用，但目前我国仍未建立国家层面的全国电力交易中心，电力市场体系仍不完整。

电力市场体系的不完整在一定程度上制约了跨省跨区电力交易的发展。例如，"三北"地区拥有丰富的电力资源，但在某种程度上受限于缺乏完整的电力市场体系，因此该地区的电力资源未能充分输送给用电需求量较大的东部地区。此外，市场体系的不完整也影响了不同层级电力市场之间的协同与合作。例如，中长期市场建设不充分，使得各层次市场难以形成分时段电量电费，峰谷价差无法拉大。

第二，交易规则不统一。目前，全国 2 个区域性电力交易中心和 32 个省级电力交易中心均制定了各自的交易规则，涵盖市场准入和退出、交易品种、交易时序、交易执行结算等方面。但各个电力交易中心的交易规则存在差异，给参与不同地区购售电交易的市场主体带来了诸多不便。

以跨省跨区的电力中长期交易为例，北京电力交易中心和广州电力交易中心制定的电力中长期交易规则在交易品种、交易组织、偏差电量处理、价格机制等方面均有不同的规定。从电能现货交易在首批试点地区［南方（以广东起步）、蒙西、浙江、山西、山东、福建、四川、甘肃］的执行情况来看，因为对一些重点共性问题存在分歧，所以各地制定的电能现货交易规则在市场模式、交易组织、交易结算等方面存在很多差异。

第三，跨省跨区交易存在市场壁垒。一方面，各个区域性电力交易中心或省级电力交易中心的交易规则存在差异，以及交易技术标准和数据接口标准不统一，会导致各个交易中心之间不能直接衔接，增加了位于不同地区的市场主体参与交易的成本。另一方面，不同地区之间发电机组配置、输电网络建设不均衡，以及跨省跨区输电过网费用构成、输电通道利用效率存在差异，也为电力跨省跨区交易制造了障碍。

跨省跨区交易的市场壁垒在某种程度上也导致中国新能源产业电力无法有效消纳，弃风、弃光现象仍较为严重。根据国家能源局发布的数据，仅在2020年，全国弃风电量就达到约166亿千瓦时，全国弃光电量达到52.6亿千瓦时。南方区域率先推进全国统一电力市场体系落地，打破区域内市场交易壁垒。南方区域电网构建了跨省跨区与省内协同运作的中长期交易机制，满足各类市场主体在年度、月度、季度、周度的交易需求，实现了市场规模的稳定增长。2022年，南方区域跨省跨区交易电量达2 306.9亿千瓦时，其中，市场化交易电量达762.0亿千瓦时，同比增长13.4%，省内市场电量也由2016年的1 519亿千瓦时增长到2022年的7 388.6亿千瓦时。未来，其他区域电网也应借鉴南方区域电网的建设经验，进一步打破电力跨省跨区交易的市场壁垒。

第四，新能源消纳能力不足。根据中国电力企业联合会发布的《2021—2022年度全国电力供需形势分析预测报告》，截至2021年年底，中国的全口径非化石能源发电装机容量虽然超过了煤电装机容量，但煤电发电量仍占当年全口径发电总量的60%，煤电仍然是中国电力供应的主要来源。目前，中国电力市场上交易的电能主要还是煤电，除个别试点地区外，以光伏发电、风电等新能源为代表的绿色电能并未充分、直接地参与电力市场交易，新能源发电未得到充分消纳。

中国东西部地区电力资源分布不平衡，以及发电能力和用电需求上的错位，在某种程度上导致新能源电力的消纳能力不足。中国西部地区和"三北"地区拥有丰富的太阳能、风电等新能源电力资源，而受限于地区之间经济发展的不平衡，中国西部地区和"三北"地区对新能源电力的消纳能力不足，再加上其他因素的影响，导致弃风、弃光现象仍较为严重。另外，新能源发电规模的增长和用电需求的增长之间的不同步也制约了新能源电力的消纳。据统计，2021年之前的近5年，中国全社会用电量年均增长5%，而新能源装机容量年均增长高达30%以上。

长远来看，储能技术的真正应用离不开开放、规范、完善的电力市场。目前国内市场尚在建设、推进过程中，交易品种有限，规则有待完善，无法充分体现储能的技术优势和市场价值。储能具有削峰填谷、提高电能质量、支持可再生能源等优点，但储能的多元价值没有在价格中完全体现。目前国家尚无对储能设施从事电力业务的具体规定，在实际工作中造成既要支持储能发展又无章可循的两难境地。储能的市场地位不明确，直接导致其在市场准入、计量、结算等方面衍生出诸多问题，影响了行业的快速发展。此外，虽然储能设备、运行成本不断下降，为储能靠自身经济性参与市场竞争创造了条件，但目前电力市场中的调度、交易、结算等机制还难以与储能应用全面匹配，储能在建设新型电力系统中的作用也没有被充分认识。

此外，我国目前在发电侧尚不具备独立的辅助服务提供商身份。国内目前的主要运营方式是与发电机组联合，利用快速充放电特性优化发电机组的AGC性能，获得系统辅助服务补偿，或者存储、释放新能源弃风弃光电量，增加新能源上网电量的收益。相比于国外发电侧储能设施，我国不是以独立身份参与市场的模式，限制了储能技术的运行灵活性，不利于从全系统角度优化配置和调用储能。

2.5.5 电化学储能电站事故频发

2017年3月7日，山西某火力发电厂储能系统辅助机组AGC调频项目发生火灾；2017年12月22日，山西某电厂9兆瓦调频项目2号储能集装箱柜发生火灾；2018年8月3日，江苏扬中市某用户侧磷酸铁锂储能电站发生火灾，一个储能集装箱被整体烧毁；2021年4月16日，北京国轩福威斯光储充技术有限公司的25兆瓦时国轩高科磷酸铁锂电池储能电站发生火灾和爆炸，导致两名消防员牺牲，一名受伤，是近年来国内储能电站发生的最严重的事故。2022年2月18日，江西某储能项目发生起火，在存放阶段的电池舱剧烈燃烧。2022年10月20日，根据海南海控能源股份有限公司的全资子公司海南天能电力有限公司的报告，莺歌海盐场100兆瓦平价光伏项目储能电站中1个电池舱储能电池发生起火。

在国外，储能电站事故也频频发生，根据韩国消防部门消息，2018—2023年，韩国储能行业发生23起严重火灾，其中14起发生在充电后，6起发生在充放电过程中，3起发生在安装和施工过程中。2021年4月6日，韩国一个光伏电站储能系统（Energy Storage System，ESS）起火，烧毁面积达22平方米，共造成约4.4亿韩元损失（约合人民币258万元）。相关部门初步调查后指出，着火点在储能单元内部发生，其电芯供应商为LG新能源。2022年1月17日，韩国义城消防局接到报告称，位于庆尚北道军威郡牛宝郡新谷里的太阳能发电厂发生火灾，起火设施是配置在太阳能发电厂中的储能系统。此次火灾无人员伤亡，预计共造成财产损失2.35亿韩元。2022年4月21日，美国亚利桑那州的一个储能独立项目起火，该电池储能设施位于Loop 202公路以南附近一座约6 000平方英尺的建筑中，该储能项目共有超3 200块锂离子电池，总储能规模为10兆瓦/40兆瓦时。该项目的储能系统由Fluence公司提供，电池来自LG化学。2022年9月20日，一座由太平洋天然气和电气公司（PG&E）所有与运营的变电站着火，事故地点位于美国加州蒙特利县（Monterey）。起火项目为电池储能系统项目——Elkhorn Battery，该项目的储能设施可容纳256个特斯拉 Megapack[①]电池单元。此次火灾事故由变电站中特斯拉 Megapack 的巨型电池储能设备引发。

目前电化学储能电站发生事故的主要原因包括火灾、爆炸、中毒、触电等。引起火灾的主要原因包括：锂离子电池过充过放、短路、受挤压，以及电池内部正负极与电解液发生放热反应，导致电池热失控，从而引发火灾等。频发的事故给高速发展的储能行业敲响了警钟，运行安全不容小觑。

---

① Megapack 是特斯拉于 2019 年推出的商用储能能源产品，每个单元最大可储存 3 兆瓦时的电量。

第 3 章　储能应用的商业模式设计与案例分析

3.1　电源侧储能应用商业模式与案例

3.1.1　电源侧储能应用场景

在发电侧领域,储能技术具有提高机组效率和动态响应能力、取代机组或者延缓新建机组,以及提升机组运行灵活性的特性。

储能技术帮助提高发电机组效率和动态响应能力,主要指储能装置按照日前发电曲线和调度中心的实时指令进行充放电,调节整个发电机组的总输出,使发电机组运行在接近额定功率下。这既提高了机组的运行效率,又减小了动态运行对发电机组寿命的影响,也减少了传统发电机组的温室气体排放,同时增强了发电厂整体的调峰能力。这类项目包括:①GE 公司和南加州爱迪生公司合作开发的全球首个燃气轮机—储能混合发电系统,其中燃气轮机装机容量为 50 兆瓦,电池储能系统装机规模为 10 兆瓦/4.2 兆瓦时(之后投运了第 2 个同等规模的燃气轮机—储能混合发电系统);②美国能源部支持的佩恩斯维尔市火电厂钒电池示范项目,其中火电机组装机容量为 32 兆瓦,全钒液流电池储能系统装机规模为 1 兆瓦/8 兆瓦时。

储能技术能够帮助取代机组或者延缓新建机组,主要指的是在负荷较低时,发电机组给储能系统充电;在尖峰负荷时,储能系统向负荷供电,等于利用高效的储能系统取代了低效的尖峰负荷机组。同时,储能还可以为系统提供调频、旋转备用、黑启动等辅助服务,使得整个电力系统更加可靠、稳定,这是传统尖峰负荷机组不能(高效)实现的功能。这类项目主要分布在美国,尤其是加利福尼亚州(以下简称加州)。受加州 Aliso Canyon 储气库泄漏事件的影响,为了保持电网稳定,加州在 2016 年加快了安装调峰/备用储能项目的速度，新增储能装机容量达到 104.5 兆瓦。

储能技术帮助提升机组运行灵活性，主要指储能系统可以与传统火电机组结合，利用储能技术从爬坡速率和调峰深度两方面增强火电机组运行灵活性，既可实现电力和热力供应的解耦，又能使火电机组更好地满足电网 AGC 调峰指令、调频指令等。目前，我国已有多个利用热水蓄热罐技术和固体蓄热技术等储热技术提升火电机组运行灵活性的实际项目，这类项目主要集中在我国东北地区。例如，国家电投阜新发电公司、国电吉林江南热电有限公司通过安装大型热水蓄热罐，当热电机组增加出力时，储存富裕热量，当热电机组降低出力时，输出热量补齐热力缺额，实现"热电解耦"运行。华能长春热电厂、华能伊春热电有限公司、华电丹东金山热电有限公司等则采用了固体蓄热技术。

新能源发电配置储能主要发挥两方面作用：①消除新能源弃电损失；②实现能量时移。由于美国多数地区的弃光率较低，所以仅靠消除弃电损失带来的收益率较低，利用储能把光伏电站变成可持续向用电方出售绿电的 PPA 模式[①]更具优势；而新型的可再生可调度（Renewable Distributed Generation，RDG）PPA 在此基础上，通过固定支付有效降低了风险，是一种在美国夏威夷州（以下简称夏威夷）得到广泛运用的商业模式。

案例 1：夏威夷表前光储项目

夏威夷在可再生能源方面的改革策略激进。2008 年，夏威夷发布了"夏威夷清洁能源倡议"，并提出了夏威夷 70%的发电量来自可再生能源，以及能源效率提升 40%的目标。夏威夷于 2009 年通过第 155 号法案，将夏威夷的可再生能源投资组合标准（Renewable Portfolio Standard，RPS）目标提高到 2020 年占电力销售的 25%，2030 年达到 40%。夏威夷又于 2015 年通过第 97 号法案，再次将该目标增加为 2020 年达到 30%，2045 年达到 100%（中期目标为 2030 年达到 40%，2040 年达到 70%）。2011 年，夏威夷发布了"净能源计量"的政策，即允许消费者自发电力以零售电价上网。由于夏威夷的零售电价高昂，所以这项

---

① 用电方和供电方签署长期购电协议，事先制定电价，供电方要满足用电方的实时电力需求。

第3章 储能应用的商业模式设计与案例分析

政策的发布大大促进了用户屋顶光伏系统的配置。除此之外，RPS 目标也导致可再生能源装机容量的增加。由于夏威夷属于孤岛式电网，所以不稳定的可再生能源发电量的快速增加会给电力系统带来很大的挑战，使得夏威夷电力需求呈现"鸭子曲线"。也就是说，在太阳能发电输出达到峰值的下午时段，净电力需求急剧下降，之后由于太阳能发电输出下降和夜间电力需求上升而急剧上升，导致在傍晚电力需求高峰时，电网的用电负荷呈现"鸭子的剪影"。这种需求特征会导致很多电力系统问题，如系统的斜坡需求增加、过度发电和弃电等。

随着光伏发电资源的增加，夏威夷电力需求的"鸭子曲线"特征多年来逐渐恶化。夏威夷拥有多个孤岛电网，还面临着维持电能质量和可靠性的问题。这些问题的存在使得美国联邦政府和夏威夷州政府出台了一系列财税政策，以支持包括储能在内的解决方案的部署。夏威夷表前储能和表后储能的配置因此迅速增加，夏威夷由此成为美国储能装机容量最大的州之一。

可再生可调度（RDG）购电协议（PPA）是公用事业公司与光储系统签订的一种新型购电协议，旨在激励可再生能源发电的灵活性。在传统的购电协议中，可再生能源发电企业会根据实际调度的电量获得报酬。在系统过度发电的情况下，可再生能源有可能无法被完全调度，即出现弃风弃光的现象。这也导致可再生能源无法按其最大发电量获得正常报酬。RDG 购电协议的基本理念是在公用事业公司和项目所有者之间分担弃电风险。在这种购电协议框架下，公用事业公司会每月向发电设备支付一笔固定的款项，以换取控制设施输出的权利。固定支付费用是根据发电机的潜在输出电量估算的，发电资产所有者则负责维护发电设备的输出参数。目前，夏威夷的公用事业公司会通过竞标过程采购新发电资源，即发电企业通过特定资源的可再生能源投资组合标准（RPS）对项目进行投标，中标者与公用事业公司签订合同。2017 年以来，新签约的光储系统都与公用事业公司签订了 RDG 购电协议。这表明这种协议收入可以有效缓解储能成本压力，降低相关财务风险和融资难度，从而有效促进储能的配置。

综上所述，夏威夷为消纳太阳能而配置的储能系统呈现出一种表前光储系统的商业模式。在这类商业模式下，储能系统的主要应用场景是满足夜晚高峰期的用电需求及平稳出力，除此之外还可提供其他电网服务，多重收益来源也能降低储能的成本；其主要收入来源是 RDG 购电协议中公用事业公司换取调度权的每月固定支付费用，这种收入来源有效降低了相关财务风险，同时解决了部分应用收益市场机制缺失的问题。夏威夷的公用事业公司运用这种商业模式，签约了一系列表前电池储能项目，这些项目的业主均为私有实体，使用锂离子电池作为储能系统，储存时间为 4~5 小时。以 Hale Kuawehi Solar 项目为例，其所有者是一家作为私有实体的独立电力生产企业 Innergex，其锂离子电池储能系统的装机容量为 30 兆瓦，储存时间为 4 小时。夏威夷电灯公司（Hawaiian Electric Light Company，HELCO）作为公用事业公司与 Innergex 公司签订了为期 25 年的合约。RDG 购电协议规定 HELCO 在合约期内每月以 0.09 美元/兆瓦时为预期年净最大发电量（87 415 兆瓦时）支付固定费用，若未达到绩效指标，则会在结算时扣除相应费用。

3.1.2 电源侧辅助服务

电力市场辅助服务由发电企业、电网经营企业和电力用户提供。它是为了维护电力系统安全稳定运行而提供的服务，不包括正常电能的生产、运输和使用。电力市场辅助服务分为两大类，即基本（义务）辅助服务和有偿辅助服务。基本辅助服务是发电组必须提供的，没有补偿，其主要目的是使电力系统安全稳定运行，包含一次调频、基本无功调节、基本调峰等。有偿辅助服务是指除基本辅助服务外的其他辅助服务，主要包含自动发电控制（AGC）、有偿调峰、有偿无功调节、备用和黑启动等。有偿辅助服务在电力市场建设的不同发展阶段采取了不同的机制，在发展初期采取的是补偿机制，在体制相对完善后采取的是竞争机制。

我国在实施电力体制改革之前实行的是统一调度、统一管理的模式。传统的电力生产模式能够使电力生产具备较好的安全性和可靠性。但是，随着我国电力体制改革的深入进行，电力生产者的自主性在不断提升的同时，也给电网运行的安全性和可靠性带来了重大挑战。引入发电竞争、开放电网及应用新的技术等措施，使电网运行和控制的复杂性提高，导致电网功角不稳定、电压不稳定、过负荷和系统崩溃等问题的影响因素越来越多，人们由此开始更加重视

第3章 储能应用的商业模式设计与案例分析

辅助服务问题。

储能技术在辅助服务方面的应用场景有二次调频、电压支持、调峰、备用容量 4 种。储能设备通过在电网中进行充放电并控制其速率，可以对系统频率进行调节。提供调频服务时，将储能设备和火电机组结合起来，可以有效提高火电机组的运行效率，从而达到降低碳排放量的目的。储能装置可以快速响应负荷需求，还可以为负荷提供 1 小时的服务。如果将可以快速响应负荷需求的储能装置布置在负荷端，那么就能够及时释放或吸收无功功率，从而大大降低无功功率远距离传输过程中产生的损耗。储能技术还可以提供调峰服务，如利用抽水蓄能、熔盐储热、热水蓄热罐等技术实现削峰填谷。电网中的储能设备通过充放电操作可以平衡电网有功功率，从而实现容量辅助服务。

案例 2：加州表前光储项目

加州表前光储项目主要用来提供备用容量，其所有权可分为两类。一类是由私人实体作为项目开发商和所有者，公用事业公司通过合约采购储能资源。在这种情况下，资产所有者的收入来源主要分为两部分：①与公用事业公司签订的资源充足性（Resource Adequacy，RA）服务合约的固定容量支付费用（按月支付），占储能项目总收入的 90%以上；②在保障履行 RA 服务合约义务的同时，参与批发市场而获取的可变收入。RA 服务合约是由加州能源管理部门与加州独立系统运营商（CAISO）合作制定的电力系统资源充足性规划和要求，为加州公用事业委员会（CPUC）管辖范围内的所有负荷服务商（Load Serving Entity，LSE）制定了资源充足性采购义务，以确保系统的稳定运行。采购义务可通过与发电机组的短期双边合约实现。另一类是项目直接由公用事业公司所有。公用事业公司可以通过项目相关的净成本费率获得收入，也可以参与批发市场获得可变收入。以 Vistra Moss Landing 项目为例，Vistra 能源公司是项目开发商和资产所有者，公用事业公司 PG&E 与其签订 RA 服务合约，合约期为 20 年，该项目的储能系统装机容量为 300 兆瓦，储存时间为 4 小时。

国外成熟的电力市场通常已经以"谁受益、谁承担"的原则建立起了相应的储能多方收益机制，使得储能项目具备多种应用的收益流，叠加后足以弥补其成本。同时，国外电力市场在降低储能投资风险方面的举措值得我国借鉴，即出台政策降低财务风险和融资难度，将固定支付费用作为储能项目的主要收入来源，从而有效降低储能高成本带来的高风险，促进储能的配置。

案例3：南澳大利亚州霍恩斯代尔储能项目

2016年，澳大利亚南部地区新能源发电量占总发电量的比重高达48.36%。9月28日，由于极端天气影响，风电机组大规模脱网等一系列故障造成南澳大利亚州长达50小时的大规模停电事故。

为避免停电事故重演，南澳大利亚州政府计划部署电网级储能项目，以提升南澳大利亚州电网的稳定性，储能装机容量至少要达到100兆瓦。特斯拉在此次项目招标中胜出，为南澳大利亚州提供了储能装机规模为100兆瓦/129兆瓦时的 Powerpack 储能系统，该储能系统与南澳大利亚州的霍恩斯代尔风电场相连接，配备了全球最大的锂离子电池组。储能项目由特斯拉公司负责建设，风电场所有者、法国可再生能源公司 Neoen 为其业主并负责运营管理。储能系统建造于无补贴的情况下，从设计到全面运营用时4.5个月，共耗资9100万美元。根据合同，该系统可提供70兆瓦、持续时间10分钟（约11.7兆瓦时）的电力服务，以确保电网稳定，并防止风力突然下降或出现其他电网问题，以及防止启动其他发电机时切负荷造成的停电；同时，系统将30兆瓦、持续时间3小时（90兆瓦时）的电力服务用于客户能源管理服务，即通过在低价时储电，在需求高时售电进行套利。结果显示，这种储能系统可以减少供电中断时间，有效解决电力中断问题，有效应对夏季负荷高峰频繁的现象，使得南澳大利亚州电力基础设施的有效运行得到保障，大大降低全州电网的不稳定性，以及频率控制辅助服务（Frequency Control Ancillary Service，FCAS）市场的成本。

储能系统虽与霍恩斯代尔风电场相连接，但其市场地位独立，可参与多项服务。其主要应用有：①平滑可再生能源出力，确保电网稳定运行，实现能源时移；②调频、电压支持、黑启动等辅助服务；③客户能源管理服务。该项目同时为发电方、电网公司、用户等多方提供服务，并根据服务效果获得相应的收益，明确了"谁受益、谁承担"的原则。该项目自运营以来年收入约2400万美元，收入流主要为电量时移收入、辅助服务合同收入及电价套利收入。特斯拉公司则通过与南澳大利亚州政府签订的每年 400 万美元、为期 10 年的合同获利。2019 年 11 月，Neoen 公司确认将该设施的储能装机规模增加 50 兆瓦/64.5 兆瓦时，新增储能装机于 2020 年 3 月安装完成。目前，霍恩斯代尔电池储能系统拥有 150 兆瓦的装机容量。澳大利亚清洁能源委员会与 Neoen 公司、澳大利亚可再生能源署（ARENA）及南澳大利亚州政府合作，承诺为扩容项目提供 5 000 万美元的项目融资，从而大大缓解储能项目建设的资金压力，有效促进储能项目的落地。

纵观霍恩斯代尔电池储能项目，其融资模式、商业模式、多方服务机制值得我国借鉴。在项目建设成本方面，政府、官方协会提供部分项目融资，减轻了发电企业储能项目的建设压力。在收益流方面，储能系统可以通过提供频率控制和辅助服务、平滑可再生能源出力、确保电网稳定运行获取收入，以及通过在低价时储电、在需求高时售电赚取收入。

案例 4：山西同达电厂储能 AGC 调频项目

在山西同达电厂储能 AGC 调频项目中，发电机组侧安装建设的基于锂电池技术的 9 兆瓦/4.5 兆瓦时电网级储能系统设施，联合火电机组参与 AGC 辅助调频服务。该项目在电网中增加了大型储能系统，使其成为高性能调频资源，可以有效提升发电侧的节能减排效果，显著改善电网接纳可再生能源的能力，助力"碳达峰、碳中和"目标的实现。项目利用电池储能系统快速、精准响应的特点，辅助机组调整负荷，抑制功率波动，提高发电机组的调节性能。AGC 储能辅助调频系统于 2017 年 7 月中旬投运以来，机组调节性能指标 Kp 值提升至 5.5，同时机组负荷跟踪稳定，减少了主汽压力和环保参数的波动，达到了节能和节约脱硫脱硝剂的效果，收益达 4 000 多万元人民币。

3.1.3 应用技术需求

在"风光水火储一体化"场景下，需要兼顾储能的经济性、灵活性和安全性，进行科学论证并根据实际情况配置储能设施。应该着重关注以下几个方面：①在区域电源总成本最小的前提下，对不同电源与储能之间的容量配比进行优化，找到最优配置比例；②注重"风光水火储"综合效益，以各电源及储能投资商的效益最大化为目标，优化配置容量，选择储能技术路线并制定商业模式；③以确保电源—储能一体化运行安全为红线，综合考虑储能系统运行的稳定性、功能性、灵活性、协调性、安装位置及容量等因素，并注重系统整体碳交易目标。

在电力辅助服务领域，不同电力辅助服务对储能技术特性的需求存在一定差异。鉴于调峰、调频和备用这 3 种电力辅助服务补偿在我国电力辅助服务补偿中占据 95%以上的比例，下面着重介绍这 3 种电力辅助服务补偿的技术要求。

① 调峰：调峰是一种容量调节方式，对参与机组的容量要求较高。综合各地调峰补偿费用规则，调峰补偿费用一般在 0.2～0.6 元人民币/千瓦时，且参与调峰储能均有规模需求，一般为 10 兆瓦/20 兆瓦时及以上，储能机组需要有 2 小时市场。将用于调峰的灵活性电源的度电成本和抽水蓄能的度电成本进行比较，后者成本较低。但抽水蓄能由于地理位置限制，不能灵活布置于所有需要调峰的场地。如果综合放电速率和循环寿命两方面的因素，那么磷酸铁锂电池、液流电池和钠硫电池是较为理想的调峰电源。

② 调频：当前多数调频辅助服务是以调频里程为补偿依据的，这对储能的响应时间、响应速度和调节精度都提出了更高的要求。调频属于功率型调节，它使用响应速度快、瞬时功率大的设备，电池、飞轮、超级电容器均能满足这些需求。将不同储能技术的平准化度电成本作为考虑因素，磷酸铁锂电池具有成本低、放电时间长、响应速度快等优势，是较为理想的调频电源。

③ 备用：在备用辅助服务市场中，储能与传统电源相比竞争优势并不明显，因为它的装机成本相对较高。但是如果将调频辅助服务和备用辅助服务联合应用，可提高储能运行的效益。因此，与调频辅助服务类似，备用辅助服务也可将磷酸铁锂电池作为技术路线。

3.1.4　市场空间展望

在发电侧领域，在传统能源步入低增长态势，以及可再生能源与清洁能源加速发展的背景下，能源转型和技术革命至关重要，这要求我们必须以保障国

第3章 储能应用的商业模式设计与案例分析

家能源安全为前提，推进风光水火储智慧能源业务一体化进程，以先进技术和装备为依托，更好地服务于市场，不断向能源高质量发展的目标迈进。"双碳"目标必然会促进可再生能源装机规模的扩大，提高电力系统的灵活性需求，但也为储能发展提供了新机遇。另外，"风光水火储一体化"布局有助于提升新能源消纳能力，增强电力系统的综合效率与灵活性。储能是"风光水火储一体化"的重要组成部分，因此，对新能源领域相关政策和"风光水火储一体化"建设规划进行概述，研究"风光水火储一体化"背景下的储能技术，并在此基础上探索储能商业化历程，具有现实意义。

在电力辅助服务领域，根据《国家能源局综合司关于2019年上半年电力辅助服务有关情况的通报》，全国除西藏外31个省（区、市、地区）的电力辅助服务的补偿费用共130.31亿元人民币，占上网电费总额的1.47%。与国外电力辅助服务市场相比，调峰辅助服务是我国电力市场各项辅助服务中较有特色的服务品种。国外电力辅助服务市场并没有调峰辅助服务品种，而是通过现货市场的实时市场或者平衡机制来实现。随着电力体制改革的不断深化，现货市场建成运行以后，现货市场的电价将引导发电机组出力变化，从而取代调峰。如果扣除调峰辅助服务补偿，那么辅助服务补偿占上网电费的比重仅为0.9%，不足4元人民币/兆瓦时；而PJM市场单位电力的辅助服务成本为0.95~1.94美元/兆瓦时，加州电力市场中辅助服务成本占销售电价的比重也达到了1.7%，英国辅助服务市场于2016年放开后，辅助服务成本占销售电价的比重为1.5%~2.3%。我国辅助服务的补偿水平低于国外辅助服务的补偿水平，主要有两个原因：一是我国基本辅助服务主要由发电企业无偿提供，没有按照市场化的方式进行补偿；二是辅助服务成本传导机制不顺畅导致我国有偿辅助服务的标准一直处于较低水平。

未来，随着可再生能源在电源结构中的占比持续增加，电力系统对辅助服务的需求也将不断增加。与此同时，电力市场化改革的不断深入也使得调频等辅助服务成本在电价中的占比有望提升。

2021年，全社会用电量将达到8.2万亿千瓦时。假设未来用电量分别按3%、4%和5%增长，同时假设辅助服务成本在销售电价中的占比分别为1%、

1.5%和 2%，平均销售电价水平保持不变，那么可以得到不同情境下辅助服务市场的规模预测如表 3-1 所示。辅助服务市场的规模预计在 2025 年达到 553.8 亿～1 196.1 亿元人民币，2030 年可达到 641.9 亿～1 526.5 亿元人民币。

表 3-1 不同情景下辅助服务市场的规模预测

单位：亿元人民币

年 份	年均用电增速	单位电力辅助服务成本		
		6 元人民币/兆瓦时	9 元人民币/兆瓦时	12 元人民币/兆瓦时
2025	3%	553.8	830.6	1 107.5
	4%	575.6	863.4	1 151.1
	5%	598.0	897.0	1 196.1
2030	3%	641.9	962.9	1 283.9
	4%	700.3	1 050.4	1 400.5
	5%	763.3	1 144.9	1 526.5

若假设投资静态回收期为 5 年，则 2025 年的新型储能成本会降至 1 500 元人民币/千瓦时，2030 年会降至 1 000 元人民币/千瓦时，若辅助服务成本按照 6 元人民币/兆瓦时进行估计，则在储能占辅助市场的比重不同的情况下，2025 年和 2030 年的辅助服务市场储能装机规模预测如表 3-2 所示。

表 3-2 辅助服务市场储能装机规模预测

单位：吉瓦时

年 份	储能占辅助服务市场的比重		
	10%市场份额	20%市场份额	30%市场份额
2025	18.5	36.9	55.4
2030	28.8	57.6	86.3

3.2 电网侧储能应用商业模式与案例

3.2.1 电网侧储能应用场景

1. 应用场景介绍

储能技术在电力输配侧的应用场景主要包括 4 个方面：无功支持、缓解输

第3章 储能应用的商业模式设计与案例分析

配电线路阻塞、延缓输配电扩容升级和变电站直流电源。

在无功支持方面，无功支持（电压支持）是指在输配电线路上通过注入或吸收无功功率来调节输电电压。无功调节的传统装置有发电机、调相机、静态无功补偿装置、电容器和电感器等。在动态逆变器、通信和控制设备的协助下，电池通过调整无功功率的输出来调节整条线路的电压，使储能设备实现动态补偿。

在缓解输配电线路阻塞方面，由于用电负荷随时间不断波动，因此当负荷处于尖峰时，输配电线路容量可能低于尖峰负荷，导致输配电线路阻塞。在竞争性电力市场中，输配电线路阻塞将增加输配电成本，提高电网拥堵节点的电价，从而激励市场主体增加对灵活性调节资源的投资。输配电线路阻塞往往只出现在一年中的特定时段，用户可根据实际需求定制模块化的储能设备，在阻塞线路的上游安装储能设备。当发生输配电线路阻塞时，储能系统对无法传输的电能进行储存；当输配电线路负荷低于输配电线路容量时，储能系统释放电能。

在延缓输配电扩容升级方面，在输配电线路负荷即将达到输配电线路容量时，输配电线路会发生拥堵，若输电需求高于输配电线路容量，则需要大量资金对输配电线路及设备进行扩容，这会增加电力运行的边际成本。储能设备往往可以通过较小的装机容量有效提高电网的输配电能力，从而延缓输配电设施的扩容需求，延长现有输配电设施的工作寿命，提高现有输配电资产利用效率。

在变电站直流电源方面，变电站内的储能设备可通过开关元件、通信基站、控制设备的备用电源直接为直流负荷供电。与原有的选择（电容器组、铅酸电池）相比，在当前成本下储能用于无功支持和作为变电站直流电源的方案价格较为昂贵。在缓解输配电线路阻塞和延缓输配电扩容升级两个问题上，储能的扩容升级相对简单且灵活，既可以提高电力资产的利用率和电力企业的资金使用效益，还可以降低资金大规模投入导致的风险。输配电网的稳定性会直接影响整个电网的安全性和可靠性，所以有必要对储能系统的可靠性进行论证，并对示范项目进行检验。

案例5：上海电气格尔木美满闵行储能电站项目

上海电气格尔木美满闵行储能电站项目于2019年12月26日奠基，2020年

储能规模化发展政策体系、商业模式与综合影响

11月5日并网,该电站是上海电气在新能源和储能领域的新试点,也是我国第一个商业化运行的独立储能电站。该电站的建成对三北地区提升可再生能源的消纳能力、增加对电力系统辅助服务未来潜力的了解、提高对可再生能源丰富地区的电能消纳潜力,以及促进能源体系的协调发展具有重大意义。项目一期的建设规模为32兆瓦/64兆瓦时,由国内的独立市场主体投资建设,并且成功在市场中运营。将共享储能电站设置在电网端,创新性地解决了新能源消纳的问题,有助于推动"风光水火储"产业链的一体化进程。该项目是第一个将电网侧的储能电站市场化运营的例子,为电网侧储能提供了新的商业模式应用案例。该项目的共享储能电站和电网青海省电力公司绿能互联共享平台相结合,共同推动青海清洁能源示范省的发展和建设。项目充分利用了上海电气在可再生能源和智慧储能领域的最新技术,磷酸铁锂储能电池长循环寿命的特性使得储能系统在生命周期内的度电成本最低,安全性能较高;且使用智能高效的运维体系对电站进行实时、可靠、最优的控制。青海省正成为新能源产业发展的重要区域,其新能源的装机占比、集中式光伏装机规模都居全国前列,同时也为电力系统的稳定性、可靠性和电能质量等多方面带来许多挑战。储能电站可以为电网运行提供调峰、调频、黑启动、需求响应支撑等多种服务。通过储能电站与电网友好互动,可以提升电网接纳新能源的能力、整体运行质量和可靠性,提高传统电力系统的灵活性、经济性和安全性,对于大规模新能源并网消纳意义重大。上海电气格尔木美满闵行储能电站是国内首座由独立市场主体投资运营的电网侧共享储能电站,可以为电网提供调频、调峰、备用、黑启动等多项辅助服务,它的建成和投运对促进青海省新能源消纳、助力青海清洁能源示范省建设具有重大意义。

2. 电网侧储能应用经济性测算案例

电力储能(Electricity Energy Storage,EES)给电网带来的收益主要体现在两个方面。一是可以转移负荷,降低尖峰负荷,使电网公司减少对输配电设施的投资,节省的投资成本可以看作一种收益。二是可以降低上网成本。电网在不同时间点的边际上网电价不同。在高峰期,边际上网电力由燃气发电和抽水

第3章 储能应用的商业模式设计与案例分析

蓄能等高成本发电机组提供，负荷转移将降低高峰电价时段的电网负荷。

为了确定电网侧储能最优的装机规模与调度序列，需要构建储能系统优化模型进行求解。优化模型的目标函数如式（3-1）所示，即在一定的客户负荷模式下，应用EES使电网的利润最大化。

$$\max \text{ Profit} = R_{\text{gc\_}y} + R_{\text{ls}} - C_{\text{ESS\_}y} \tag{3-1}$$

其中，$R_{\text{gc\_}y}$为电网投资成本的减少值，R_{ls}为负荷转移的边际收益，$C_{\text{ESS\_}y}$为储能系统的投资成本。

要计算电网投资成本的减少量，需要知道电网的单位建设成本。由于中国电网公司未公布单位容量的建设成本，因此需要通过电网的实际运营成本进行倒推。如式（3-2）所示，将电网在输配电过程中的成本分解为线损成本和与电网容量相关成本两部分：

$$C_{\text{Grid}} = E \times \eta_{\text{loss}} \times P_{\text{B}} + L_{\max} \times C_{\text{lg}} \tag{3-2}$$

其中，C_{Grid}为电网全年的输配电的总成本，E为全年购电量，η_{loss}为线路损耗率，P_{B}为平均上网电价，$L_{\max}$为电网的最大负荷，C_{lg}为电网容量单位成本。需要说明的是，这里将电网的输配电成本简化为电网容量的线性函数。这相当于隐含地假设电网的单位成本是规模不变的：假设容量扩大一倍，则所有相关的输配电成本也会增加一倍。这么做虽然会引入一定的偏差，但在数据来源有限的情况下，做出如此的简化假设有助于对关键问题进行分析。

在价格管控的条件下，中国电网公司的利润率较低，往往无法覆盖电网资产的经济租金（机会成本）。所以，在这里假设中国电网公司最终为零利润，即售电收入等于电网成本：

$$R_{\text{Grid}} = P_{\text{S}}E(1-\eta_{\text{loss}}) - P_{\text{B}}E = C_{\text{Grid}} \tag{3-3}$$

其中，R_{Grid}为电网的售电收入，P_{S}为平均销售电价，$E(1-\eta_{\text{loss}})$为售电量，P_{B}为购电价格（平均上网电价）。

将式（3-2）和式（3-3）合并，可以得到式（3-4），用来计算电网单位容量的成本：

$$C_{\text{lg}} = [P_{\text{S}}E(1-\eta_{\text{loss}}) - P_{\text{B}}E(1+\eta_{\text{loss}})]/L_{\max} \tag{3-4}$$

根据电网单位容量的成本，可以计算出降低电网投资成本的收益$R_{\text{gc\_}y}$，可以表示为式（3-5），即电网的收益是电网最大负载变化量的线性函数：

$$R_{gc\_y} = -\Delta C_{Grid} = -\Delta L_{max} \times C_{lg} \tag{3-5}$$

最大负载变化量 ΔL_{max} 将受到 DES 装机容量和特定运行模式的影响。储能的投运会影响电网负荷，电网负荷的变化可以表示为

$$l_g(t) = l_c(t) - x(t), \quad t = 1, 2, \cdots, 8\ 760 \tag{3-6}$$

其中，l_g 为电网节点的负荷，l_c 为需求侧节点的负荷，x 为从储能系统到电网的充放电量。

若没有安装储能，则电网负荷 l_g 将等于需求侧负荷 l_c。连接储能系统后，电网负荷会因负荷转移而发生变化。根据配置储能系统前后的最大负荷，可以计算出尖峰负荷的变化：

$$\Delta L_{max} = \overline{l}_g - \overline{l}_c \tag{3-7}$$

$$\overline{l}_g = \sup\{l_g(t)\}, \quad t = 1, 2, \cdots, 8\ 760 \tag{3-8}$$

$$\overline{l}_c = \sup\{l_c(t)\}, \quad t = 1, 2, \cdots, 8\ 760 \tag{3-9}$$

其中，$\overline{l}_g$ 为电网的年最大负荷［见式（3-8）］，$\overline{l}_c$ 为需求侧的年最大负荷［峰值负荷；见式（3-9）］。

储能系统存储的电量由式（3-10）给出。$x(t)$ 表示 DES 在 t 时期净输出的电量。当 $x(t) \geq 0$ 时，DES 处于放电过程中，需要考虑电池的能量转换效率 η_{ES} 和逆变器的效率 η_{inver}。当 $x(t) < 0$ 时，DES 处于充电过程中，此时可能需要考虑逆变器的效率。每小时的存储电量 $S(t)$ 应大于 0 且小于最大容量 S_C ［见式（3-11）］。充放电量应满足储能系统的最大功率约束［见式（3-12）］。功率上限 Pow_H 与储能系统的最大容量成正比［见式（3-13）］，其中 ξ 为系统容量与最大功率的比值。

$$S(t+1) = \begin{cases} S(t) - x(t)/(\eta_{ES}\eta_{inver}), & x(t) \geq 0 \\ S(t) - x(t) \times \eta_{inver}, & x(t) < 0 \end{cases} \tag{3-10}$$

$$0 \leq S(t) \leq S_C \tag{3-11}$$

$$-1 \times Pow_H \leq x(t) \leq Pow_H \tag{3-12}$$

$$Pow_H = \xi S_C \tag{3-13}$$

在我国，上网电价受政府监管。各发电机组的上网电价采用固定价格模式，

第3章 储能应用的商业模式设计与案例分析

不同种类机组的上网电价不同。煤电和水电往往实行低上网电价,满足大部分需求。但在需求高峰时期,边际发电机组为高上网电价的燃气发电机组。故负荷转移的收益是充放电过程的价差,可以用式(3-14)计算。如式(3-15)所示,当储能容量较小时,储能所替代的边际上网电量全部来自天然气发电等高成本发电机组。随着储能容量的扩大,高上网电价电力的比例将下降。

$$R_{ls} = \sum_{t=1}^{8760} x(t) \times P_E(t) \tag{3-14}$$

$$P_E(t) = \begin{cases} P_H, & x(t) \leqslant g_H(t) \\ \{P_H g_H + P_L[x(t) - g_H(t)]\}/x(t), & x(t) > g_H(t) \end{cases} \tag{3-15}$$

其中,R_{ls} 为负荷转移的收入,P_E 为边际上网电价,会随着储能容量的变化而变化;P_H 代表高上网电价(峰时电价),P_L 代表低上网电价(谷时电价)。g_H 是高上网电价发电机组的容量。

通常,终端侧的 EES 包括两个主要部分:电源转换系统(Power Conversion System,PCS)和储能系统。EES 的投资成本可以通过电池和逆变器的成本来计算。根据式(3-16),储能系统的投资成本 C_{ESS} 是储能容量、电池成本 C_{S_unit} 和逆变器单位成本 C_{inv_unit} 的函数。由于之前计算的是年化投资收益,所以投资成本应根据 EES 的寿命和贴现率(r)分摊到年度投资成本中。式(3-17)和式(3-18)给出了具体的计算方法。

$$\begin{aligned} C_{ESS} &= S_C C_{S\_unit} + \text{Pow}_H C_{inv\_unit} \\ &= S_C C_{S\_unit} + \xi S_C C_{inv\_unit} \end{aligned} \tag{3-16}$$

$$C_{ESS} = \sum_{i=1}^{\text{lifetime}} \frac{C_{ESS\_y}}{(1+r)^i} \tag{3-17}$$

$$\Rightarrow C_{ESS\_y} = C_{ESS} r(1+r)^{\text{lifetime}} / [(1+r)^{\text{lifetime}} - 1] \tag{3-18}$$

将式(3-5)、式(3-14)和式(3-18)代入式(3-1),可以将储能系统优化问题表述为式(3-19)。该最优化问题中的决策变量包括储能的装机容量 S_C 和 EES 在 8760 个时间点的放电量 $x(t)$。

$$\max_{S_C, x(t)_{t=0}^{8760}} \text{Profit} = -(\bar{l}_g - \bar{l}_c)C_{lg} + \sum_{t=1}^{8760} x(t) \times P_E(t) - \\ (S_C C_{S\_unit} + \xi S_C C_{inv\_unit})r(1+r)^{\text{lifetime}} / [(1+r)^{\text{lifetime}} - 1] \tag{3-19}$$

随着峰值负荷的降低，电网成本也会降低。充放电之间的价格偏差可以带来套利收益。当负荷低时，边际上网电价 P_E 低，当负荷增加时，边际上网电价 P_E 会增加，直到边际供应全部来自高成本电力。储能的容量由峰值负荷偏差和价格偏差决定。

为了求解该模型，我们结合了穷举法和动态规划（Dynamic Programming, DP）算法。首先，我们穷举所有储能容量，其次，采用 DP 算法来确定每个储能容量下的最佳运行模式。根据不同储能容量下的收益和成本，我们可以得到最佳的储能规模。

在执行 DP 算法时，需要将一个大的优化问题分解为一系列子问题。某一个子问题的解与上一个子问题优化求解后系统的状态相关。由于电力需求往往以天为单位波动，所以我们将整个操作问题分解为将一天视为一个周期的子问题。子问题之间的时间间隔为 $T=[T_1, T_2, \cdots, T_n]$。在储能容量一定时，EES 的年度成本也是确定的，在求解优化问题时可以视为常数。在初始状态下，对于第一个子问题，最优解由方程（3-20）给出。第一个子问题中存储的电量用作下一个子问题的初始值。

$$d(1) = \{x(t), S(T_1)\}, \quad t = 1, 2, \cdots, T_1 \tag{3-20}$$

子问题的最优函数如式（3-21）所示。储能净输出电量 $x(t)$ 将影响尖峰负荷，应被视为状态变量。

$$\max_{x(t)_{t=1}^{T_1}} (\bar{l}_g(1) - \bar{l}_c)C_{lg} + \sum_{t=1}^{T_1} x(t) \times P_E(t) \tag{3-21}$$

尖峰负荷 $\bar{l}_g$ 是状态的函数。在按顺序对各子问题进行求解的过程中，$\bar{l}_g$ 将随着子问题计算结果的变化而变化。根据式（3-6），电网的最大负荷与初始负荷和储能系统的放电量相关。在求解第 k 个子问题时，我们可以根据初始状态到状态 k 的充放电量得到电网的最大负荷变化：

$$\bar{l}_g(k) = f_l(x(t), \bar{l}_c), \quad t = 1, 2, \cdots, T_k \tag{3-22}$$

对于非初始状态解，新状态包含上一个子问题的状态和当前子问题的解。具体来说，如式（3-23）所示，区间 $[T_{n-1}, T_n]$ 中的决策变量需要满足式（3-24）。

第3章 储能应用的商业模式设计与案例分析

$$d(n) = \{d(n-1), x(t), S(T_n)\}, \quad t = T_{n-1}, T_{n-1}+1, \cdots, T_n \quad (3\text{-}23)$$

$$\max_{x(t)_{t=T_{n-1}}^{T_n}} (\bar{l}_g(n) - \bar{l}_c)C_{lg} + \sum_{t=T_{n-1}}^{T_n} x(t) \times P_E(t) \quad (3\text{-}24)$$

此处使用国网安徽省电力公司的数据作为算例。2015 年，安徽省用电量为 179.5 太瓦时，超过荷兰或波兰的用电量，约为英国用电量的 60%和德国用电量的 1/3。图 3-1 为安徽电网 2015 年全年电力负荷概率密度分布和累积密度分布。从图中可以看出安徽省电力负荷概率密度分布接近正态分布，右侧也显示了长尾分布特征，电网容量需要满足峰值负荷。在此期间的大部分时间里，电网都在不饱和状态下运行。我们选择的算例中年最大负荷为 28.68 吉瓦，年最小负荷为 8.59 吉瓦。最大负荷约为最小负荷的 3.34 倍。平均负荷为 16.37 吉瓦，仅约为最大负荷的 57.1%。在超过 90%的情况下，电网负荷低于 19.3 吉瓦。这意味着电网的最大负荷实际上只能满足几个小时的峰值负荷。

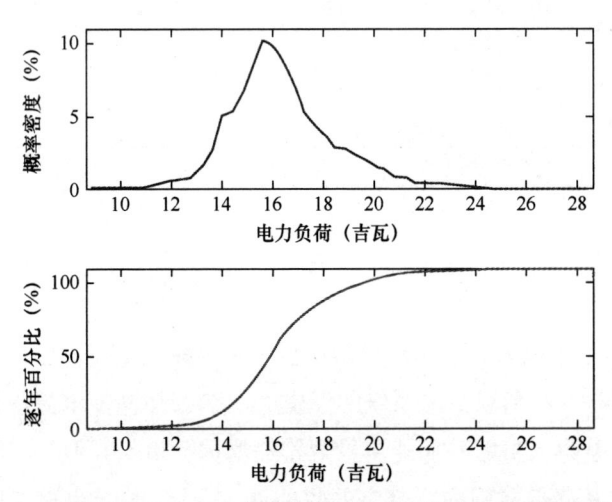

图 3-1 安徽电网 2015 年全年电力负荷概率密度分布和累积密度分布

较低的负荷率意味着在大部分时候，电网的负载能力都处于闲置状态。其实，最终来看所有的电网投资成本都要摊入电价中，电网冗余的成本最终被转嫁给消费者来承担。这样为储能带来了应用价值：分布在用户端的储能可以帮助转移电力系统的高峰负荷，从而减少电网投资的需求。

电网的负荷特性分布给储能技术的应用带来了较大的空间。从负荷的分布特性上看，极端值出现的时间非常短。这也意味着，为了满足最大负荷而增加的输配电网容量，其利用率较低，这也导致其边际收益较低。如果利用储能系统来进行削峰填谷，帮助提升电网设备的利用率，将能够有效地减小电网的投资规模。式（3-1）～式（3-24）中各变量的取值如表 3-3 所示。

表 3-3 式（3-1）～式（3-24）中各变量的取值

符 号	项 目	单 位	数 值
E	用电量	吉瓦时/年	163.98
P_B	平均上网电价	元人民币/兆瓦时	489.67
P_S	平均销售电价	元人民币/兆瓦时	690.14
R_{Grid}	电网购销价差	十亿元人民币/年	32.87
$\bar{l}_c$	峰值负荷	吉瓦	28.68
η_{loss}	线路损耗率	%	7.67
C_{lg}	电网容量单位成本	元人民币/（千瓦·年）	946.75
C_{S_unit}	电池成本	元人民币/千瓦时	2 734
C_{inv_unit}	逆变器单位成本	元人民币/千瓦	800
r	贴现率	%	5
ξ	系统容量与最大功率的比值	—	0.25
η_{ES}	电池的能量转换效率	%	92
η_{inver}	逆变器的效率	%	97
lifetime	使用年限	年	10
P_H	峰时电价	元人民币/兆瓦时	850
P_L	谷时电价	元人民币/兆瓦时	408.5

图 3-2 显示了收入和成本差异随储能电量规模的变化。由于分布式储能的单位成本是恒定的，所以储能系统的投资成本 C_{ESS} 随储能电量规模的增加呈线性增加趋势。总收入将随着储能电量规模的增加而增长。但是，随着储能电量规模的增加，其降低电网成本带来的收益 R_{gc} 在达到某一个拐点后，增长将趋缓，同时负荷转移的边际收益 R_{ls} 的增长速度也将放缓，这使得总收入也表现出边际收益递减的趋势。在储能电量规模较小的情况下，增加 1 单位储能可以有效降低电网高峰负荷，降低电网建设成本。但随着储能电量规模的增加，削峰填谷的效果会逐渐减弱，会存在一个最优收益点。在本算例中，最优储能电量规模为 5 吉瓦时，净收入可以达到最高水平。这一结果可以帮助我们定量分析储能应用的最优价值。

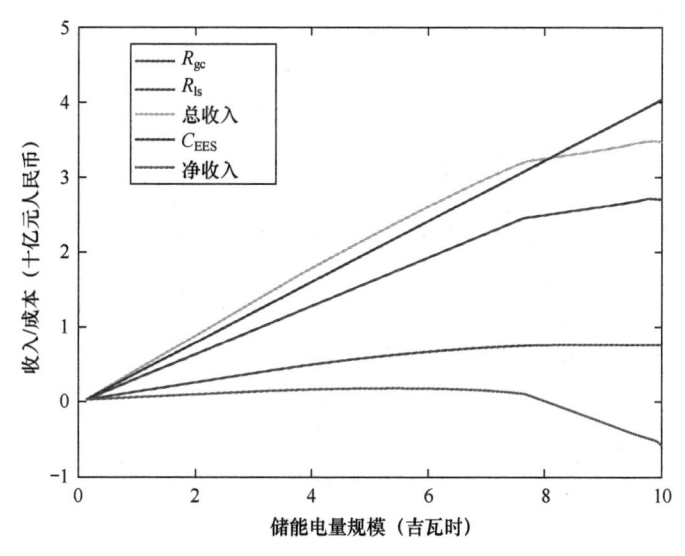

第3章 储能应用的商业模式设计与案例分析

图 3-2 收入和成本差异随储能电量规模的变化

在储能系统优化模型中，贴现率、电池成本、使用年限、峰时电价、电网容量成本等参数被视为外生变量，可能会影响储能投资。这些外生变量的值可能会不断变化。为了分析外生变量的影响，本节还进行了敏感性分析。

图 3-3～图 3-7 描述了这些外生变量的差异带来的影响。图 3-3 描绘了贴现率对最优储能电量规模和储能收益的影响（贴现率敏感性分析）。随着贴现率的降低，最优储能电量规模增加，储能收益增加。这主要是由于贴现率降低后未来收益的现值会增加，从而给储能带来更高的应用价值。由于投资支出是在启动期支付的，储能的边际成本没有变化，所以均衡点上的最优储能电量规模和储能收益增加。

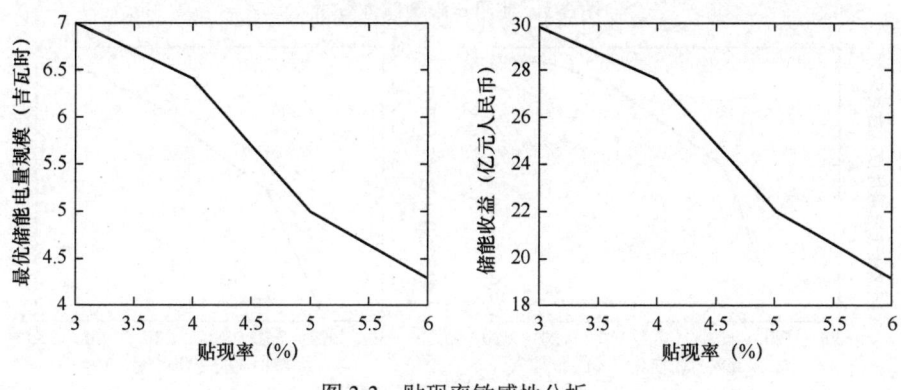

图 3-3 贴现率敏感性分析

储能规模化发展政策体系、商业模式与综合影响

电池成本也会影响储能的最佳规模。如图 3-4 所示，电池成本越低，最优储能电量规模就越高。此外，电池成本可能是最具可变性的因素之一。近年来，锂离子电池的年平均成本逐年呈下降趋势。电池成本是 EES 投资的主要部分，未来储能的应用价值将随着电池成本的下降而增加。

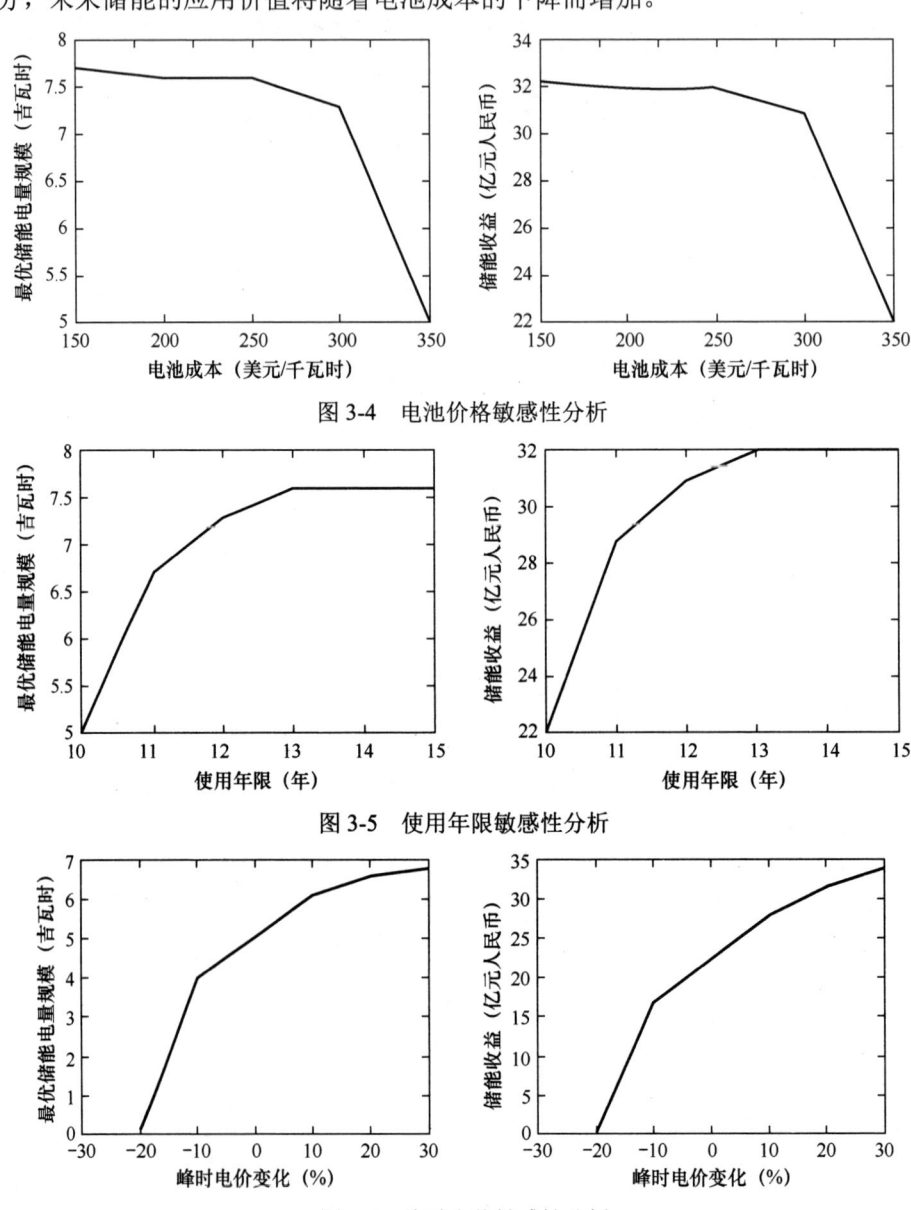

图 3-4 电池价格敏感性分析

图 3-5 使用年限敏感性分析

图 3-6 峰时电价敏感性分析

· 122 ·

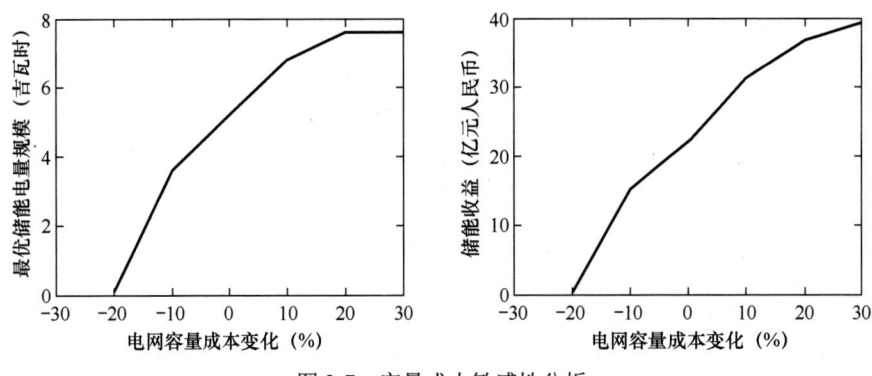

第3章 储能应用的商业模式设计与案例分析

图 3-7 容量成本敏感性分析

使用年限也会影响储能的应用价值。储能系统使用年限的延长将提高相应的最优储能电量规模和储能收益。然而，由于技术的限制，延长储能系统使用年限往往比降低成本更困难。以锂离子电池为例，其使用年限的主要影响因素是电极的稳定性，这需要在材料技术上取得突破，并需要求政府加大对电池材料基础研究的投入。

随着峰时电价的提高，最优储能电量规模和储能收益也会增多。造成这种现象的主要原因是峰时电价的提高将增加负荷转移的收入。我国目前实行峰时电价的主要是天然气发电和抽水蓄能，用于应对高峰负荷。我国的自然资源以天然气匮乏为特点，导致天然气价格居高不下。虽然天然气的价格也受政府管制，但这也造成天然气供应不足。目前，我国天然气发电年运行小时数为 2 340 小时，相当于以 26.7%的负荷运行。因此，如果未来天然气需求上升，那么峰时电价仍有上涨的可能。此外，液化天然气供应在天然气供应中占很大比例，液化天然气的价格往往更加波动。例如，2017 年 9 月至 12 月，由于液化天然气供应短缺，所以中国市场的液化天然气价格上涨了 156%。考虑到天然气价格上涨的影响，未来储能的应用价值将进一步提升。

电网容量成本也会影响优化问题的结果。容量成本敏感性分析可用于评估新的电力基础设施。随着土地、劳动力和材料价格的上涨，电网投资成本将上升。此外，电网的扩建可能基于现有电网，相应的成本可能低于原建设成本。在这里，我们以国家电网总资产周转率（营业收入除以总资产）作为评价电网容量成本变化趋势的指标。国家电网公司的市场份额占中国电力市场总份额的

80%以上，因此国家电网公司可以作为中国电网公司的代表。电网营业收入来自销售收入，与售电量呈线性关系。电网的总资产就是电网基础设施的价值，2008年国家电网总资产周转率为0.681 4，2016年总资产周转率为0.643 4。总资产周转率放缓意味着在供应相同单位电力的情况下，近年来电网成本呈上升趋势。如果未来该趋势持续，那么储能需求将会增加。

3.2.2 应用技术需求

未来液流电池将成为电网侧储能的主要提供者之一。液流电池由单体电池作为储能单元，在单体电池的两个电极之间存在隔膜，离子从其中穿过，实现不同能量的化学物质之间的转化，从而存储和释放电能。液流电池的优势有两点：①它将功率和能量分离，将储液罐体积增大从而扩大能量规模，在储液罐之间设置更多的单体电池可以提高功率；②它几乎和锂离子电池一样容易部署，液流电池每兆瓦时的成本也正趋向于与锂离子电池相同的级别。广泛的地理兼容性和可扩展性，较短的建设周期，合理的成本、功率和能量的独立设计，以及利用特定活性物质进行长时储能的巨大潜力，这些都意味着该技术及其变体在未来与锂离子电池和抽水蓄能技术相比具有竞争力。

锂离子电池储能技术在电网侧的应用主要包括电网辅助服务、输配电基础设施服务、微电网等。锂离子电池储能技术的优势在于其具有相对较高的能量密度、较低的维护费用、较宽的工作温度范围、较长的使用寿命、较长的保质期、较快速的充电能力、无记忆效应和设计灵活性等。锂离子电池集成度和电池热管理水平的不断提高使得大规模锂离子电池储能项目越来越多。

3.2.3 市场空间展望

随着未来储能技术性能的提升和储能系统单位成本的降低，储能系统应用于配电网不仅可以成为传统电网升级改造的替代措施，从而延缓投资线路和变压器的时间，实现"无线路解决方案"，还可以向电力用户提供增值服务。例如，针对半导体、芯片制造等精密制造行业客户，储能系统可以提高电网供电的可靠性，保证高于设计标准的电能质量。针对园区内含分布式能源的增量配电网，储能系统还可以提高配电网调度灵活性，与分布式可再生能源形成网—源互补，增强可再生能源消纳能力，实现园区电力系统的经济运行，未来储能应用场景广泛。

从应用技术来看，我国目前输配侧储能项目较少。以深圳宝清储能电站为代表的已投运项目大都采用锂离子电池储能技术。锂离子电池储能技术已成为目前我国输配侧储能项目的主要技术。美国、英国等国家由于电网基础设施老旧，开展了大量"智能电网计划"。其中，储能作为智能电网的关键支撑技术及非线路电网改造方案，被应用到输配电领域。

3.3 用户侧储能应用商业模式与案例

3.3.1 工商业用户应用场景

3.3.1.1 应用场景介绍

储能技术在工商业用户侧的应用场景主要集中在 3 个方面，即用户分时电价管理、容量费用管理和电能质量管理。在进行用户分时电价管理的售电市场中，用户可基于分时电价体系对用电负荷进行调节。平衡电价较高时段和电价较低时段的电力需求，从而降低用电成本。利用储能设备可在电价较低时充电、电价较高时放电，从而在不改变用户行为的前提下，帮助用户降低整体用电成本。电力用户支付的电价分为电量电价和容量电价。在我国，工商业用户等电力用户中受电变压器容量在 100 千伏安或用电设备容量在 100 千瓦以上时，实行两部制电价模式。容量费用管理指电力用户采取管理措施，在降低最高用电功率的同时不影响正常的生产工作，从而降低容量费用。电动汽车有序充电和设置储能设备是实现容量费用管理的有效方法，用户可根据其用电特性，在其用电高峰时段释放充电需求以达到降低用电功率峰值的目的。电能质量管理涉及电力系统发、输、配、用各个环节，在用户端，利用储能设备能够帮助电力用户平滑电压、频率波动，减少谐波干扰，从而提高用户电能质量。此外，储能设备也可以作为电力用户的备用电源，在电网供电不足时向用户供电，提升供电可靠性。

储能在用户侧的应用价值分析包括以下 5 点：峰谷价差套利、需量电费管理、需求响应补偿、提高供电可靠性，以及提高电能质量。

1. 峰谷价差套利

峰谷价差套利主要通过电价差和用电计划的调整来获得价值收益，是储能在用户侧应用最主要的收益方式。在全国大部分地区峰谷价差不甚合理的情况下，单纯靠这部分收益，项目投资回收期长、经济性差。峰谷价差套利的计算方法为

$$I_1 = P_{out}Q_{out} - P_{in}Q_{in} \tag{3-25}$$

其中，I_1 为储能系统年收益，单位为元人民币/年；P_{in} 和 P_{out} 分别为储能电价和用电电价，单位为元人民币/千瓦时；Q_{in} 和 Q_{out} 分别为储能电量和用电量，单位为千瓦时/年。

2. 需量电费管理

目前全国大部分地区的大工业用电都采取两部制电价的模式，即将与容量对应的基本电价和与用电量对应的电量电价结合起来决定电价的模式。对于按照最大需量收取容量电费的用户，若安装储能系统，则可以帮助用户降低最大需量电费。

用户每月需量电费 R 可以表示为

$$R = \begin{cases} C_{basic}P_M, & P_{act} < P_M \\ C_{basic}P_{act}, & P_M \leqslant P_{act} \leqslant 1.05P_M \\ C_{basic}(2P_{act} - 1.05P_M), & P_{act} > 1.05P_M \end{cases} \tag{3-26}$$

其中，C_{basic} 为最大需量的基本电费单价；P_M 为合同签订的月度最大需量；P_{act} 为月度实际最大需量。

储能可以平滑用电负荷曲线，通过用电高峰期储能系统放电，降低最大需量。每年最大需量电费管理的价值收益计算方式如下：

$$I_1 = \sum_{i=1}^{12}[R_N(i) - R_Y(i)] \tag{3-27}$$

其中，$R_N(i)$为第i个月未安装储能系统的基本电费支出；$R_Y(i)$为第i个月安装储能系统的基本电费支出。

3. 需求响应补偿

储能系统用于需求响应补偿，是指利用储能系统参与需求响应，获取需求响应项目的补偿收益。目前在国家层面，尚无现行的、统一的补贴类需求响应政策，但在地方层面，仍有部分地区正在实施其出台的带有经济补偿的这类政策，但总体上补偿力度仍然不够。用户参与需求响应的收益计算为

$$\Delta P = (E_B - E_R)/T \tag{3-28}$$

其中，E_R为实施需求响应时段内用户负荷实测电量，单位为千瓦时；E_B为实施需求响应时段内基准线用户负荷耗电量，单位为千瓦时；T为本地区电网高峰时段小时数，单位为小时。

4. 提高供电可靠性

供电可靠性的经济价值一般较难计算。一方面，提高供电可靠性对应的经济价值与停电损失有关，而在某次停电事件中，不同的负荷所受的影响是有差异的；另一方面，有些重要负荷涉及一些特殊情况，如公共安全、灾后救援及战时，这种情况很难量化提供电力供应保证服务的价值。所以这部分收益主要由电力服务对客户的价值决定，此外，停电损失的赔偿也属于该部分收益。在提高供电可靠性方面，储能给用户带来的价值主要是降低断电事故、减少损失，其价值核算公式为

$$I = \Sigma(tQP) \tag{3-29}$$

其中，I为配置储能系统后的年收益，单位为元人民币/年；t为断电时间，单位为小时；Q为断电时储能系统提供的发电功率，单位为千瓦；P为电力服务的价值，单位为元人民币/千瓦时。

5. 提高电能质量

通过储能提高电能质量获得的经济价值主要与电能质量不合格事件发生的次数，以及用户因低质量电力服务造成的损失程度有关，配备的储能系统的容

量等指标也会对部分收益产生影响。储能的放电时间以停电时间的长短为依据,可以从几秒到几分钟。计算发生电能质量事件带来的损失(价值),可以将投入储能获得的收益进行量化:

$$I = nP \times \min\{Q_H, Q_0\} \tag{3-30}$$

其中,I 为配置储能系统后的年收益,单位为元人民币/年;n 为每年发生电能质量事件的次数;P 为电力服务的价值,单位为元人民币/千瓦;Q_H 为高峰负荷,单位为千瓦;Q_0 为设备容量,单位为千瓦。

案例6:坪山比亚迪工业园用户侧磷酸铁锂电池储能电站

广东省深圳市坪山比亚迪工业园新能源微电网示范项目包括装机容量为7.4兆瓦的并网型太阳能光伏发电系统、储能规模为20兆瓦/40兆瓦时的储能系统,以及相应的配套并网设施。储能部分占地1 500平方米,采用10kV并网方式,主要用于平滑光伏发电,实现峰谷电量搬移。该项目由比亚迪电力科学研究院自主承建,储能规模为20兆瓦/40兆瓦时的储能电站总投资为14 800万元人民币,其中30%为自有资金,70%通过银行贷款进行融资。

该光储系统利用储能电池的能量可存储性,使整个光伏发电系统的时间功率输出曲线得到改善,匹配厂区负荷,并降低电网因接入分布式电源而产生的不利影响。光储系统将不确定性较大的光能进行存储与释放,将不稳定的能源变成稳定的具有较高价值的产品,从而提高电网对可再生能源的吸收接纳程度。此外,由于本光储系统为用户侧并网系统,要求不向电网输出电能,因此在建筑物内负荷不能消纳所发出光伏时,就需要储能配合,将电能暂时储存起来,在负荷较大的时候再释放出来。因此,将储能电池配置在本工程中,可实现的功能包括:平滑电站的功率输出曲线、削峰填谷、跟踪计划输出曲线以匹配负载运行、孤网运行等。

基于储能够实现的这些功能,该储能电站依托深圳市坪山区工商业低谷电价0.325 9元人民币/千瓦时、高峰电价1.014 7元人民币/千瓦时的峰谷电价机制,结合园区屋顶光伏发电系统,利用储能进行峰谷电量搬移,从而获得峰谷价差收益。经测算,该项目在此运行模式下进行削峰填谷的收益为1 895.664万元人民币，预计投资回收期为 7.8 年，考虑到充放电效率、维护时间、送出线路损耗等，投资回收期会有一定延长。总体来看，这类项目在峰谷价差较大的地区已初显商业化潜力。

3.3.1.2 用户侧储能应用收益测算

1. 容量电费收入

储能有助于企业管理容量电费，供电部门会以其变压器容量或最大需量为依据，对大的工业企业每月收取一定的基本电费。储能系统可以使这些企业实现容量电费管理，即在用电低谷时储能，在用电高峰时释放电能，在降低最高用电功率的同时尽量不影响正常生产，从而达到降低容量电费的目的。使用储能系统进行容量电费管理的收益模式如图 3-8 所示。

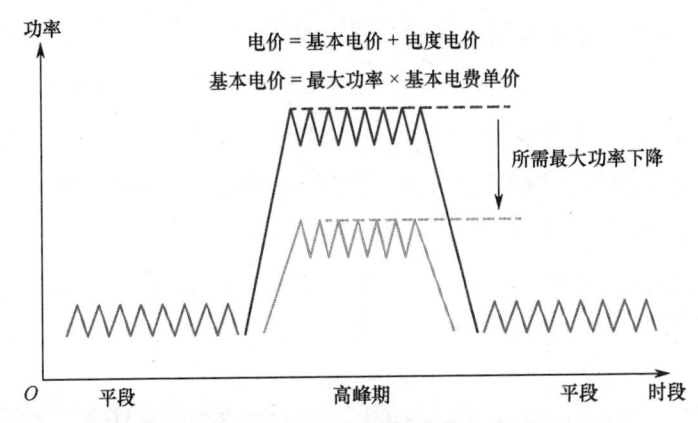

图 3-8 使用储能系统进行容量电费管理的收益模式

根据最大需量计算基本电费，用户每月需求电费 R 的计费规则为

$$R = \begin{cases} C_{\text{basic}} P_{\text{M}}, & P_{\text{act}} < P_{\text{M}} \\ C_{\text{basic}} P_{\text{act}}, & P_{\text{M}} \leqslant P_{\text{act}} \leqslant 1.05 P_{\text{M}} \\ C_{\text{basic}} (2P_{\text{act}} - 1.05 P_{\text{M}}), & P_{\text{act}} > 1.05 P_{\text{M}} \end{cases} \quad (3-31)$$

其中，C_{basic} 是最大需量的容量电费单价；P_{M} 是合同签订的月度最大需量；P_{act} 是月度实际最大需量。

实际测量的最大需量若超过合同批准值的 105%，则超过 105%部分的基本电费加倍。因此，储能可以平滑并网点的功率曲线，通过"低储高放"降低最

大需量。每年节省的基本电费 I_1 为

$$I_1 = \sum_{i=1}^{12}[R_N(i) - R_Y(i)] \quad (3\text{-}32)$$

其中，$R_N(i)$ 是第 i 个月未安装储能系统的基本电费支出；$R_Y(i)$ 是第 i 个月安装储能系统的基本电费支出。

2. 电量电费收入

随着峰谷电价的强力推进，储能套利空间大幅提升。目前，我国多数地区的工业大户均已实施峰谷电价机制，即降低夜间低谷期电价、提高白天高峰期电价的政策，可以鼓励用户规划用电时段，这有助于电力公司维持电力的供应均衡，降低生产成本，并避免部分发电机组频繁启停造成的巨大损耗等问题，保证电力系统的安全稳定运行。储能用于峰谷电价套利时，用户可以在电价较低的谷期利用储能装置存储电能，在电价较高的峰期释放谷期存储的电能，从而降低用户的电费，实现峰谷电价套利。国家电网公司、南方电网公司陆续公布 29 个省（自治区、直辖市）2022 年 5 月的电网代理购电价格，多地峰谷价差有了变化，冀北、河南、黑龙江、山东、浙江 5 个地区的峰谷价差呈现上涨趋势，其中广东珠三角五市的峰谷价差为全国最高，已超过 1.3 元人民币/千瓦时，共有 19 个省（自治区、直辖市）的峰谷价差超过 0.7 元人民币/千瓦时，为用户侧利用储能来套利峰谷价差提供了较大的空间。电量电费收入模式如图 3-9 所示。

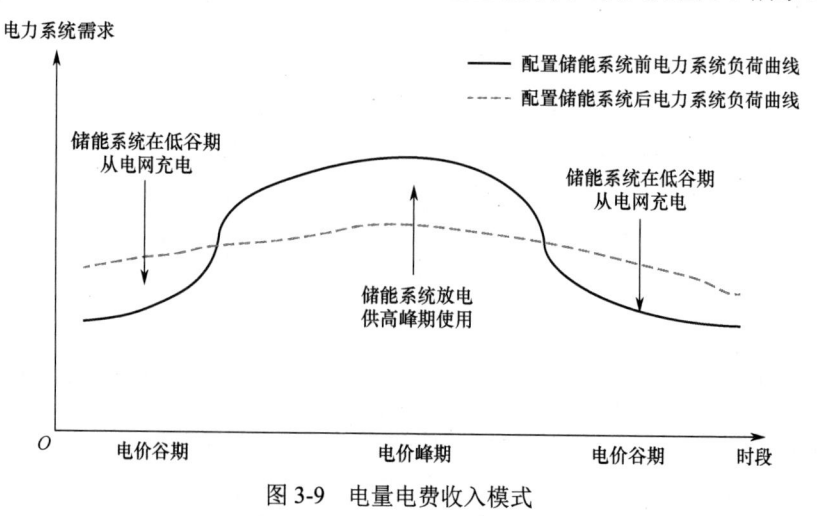

图 3-9 电量电费收入模式

第3章 储能应用的商业模式设计与案例分析

储能的"低储高放"模式可以转移电力负荷。根据分时电价机制,用户可以通过削峰填谷产生收入。因此,每年节省的电力成本 I_2 为

$$I_2 = \sum_{i=1}^{M}\sum_{j=1}^{D}\sum_{t=0}^{H}[P_{out}(i,j,t) \times B_{out}(i,j,t) \times \text{price}(i,j,t) - \frac{P_{in}(i,j,t)}{\eta} \times B_{in}(i,j,t) \times \text{price}(i,j,t)]$$

(3-33)

其中,P_{in} 和 P_{out} 为电池储能系统的充电功率与放电功率;B_{in} 和 B_{out} 分别表示 t 时刻的充电状态与放电状态,为布尔变量;price(i,j,t) 是对应时间段的分时价格;η 是储能充放电效率。

3. 需求响应收入

随着政策的深入实施及需求的逐渐扩大,未来新型电力系统的储能单元主要为用户侧储能电站及分布式微储能系统。以经济较发达地区江苏省为例,截至 2021 年 8 月,江苏省已在全省范围内建成 70 余座储能电站,总功率为 127.15 兆瓦,总储能电量规模达到 784.79 兆瓦时。当前,江苏省 5G 基站总数为 39 902 个,预计配套储能电量规模约为 3 000 千瓦时;已建成大型数据中心超过 50 座,按照《数据中心设计规范》(GB 50174—2017)的要求,储能电池的备用时间不少于 15 分钟,其可调控的储能容量亦不容小觑;另外,利用电动汽车充电装置可为需求响应带来积极作用。用户侧储能电站通常将电池堆、储能双向变流器、变压器、高低压柜等安装在储能集装箱内。用户侧储能电站是当前比较完备的储能形式,其参与需求响应的模式具有较高的参考价值,亦可推演至其他小规模分布式储能资源的调控策略。

当电力系统的可靠性受到威胁时,用户根据供电方的通知在规定时间内降低电力负荷进行需求响应,以确保电力系统的安全稳定运行。用户每年从实施需求响应合同中获得的收入 I_3 可以表示为

$$I_3 = \sum_{j=1}^{Dy}[\text{Pr}(j) - \text{Pu}(j)]$$

(3-34)

其中,Pr(j) 是在第 j 天实施需求响应合同以减少相应负荷后的收益,Pu(j) 是在第 j 天未减少负荷的情况下因违约而支付的罚金,Dy 是一年的天数。

4. 可靠性收入

储能可提升用户的电能质量和可靠性。传统的供电体系复杂,设备负荷性

质多变，用户获得的电能质量（电压、电流和频率等）不稳定；而用户侧安装的储能系统服务对象明确，其相对简单和可靠的组成结构保证了更高质量的电能输出。当电网供电不足或出现其他特殊情况时，储能系统还可以作为备用电源提升供电可靠性。用户可安装储能装置，提高供电可靠性，并可大大减少停电次数。储能带来的年度可靠性收入 I_4 可以表示为

$$I_4 = \rho \times P_{bat} \times t_t \tag{3-35}$$

其中，ρ 是用户在停电 1 小时内单位容量的利润损失，t_t 是通过将储能增加到额定功率而减少的用户平均年停电时间，P_{bat} 为储能装机容量。

5. 储能安装费

储能安装费包括电池本体费用、电源转换装置费用、配套设备费用及工程费用。电池本体费用与储能的额定装机容量成正比，电源转换装置费用与储能的额定装机容量成正比，配套设备费用及工程费用与储能的额定装机容量成正比。因此，储能装置的总安装成本 INV 的计算方式为

$$\text{INV} = C_{ES} \times \text{ES}_{cap} \tag{3-36}$$

其中，C_{ES} 表示单位储能装机容量的价格，ES_{cap} 表示储能系统的额定装机容量。

储能装置的年化安装成本的计算方式为

$$C_1 = \frac{\text{INV} \times r \times (1+r)^{\text{lifetime}}}{(1+r)^{\text{lifetime}} - 1} \tag{3-37}$$

其中，lifetime 表示储能系统的使用年限，r 表示贴现率。

6. 年度运行和维护成本

储能系统的年度运行和维护成本与储能的额定装机容量有关。年度运行和维护成本 C_2 可以表示为

$$C_2 = C_{O\&M} \times \text{Pow}_{ES} \tag{3-38}$$

其中，$C_{O\&M}$ 表示单位储能充放电额定装机容量的年度运行和维护成本，Pow_{ES} 表示储能充放电额定装机容量。

用户储能的投资收益直接由储能系统成本和峰谷价差决定。假设工厂每年开展生产的时间为 300 天，根据公式简单计算：静态投资回收期=

第 3 章 储能应用的商业模式设计与案例分析

$$\frac{电池容量 \times 单位容量一次性投入成本}{(每日高峰期用电量 \times 峰谷价差) \times 300}$$，假设企业安装电池容量等于其平均每日高峰期用电量，我们发现若不考虑维护成本，则静态投资回收期的影响因素只有单位容量一次性投入成本和峰谷价差。据中关村储能产业技术联盟（CNESA）储能项目库对中国储能项目的追踪统计，我国储能项目的规划、建设、投运在江苏、广东等地区开展得较多。这些地区经济发达，工商业园区多，用电负荷大，用户侧峰谷价差较大，利用储能削峰填谷拥有较为可观的套利空间。以江苏省峰谷价差为例，分别采用锂离子电池技术和铅炭电池技术计算投资回收成本。经济性核算结果如表 3-4 所示。

表 3-4 经济性核算结果

项 目	锂离子电池	铅炭电池
投资成本（万元人民币）	2 046.8	3 045
运营成本（万元人民币）	327.55	83.125
变压器容量减少（万元人民币）	171.69	196.89
峰谷获利收益（万元人民币）	1 390.8	3 235.3
削峰收益（万元人民币）	1 504.3	1 460.4
削峰效益占比（%）	51.96	31.10
总净收益（万元人民币）	692.56	1 764.5
投资回收期（年）	6.1	4.3
年投资回报率（%）	2.3	5.8

数据来源：CNESA

近年来，锂离子电池凭借其成本优势快速发展并逐渐扩大市场。由于利用铅炭电池进行套利的静态投资回收期不足 5 年，所以其已具有一定的商业可行性。锂离子电池相对较高的成本拉长了其投资回收期，长于铅蓄电池的投资回收期。根据中国汽车工程学会牵头组织编制的《节能与新能源汽车技术路线图 2.0》，目前锂电系统成本降至 1 元人民币/瓦时以下，投资回收期缩短至 3.9 年，且随着退役动力电池进入梯次利用领域，储能成本将进一步下降。

3.3.2 分布式发电应用场景

由于每个国家在电力负荷特点、市场政策、补贴机制、电价水平、商业模式、市场参与者等方面各有差异，因此各国分布式光储发电的应用重点和发展阶段各有特点。部分国家分布式光储发电现状如表 3-5 所示。

表 3-5　部分国家分布式光储发电现状

国　　家	分布式光储发电现状
美国	美国的已投运项目不多，但是其推广模式值得借鉴，大力度的 SGIP 补贴和税收政策、新型的商业模式，以及巨大的投融资市场使得加州的光储市场拥有较大潜力
德国	德国拥有大量户用光伏，但由于储能补贴机制过于复杂，所以大部分光储项目都不愿意申请补贴
澳大利亚	澳大利亚的光储市场处于无补贴、无成型的阶段，这意味着户用光储市场潜力较大
中国	中国已投运的分布式光储发电项目较多，且大部分项目具有特殊目的，没有储能/光储补贴，商业模式也未成形

案例 7：Tesla 公司和 SolarCity 公司的商业模式

美国的分布式光储发电市场中，Tesla 公司和 SolarCity 公司是具有代表性的两家企业，它们之间良好的合作关系有力地推动了美国分布式光储发电市场的发展。Tesla 公司在 2015 年 4 月 30 日公布了其家用电池及大型公用事业电池计划。家用电池可以在用电低峰期存储价格更低的电能，为消费者节约电费的同时有助于保持电网平衡。SolarCity 公司从 2013 年开始根据用户的不同需求推出不同类型的储能产品，如 DemandLogic 系统可以帮助商业用户降低电费，GridLogic 系统可以为学校和军事基地提供安全稳定的电力，还有即将推出的户用储能系统可以满足电力备用的需求。

Tesla 公司和 SolarCity 公司在光储领域相互合作，Tesla 公司完成了在光储领域中的运作，SolarCity 公司也在光伏发展系统中顺利引入储能环节，从而进入储能领域。它们通过合作实现了分布式光储发电，这种商业模式主要有以下 3 个要点。

（1）将目标锁定在最有商业价值的商业领域和户用领域。根据 SGIP 数据库，商业领域的储能装机规模需求最大，户用领域项目最多，Tesla 公司将在这两个领域最先进行大规模应用。SolarCity 公司推出选用 Tesla 储能产品的服务产品之后，在商业领域和户用领域开展应用。SolarCity 公司和 Tesla 公司选择这两个领域作为目标市场是有其原因的，目前对用户侧的电费账单影响最大的主要是需量电价和分时电价。据美国 Strategen 咨询公司测算，在加州商业用户

第3章 储能应用的商业模式设计与案例分析

的账单管理中，商业用户通过储能系统减少电费带来的价值比节能带来的价值高14倍。分时电价的实施也使得越来越多SolarCity公司的主要居民用户购买储能。这些用户每月的用电量较高，他们大多属于中产阶级，不仅可以通过购买储能降低电费，还可以提供紧急电力备用。

（2）以B2C模式扩大家庭用户规模。SolarCity公司的光储产品将通过开通电商平台的方式进入用户市场。用户可以在网上发送需求、提交订单、挑选产品、测算成本和申请筹资等，还可以在项目建成后远程监控系统。开发商通过B2C模式改善了用户体验，抓住了储能市场和屋顶资源，同时减少了销售运营成本。

（3）提供多种合同支付形式，促进分布式光储发电模式的应用。SolarCity公司为用户提供的合同支付形式包括买断光储设备、光伏租赁和购电协议（PPA），以促进光储系统的应用。买断光储设备的方式在市场中比较常见，主要是指用户可选择一次性买断分布式光储设备，自发自用，自行维护。光伏租赁主要在居民项目中使用，是SolarCity公司特有的业务。光伏租赁业务与美国净计量电价（Net Metering）政策息息相关。在美国净计量电价政策中，电表是净计量电表，居民用户支付净额用电量的电费即可。当用电量大于光伏发电量时，居民用户会向电力公司采购相应电力；当用电量小于光伏发电量时，居民用户将获得一个以零售价格为基础的信用额度（可在下期使用）。在光伏租赁业务中，SolarCity公司为居民用户提供的服务包括建设和维护屋顶光储系统、发电及储能。光伏租赁协议签订20年，SolarCity公司需要保证一定的发电量，若未达到，将会对居民用户进行补偿。购电协议（PPA）业务的卖点是提供低价环保电力，它通常用于商业项目。PPA有两种模式：大型商业项目模式和小型商业项目/居民项目模式。大型商业项目模式涉及SolarCity公司、商业用户和电力公司三方，SolarCity公司负责光伏系统的建设和维护，并将电力卖给电力公司，以发电量为基础每月向电力公司收取费用；电力公司将收购的光伏电转卖给商业用户；商业用户让出屋顶并支付比常规电力更少的电费。小型商业项目/居民项目模式则与光伏租赁模式类似，SolarCity公司将价格更低的光伏电卖给用户（主要是小型商业项目和居民项目），为期5年，期满后用户可以随时收购屋顶的光储系统。

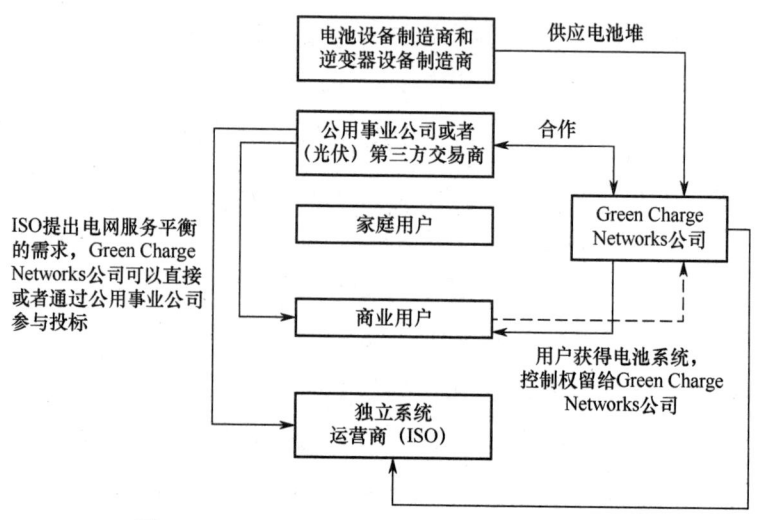

案例8：Green Charge Networks 公司的商业模式

Green Charge Networks 公司位于美国加州，主要帮助公司、院校和城市解决储能问题。用户通过自发自用，减少高峰需量的电费（这部分费用超过总电费的一半），以达到减少电费的目的。公司免费提供初装服务，降低用户风险，让用户更愿意进行系统安装，帮助用户节省电费，最后进行分成。

从商业模式（见图3-10）和价值链的角度来看，Green Charge Networks 公司使用的是三星 SDI 的锂离子电池。目前安装的系统容量为 60 千瓦～2 兆瓦，Green Charge Networks 公司拥有这些系统，并控制电池运行。该公司有一个具备学习能力的嵌入式软件，可以根据需求优化电池充放电。系统的安装和维修是免费的，用户电费账单所节约的费用在用户和 Green Charge Networks 公司之间进行分成，合同期通常为 10 年。Green Charge Networks 公司也积极地参与 CAISO 市场，将用户储存的容量参与到市场中，有助于平衡电力系统。用户负荷曲线、电费结构及能源利用情况对于实现商业化应用比较关键。该商业模式同时也取决于加州现有的激励计划。Green Charge Networks 公司为用户提供了 3 种模式：直接合作模式、联合光伏企业与用户合作的模式、联合公用事业公司与用户合作的模式。

图 3-10 Green Charge Networks 公司的商业模式

第3章 储能应用的商业模式设计与案例分析

案例9：SENEC.IES 公司开展的"免费午餐"模式

SENEC.IES 公司是一家总部位于德国的能源供应公司，自 2009 年成立以来，已在德国安装了超过 6 000 个储能系统，是光伏和储能领域的市场领导者之一。该公司的主要业务是销售电池，其推出的"Economic Grid"计划已经有 2 000 名用户参与，用户参与后可以获取"免费电力"。

从商业模式（见图 3-11）和价值链的角度来看，SENEC.IES 公司具备对电池系统的主要控制权。它们在电网电价为零或较低时，能够智能地控制电池从电网充电。用户主要通过以下方式受益：①最大程度地自主消耗他们屋顶光伏系统所产生的电能，从而降低对传统电网的依赖；②利用 SENEC.IES 公司提供的"免费储存的电力"，有效管理电费账单，实现更低的电力成本，从而获得经济收益。目前，除了免费的电力，用户没有收到提供辅助服务的任何费用。按照目前的零售电价水平，每个用户在每年最多收到 800 千瓦时电力的情况下，可以获得超过 200 马克的辅助服务费。事实上，拥有一个小容量电池储能的用户不太可能获得如此高昂的费用，因为这意味着储能系统每年要进行 100 多次充放电循环。用户需要 SENEC.IES 公司提供特定的负荷曲线电表，并且每年必须支付 20 马克的电网使用费。

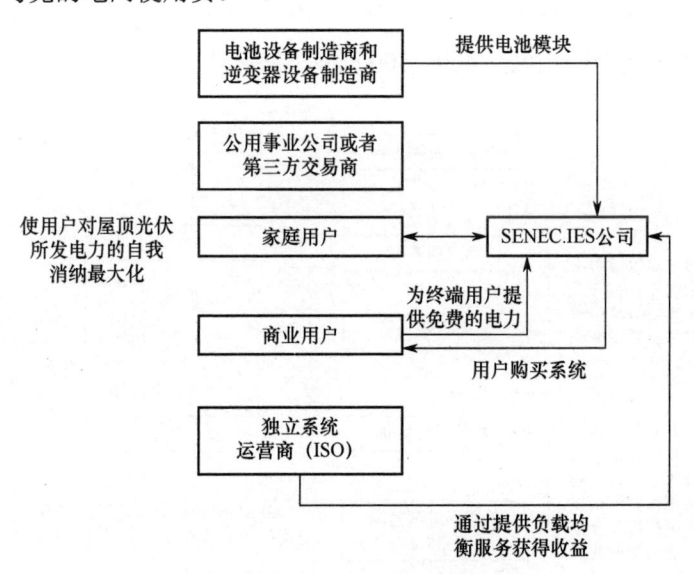

图 3-11 SENEC.IES 公司的商业模式

案例10：Fenecon/Ampard AG 公司开展的虚拟电厂模式

Fenecon 公司是比亚迪在德国的经销商，而 Ampard AG 公司则是一家瑞士公司，专注于开发和运营智能能源管理系统，最大程度地提高自发自用的能源利用率和有效整合储能。Fenecon 公司与 Ampard AG 公司合作，将 Ampard AG 公司的能源管理模块与 Pro Hybrid 储能系统集成，使其能够在用户侧充当虚拟电厂的角色。

从商业模式（见图 3-12）和价值链的角度来看，用户购买储能系统的主要目的是提高自发自用的能源利用率。Ampard AG 公司利用它们的智能能源管理系统将这些分散的储能系统整合和管理起来，为用户提供更多附加值，包括将这些储能系统组合成虚拟电厂和提供一次调频控制备用等服务。Ampard AG 公司负责控制和管理这些电池。在瑞士，Ampard AG 公司控制的系统首次在 2015 年 12 月以虚拟电厂的形式提供了一次调频控制备用服务。目前，Ampard AG 公司和瑞士公用事业公司 BKW 合作，连接了大约 150 个系统，将其用作虚拟电厂。Ampard AG 公司没有与输电系统运营商（Transmission System Operator，TSO）签订合同，而是利用中间人（第三方交易商）来降低风险。Fenecon 公司的能量库可以保证在 4 年内，每年为用户提供 400 马克的收入，Fenecon 公司声称每年还可能为用户提供 400~500 马克的额外收益。

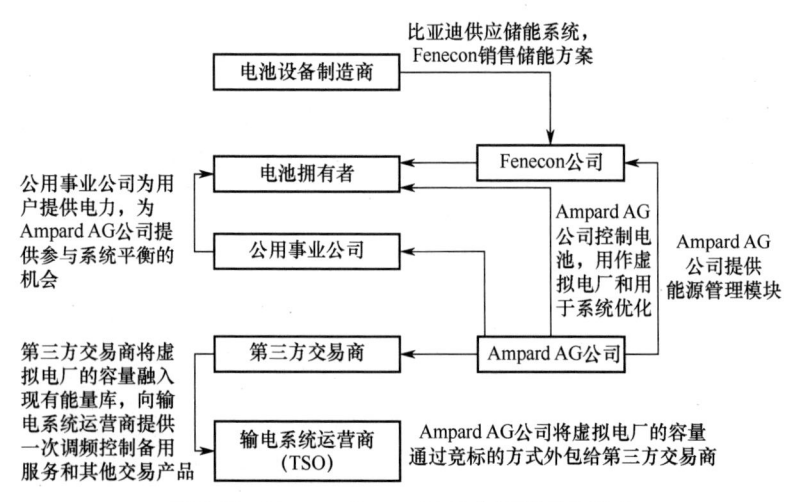

图 3-12 Fenecon/Ampard AG 公司的商业模式

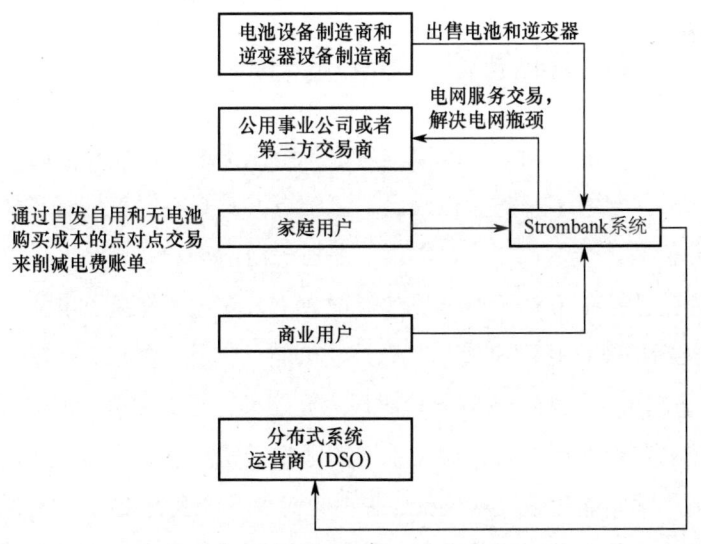

第3章 储能应用的商业模式设计与案例分析

案例 11：MVV Strombank 项目的商业模式

MVV Strombank 是德国区域能源供应商 MVV Engergie 主导开发的一个研究项目，该项目正在寻找能够为商业用户和居民用户提供储能，为分布式系统运营商（Distribution System Operator，DSO）提供降低可再生能源自发电对电网产生影响的潜在方案。Strombank 系统是为相邻的用户提供的社区储能系统。

从商业模式（见图 3-13）和价值链的角度来看，目前，MVV Strombank 项目的用户包括 14 名安装光伏的个人用户和 4 名安装热电联产的商业用户，总共有 16 个光伏发电机组和 3 个热电联产机组与 Strombank 系统相连。Strombank 系统希望通过该项目帮助用户建立一个可以收支能源的"活期账户"。为了提高电池的利用率，Strombank 系统将安装光伏的个人用户和安装热电联产的商业用户两者的需求设置成与发电曲线互补的。账户的限额是 4 千瓦时，但现在需要与用户的用电情况相匹配。Strombank 系统在未来将呈现一个优势：这种系统规模的共享型电池，其成本比用户独立安装储能系统的成本要低很多。将电网运营商紧密地引入这种共享型储能系统的运行中，有可能使得系统解决本地电网限制，同时获得更多服务收益。

图 3-13 MVV Strombank 项目的商业模式

3.3.3 应用技术需求

储能在用户侧的应用主要包括分时电价套利、容量电费管理，以及与分布式光伏储能系统的协同应用。其中，分时电价套利的收益受峰谷价差和储能平准化度电成本的影响，而容量电费管理的收益则受储能功率成本的影响。值得一提的是，全钒液流电池技术目前被认为是最成熟、产业化程度最高的液流电池技术之一。根据电极活性物质的不同，液流电池可分为多种技术路线，其中已有商业化应用的代表体系包括全钒、铁铬、锌溴等。磷酸铁锂储能技术的优势在于：其重量相对较轻，体积相对较小，采用模块化设计，方便扩容，可移动性强，方便运输和安装。与磷酸铁锂电池不同，三元锂电池电压平台很高，这也就意味着在相同的重量或体积下，三元锂电池的比能量、比功率更大。除此之外，三元锂电池在大倍率充电和低温性能等方面也具有显著的优势。综合来看，全钒液流电池和磷酸铁锂电池的平准化度电成本较低，因此非常适用于分时电价套利；而三元锂电池和磷酸铁锂电池具有出色的功率特性，因此非常适合进行容量电费管理。

3.3.4 市场空间展望

在分时电价套利方面，《国家发展改革委关于进一步完善分时电价机制的通知》发布后，已有多个省（自治区、直辖市）对峰谷价差进行了调整，同时拉大了峰谷价差。其中，广东、广西、浙江、河南等省（自治区、直辖市）目前的峰谷价差已经在 0.8 元人民币/千瓦时以上，超过了锂离子电池储能 0.7 元人民币/千瓦时的平准化度电成本。此外，山西、宁夏、浙江、新疆、山东等省（自治区、直辖市）在两个高峰电价时段之间还设立了低谷电价或深谷电价。根据 2020 年的工商业用电量，假设不同的电化学储能系统应用率及循环次数情景，未来电化学储能的装机需求在这些不同情景下将达到 42.8～256.8 吉瓦时。这些估算考虑了新的分时电价政策，以及不同程度的电力需求转移至储能系统的情况。这表明未来储能市场具有潜力，并且储能技术将在电力系统中发挥重

第3章 储能应用的商业模式设计与案例分析

要作用，以平衡电力需求和提高能源利用效率。分时电价管理中储能应用潜力测算结果如表 3-6 所示，其中转移电量占比为转移电量占总用电量的比重。

表 3-6 分时电价管理中储能应用潜力测算结果

单位：吉瓦时

循 环 次 数	转移电量占比		
	0.5%	1%	1.5%
1 次循环/天	85.6	171.2	256.8
1.5 次循环/天	57.1	114.1	171.2
2 次循环/天	42.8	85.6	128.4

在容量电费管理方面，我们参考 Wu 和 Lin 的方法进行测算。通过综合考虑区域电力系统的容量成本、储能系统成本及减少电网容量带来的收益，得出最优的储能装机电量规模，这一规模可以用作容量电费管理的最佳储能装机电量规模。在案例研究中，以安徽省为例，根据 2017 年的电力负荷特性，该省的最佳储能电量规模估算为 5 吉瓦时。考虑到安徽省用电量在全国用电量中的占比及最新的用电量数据，可以计算出容量电费管理储能装机电量规模与全国用电量之比约为 0.026 兆瓦时/吉瓦时。基于这一数据，可以估算出全国市场的储能装机电量规模约为 195.45 吉瓦时。

3.4 共享储能

3.4.1 共享储能概念

1. 共享储能介绍

共享储能本质上为独立储能运营的一类商业模式。独立储能电站的独立性体现在其可以以独立主体身份直接与电力调度机构签订并网调度协议，不受位置限制，作为独立主体参与电力市场。共享储能是由第三方交易商或厂商负责投资、运维，并作为出租方将储能系统的容量以商品形式租赁给目标用户的一种商业运营模式，秉承"谁受益、谁付费"的原则向承租方收取租金。独立储能电站以独立主体身份运营，可以直接与电力调度机构签订并网调度协议，不受地理位置限制，作为独立主体参与电力市场。共享储能通常由第三方交易商或制造商投资、维护储能系统，并将其功率和容量以租赁形式提供给目标用户。这一模式基于"谁受益、谁付费"的原则，即承租方支付租金以获得储能服务。共享储能的特点是向多个新能源场站收取租赁费用，租金成本通常低于新能源场站自行建设储能的成本，从而降低新能源场站配储投资压力，同时增加储能投资方的收入来源，每年提供稳定现金流。

共享储能模式应用前景广阔。图 3-14 给出了共享储能模式结构图，其通过将独立分散的用户侧、电网侧、发电侧储能电站，以及独立储能电站进行全网的优化配置，以电网为纽带，实现资源的统一协调，从而推动源、网、荷各个环节储能能力的全面释放。这种模式具有以下优势：①促进新能源电量消纳。共享储能可以帮助电力系统更好地吸纳和管理新能源（如太阳能和风能）的波动性。应用共享储能模式能够存储多余的电力，并在需要时释放，从而提高电力系统的可再生能源消纳能力，减少新能源电量的浪费。②提高项目收益率，缩短投资回收周期。共享储能模式可以提高储能项目的经济效益，通过灵活的能源管理和市场参与，有望提高储能项目的收益率，同时缩短投资回收周期，使投资更具吸引力。③促进储能设施获得独立的辅助服务提供商身份。共享储能可以为储能设施提供更多的商业机会，使其成为独立的辅助服务提供商。储能设施可以参与电力市场，提供调频、峰谷平衡等辅助服务，提升电力系统的稳定性和可靠性，并从中获得收益。

2. 共享储能经济性测算

2022 年 8 月，河南省发展改革委印发了《河南省"十四五"新型储能实施方案》。根据该方案提出的标准，2022 年电化学共享储能容量租赁参考价为 200 元人民币/千瓦时·年，示范项目每年调用完全充放电次数原则上不低于 350 次，调峰补偿价格报价上限暂定为 0.3 元人民币/千瓦时，我们以此为边界条件测算造价为 1.8 元人民币/瓦时的共享储能项目收益。共享储能测算的核心假设如表 3-7 所示。

第3章 储能应用的商业模式设计与案例分析

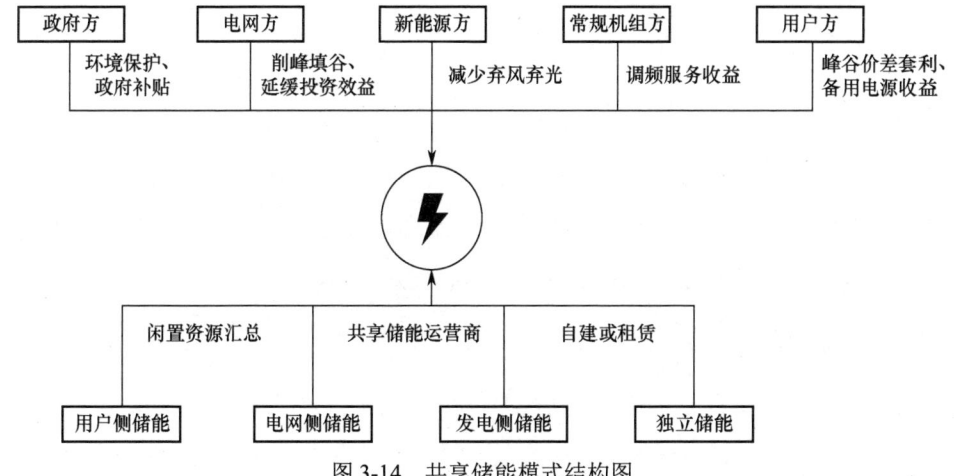

图 3-14 共享储能模式结构图

表 3-7 共享储能测算的核心假设

参 数	参 数 值	参 数	参 数 值
储能装机容量（兆瓦）	100	充放电深度（%）	93
储能时长（小时）	2	能量转换效率（%）	88
储能系统成本（元人民币/瓦时）	1.5	系统循环次数（次）	5 000
其中：电池成本（元人民币/瓦时）	0.8	电池终止容量（%）	80
土建安装成本（元人民币/瓦时）	0.2	年调用完全充放电次数（次）	350
电气设备成本（元人民币/瓦时）	0.1	调用充电时长（小时）	2
电池折旧年限（年）	10	补偿标准（元人民币/千瓦时）	0.3
其他资产折旧年限（年）	20	电价（元人民币/千瓦时）	0.37
年运维费用（元人民币/千瓦时）	25	租金（元人民币/千瓦·年）	200

共享储能具备经济性。在年调用完全充放电 350 次、补偿标准 0.3 元人民币/千瓦时、单位年租金 200 元人民币/千瓦时的假设下，共享储能项目的内部收益率（Internal Rate of Return，IRR）为 9.16%，经济性较好。据测算，年租赁价格在 160 元人民币/千瓦时的项目的 IRR 为 6.53%。目前除河南外尚无其他省（自治区、直辖市）公开发布共享储能指导价格，根据储能与电力市场信息，山东省共享储能年租赁费用普遍在 350 元人民币/兆瓦左右，按时长 2 小时计算，即为 175 元人民币/兆瓦时，在假设条件下同样具备经济性。同时，在 200 元人民币/兆瓦时年租金的条件下，补偿标准在 0.3 元人民币/千瓦时以上、年调用完全充放电 200 次以上的项目均能达到 6.5% 以上的 IRR。

3.4.2 共享储能盈利模式

共享储能一般单体规模较大，对电网的调度可以形成很好的支撑和响应作用。目前共享储能模式的主要盈利方式有调峰服务补偿、峰谷价差套利（参与电力现货市场交易）、容量补偿、容量租赁等收费方式。

1. 调峰服务补偿

调峰服务补偿是独立储能电站获取收益的方法之一，青海、河南、宁夏、南方电网等多个区域都出台了独立储能电站的调峰服务补偿规则；但各地调峰服务补偿价格差异较大。山东在 2021 年示范项目时期，独立储能电站调峰服务补偿下降至 0.2 元人民币/千瓦时，保证调用时长 1 000 小时/年，全年可获得补偿 2 000 万元人民币（在山东电力现货市场改革前）；青海调峰服务补偿下降至 0.5 元人民币/千瓦时；南方电网各区域调峰服务补偿为 0.24～0.79 元人民币/千瓦时；宁夏储能试点项目调峰服务补偿为 0.8 元人民币/千瓦时，调峰服务补偿价格全国最高。

2. 峰谷价差套利

进入 2022 年，越来越多的区域进入电力现货市场试运行或连续试运行阶段，给独立储能电站利用价差套利带来了更大的空间。2022 年 3 月，山东省 2021 年投运的 5 个独立储能电站陆续进入电力现货市场。以 100 兆瓦/200 兆瓦时储能电站为例，在山东省，电价表现为平均 2 小时最高电价约 0.7 元人民币/千瓦时和平均 2 小时最低电价约 0.1 元人民币/千瓦时。此外，考虑到储能电站在充电时需要承担的容量电价（0.099 1 元人民币/千瓦时）及遵循现货交易规则所需的附加成本（约 0.02 元人民币/千瓦时），一个 2 小时的储能电站实际可获得的充电和放电之间的电价差约为 0.5 元人民币/千瓦时。假设储能电站的循环效率为 85%，且全年运行 330 天，每天进行一次充电和放电的循环，据此测算，该储能电站全年的现货市场收益约为 2 481 万元人民币。

3. 容量补偿

部分地区已经开始探索储能电站的容量电价机制。2022 年 1 月，山东省发布《关于做好 2022 年山东省电力现货市场结算试运行有关工作的通知》，修订电力现货市场交易规则，新增独立储能设施可按照有效充放电容量按月获取容量补偿的规定。2022 年 7 月 22 日，山东省人民政府发布了《2022 年"稳中求进"高质量发展政策清单（第四批）》，强调坚持新型储能市场化发展方向，推动独立储能示范项目积极参与电力现货交易，暂按电力市场规则中独立储能月度可用容量补偿的 2 倍标准执行。在一天中，火电机组可以在 24 小时持续发电，而独立储能电站普遍充放电时长为 2 小时。因此，目前山东省的独立储能电站按照火电补偿标准的 2/24 进行补偿。火电机组的容量补偿费用约为 360 元人民币/千瓦·年，因此储能电站的补偿标准为 30 元人民币/千瓦·年，一个 100 兆瓦/200 兆瓦时的储能电站可获得 300 万元人民币/年的补偿。根据此次通知，一个 100 兆瓦/200 兆瓦时的独立储能电站每年可获得的容量补偿费用将变为 600 万元人民币/年。

4. 容量租赁

目前各地的容量租赁费用不等，山东省为 350 元人民币/千瓦·年，湖南省为 450～600 元人民币/千瓦·年，河南省为 260 元人民币/千瓦时·年（补偿单位与前述地区不同）。

3.4.3 共享储能发展展望

除国家多份文件指出鼓励探索共享储能模式外，甘肃、宁夏、山东、湖南等 10 余个地区也发布了支持共享储能的文件，部分地区更鼓励新能源场站优先租赁共享储能。此外，部分地区出台共享储能建设具体规划，如河北规划到"十四五"期末新建 27 个装机容量为 500 万千瓦的共享储能电站；河南规划"十四五"期间新能源新增装机容量为 50 万千瓦以上的地市，原则上建设电量规模不低于 20 万千瓦时的共享储能电站，而新能源新增装机容量 100 万千瓦以上的地市，原则上建设电量规模不低于 40 万千瓦时的共享储能电站。

下面对 2022 年新增共享储能项目进行统计，如图 3-15 所示，据不完全统计，2022 年新增共享储能项目的装机规模达 17.15 吉瓦/38.01 吉瓦时。其中，

储能规模化发展政策体系、商业模式与综合影响

建设规模最大的为河南，共有 28 个项目，合计电量规模 6.20 吉瓦时。电量规模超过 3 吉瓦时的地区还有山东（5.80 吉瓦时）、陕西（5.06 吉瓦时）、宁夏（4.93 吉瓦时）、河北（3.80 吉瓦时）、内蒙古（3.20 吉瓦时）。

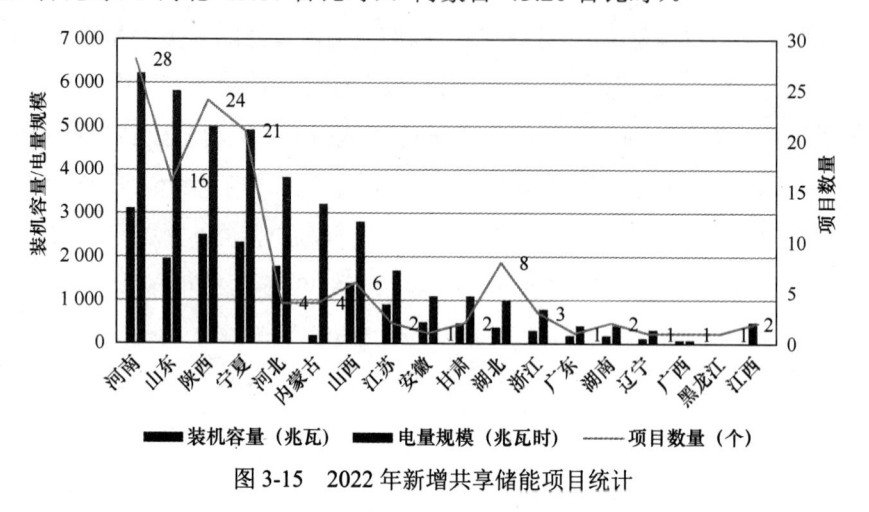

图 3-15　2022 年新增共享储能项目统计

第4章 储能产业发展的中长期综合影响评价

4.1 耦合储能的能源—经济—环境模型

4.1.1 可计算一般均衡模型

1. 可计算一般均衡模型介绍

本章采用大型的可计算一般均衡模型模拟储能发展的经济影响。可计算一般均衡（Computable General Equilibrium，CGE）模型以一般均衡理论为理论基础，可以广泛用于评估资源环境、财政税收、国际贸易、能源及气候变化等领域政策工具的宏观经济影响，目前已成为政策研究领域的主流分析工具之一。某一市场产出价格的变化往往会影响其他市场，从而波及整个市场经济，甚至会在一定程度上反过来影响原有市场上的价格—数量均衡。对单个市场的局部均衡分析无法解释这种复杂的相互关系，因此有必要建立一个可以同时分析多个市场均衡的模型。一般均衡模型为分析不同市场、不同产业、不同资源要素及不同机构之间的相互关系提供了一个分析框架。过去，由于数据和算力的不足，一般均衡模型在实践中应用范围有限。随着近年来计算机运算能力的提高，一般均衡模型向可计算化发展。首个 CGE 模型来源于 Johansen 于 1960 年的研究，随后，CGE 模型得到迅猛的发展。

瓦尔拉斯一般均衡理论是 CGE 模型的核心理论基础。基于瓦尔拉斯一般均衡理论的思想，CGE 模型将一组描述模型中各经济主体的行为方程同其各自所面临的技术、收入和制度等约束条件联系在一起。消费者效用最大化、生产者利润最大化和市场出清是实现一般均衡状态的 3 个条件。可以看出，由于 CGE 模型充分立足于完备的经济学理论，因此形成了理论对应模型的完整结构。但 CGE 模型在运行效率上存在缺点，同时在参数设定方面往往存在困难。

阿罗—德布鲁（Arrow-Debreu）一般均衡模型采用以下 3 组"中心变量"加以描述。

（1）P：一个非负 n 维商品价格向量，包括所有最终产品、中间产品和生产的初级要素。

（2）Y：一个非负的 m 维活动水平向量，各经济部门的生产函数被假定为规模报酬不变型生产函数。

（3）M：一个 h 维收入水平向量，包括模型中每个家庭及任何政府实体。

一般均衡必须满足以下 3 组非线性不等式（或等式）系统。

（1）零利润。

第一组均衡条件要求在均衡时，没有生产者能获得超额利润，即每单位活动投入的价值必须大于或等于产出的价值。数学表达式为

$$-\Pi_j(p) = C_j(p) - R_j(p) \geqslant 0, \ \forall j \tag{4-1}$$

其中，$\Pi_j(p)$ 为单位利润函数；$C_j(p)$ 为单位成本；$R_j(p)$ 为单位收入。

它们的定义为

$$C_j(p) = \min\left\{\sum_i p_i x_i \middle| f_j(x) = 1\right\} \tag{4-2}$$

$$R_j(p) = \max\left\{\sum_i p_i y_i \middle| g_j(y) = 1\right\} \tag{4-3}$$

其中，f 是刻画可行投入的生产函数，g 是刻画产出的相应的生产函数，p 是各类中间投入的价格，x 是各类中间投入的数量，y 是各类产出的数量。

（2）市场出清。

第二组均衡条件要求在均衡价格和活动水平上，任何商品的供给必须大于或等于消费者的需求，其计算方式为

$$\sum_j y_j \frac{\partial \Pi_j(p)}{\partial p_i} + \sum_h \omega_{ih} \geqslant \sum_h d_{ih}(p, M_h) \tag{4-4}$$

其中，左侧第 1 个求和项 $\left(\sum_j y_j \frac{\partial \Pi_j(p)}{\partial p_i}\right)$ 是用谢泼德引理表示的规模报酬不变的生产部门商品 i 的净供给，第 2 个求和项 $\left(\sum_h \omega_{ih}\right)$ 表示家庭拥有的商品 i 的总初始禀赋；右侧求和项 $\left(\sum_h d_{ih}(p, M_h)\right)$ 表示在给定市场价格 p 和家庭 h 的收入水平 M_h 的情况下，家庭对商品 i 的最终总需求。

最终总需求通过求解预算约束下的效用函数最大化问题得到：

$$d_{ih}(p, M_h) = \arg\max \left\{ U_h(x) \Big| \sum_i p_i x_i = M_h \right\} \quad (4\text{-}5)$$

其中，U_h 是家庭 h 的效用函数。

（3）收支平衡。

第三组均衡条件是在均衡时，每个代理者的收入必须等于要素禀赋的价值：

$$M_h = \sum_i p_i \omega_{ih} \quad (4\text{-}6)$$

其中，M_h 表示代理者 h 的收入。

对于常用的非饱足（Non-satiation）的效用函数，瓦尔拉斯法则将一直成立：

$$\sum_i p_i d_{ih} = M_h = \sum_i p_i \omega_{ih} \quad (4\text{-}7)$$

总的市场出清条件采用零利润假设：

$$\sum_j y_j \Pi_j(p) = 0 \quad (4\text{-}8)$$

式（4-8）的一阶条件为

$$p_i \left(\sum_j y_j \frac{\partial \Pi_j(p)}{\partial p_i} + \sum_h \omega_{ih} - \sum_h d_{ih}(p, M_h) \right) = 0, \ \forall i \quad (4\text{-}9)$$

也就是说，互补松弛条件是均衡配置的一个特性。因此，在均衡状态下，生产活动处于零利润状态；任何净回报为负的生产活动都是无价值的。另外，任何价格为正的商品均会在总供给和总需求之间达到平衡；任何超额供给的商品的均衡价格不为零。

CGE 模型在阿罗—德布鲁一般均衡理论框架下，明确定义了经济主体的生产函数和需求函数。相比部分均衡模型或大多数宏观经济学领域的计量经济模型，CGE 模型能够同时反映多个部门、多个市场之间的相互依赖和相互作用关系，揭示更广泛和充分的经济联系。通过 CGE 模型，研究者能够对某一特定政策变动的直接影响和间接影响进行评估，并测算其波及整个经济系统的全局性效果。

此处构建的模型采用嵌套式的常替代弹性（Constant Elasticity of Substitution，CES）生产函数来描述经济生产活动的生产函数和经济主体的效用函数。以两要素投入为例，CES 生产函数的具体形式为

$$Y(L, K) = (\alpha L^{-\rho} + (1-\alpha) K^{-\rho})^{1/-\rho} \quad (4\text{-}10)$$

其中，Y 为产出，L 为劳动投入，K 为资本投入，α 和 ρ 为 CES 函数中的系数，ρ 可以根据两要素之间的替代弹性 σ 计算得到，计算公式为 $\sigma = \dfrac{1}{1+\rho}$。

CES 生产函数以齐次性与替代弹性为常数，将其作为生产函数可以有效减少对生产函数假定条件的限制。

理论上，一个包含资本、劳动和能源投入的三要素 CES 嵌套式生产函数，根据其嵌套形式的不同可写成如下 3 种形式：

$$Y = A\left[\beta\left(\alpha K^{-\rho_1} + (1-\alpha)E^{\rho_1}\right)^{-\frac{\rho}{\rho_1}} + (1-\beta)L^{\rho}\right]^{-\frac{1}{\rho}} \quad (4\text{-}11)$$

$$Y = A\left[\beta\left(\alpha L^{-\rho_1} + (1-\alpha)E^{\rho_1}\right)^{-\frac{\rho}{\rho_1}} + (1-\beta)K^{\rho}\right]^{-\frac{1}{\rho}} \quad (4\text{-}12)$$

$$Y = A\left[\beta\left(\alpha L^{-\rho_1} + (1-\alpha)K^{\rho_1}\right)^{-\frac{\rho}{\rho_1}} + (1-\beta)E^{\rho}\right]^{-\frac{1}{\rho}} \quad (4\text{-}13)$$

以上 3 个方程展示了不同的嵌套结构。其中，E 为能源投入，β 和 ρ_1 为 CES 函数的系数。ρ_1 可根据第一层嵌套关系中的替代弹性 σ_1 计算，计算公式为 $\sigma_1 = \dfrac{1}{1+\rho_1}$。

在实际建模过程中，首先应对生产函数中劳动、资本及能源之间的嵌套情况进行结构化描述；在此基础上，加入其他中间投入和减排活动投入，就能充分勾勒经济系统中全部的生产活动投入与不同类型投入之间的替代关系。

与国内最终产品类似，国内商品总需求除了来自国内，还有相当比例来自国外。居民和政府分别通过要素出售与税收的方式获得可支配收入，通过可支配收入购买商品以满足自身消费需求，而可支配收入的剩余部分则为储蓄。储蓄可以转化为投资，最终共同满足国内总需求。CGE 模型通过将能源投入作为中间投入的一部分，以及通过将碳排放权作为一种稀缺投入要素加入生产环节，使得经济系统和能源系统有机联系起来。在完全竞争市场假设下，给定生产技术和收入水平，生产者和消费者分别追求利润最大化与效用最大化；在总产出水平不变的情况下，通过价格机制，国内产品和进口产品的销售收入达到最高；在生产过程中，生产要素的供给和需求得到最优配置。

第4章 储能产业发展的中长期综合影响评价

本节在标准 CGE 模型的基础上，结合储能行业特点，开放适用于储能投资与应用分析的能源—经济—环境可计算一般均衡模型，CGE 模型结构与账户流向如图 4-1 所示。生产部门是进行生产活动的主体，其从商品市场中购入中间投入，从要素市场中获得资本、劳动等要素投入。生产部门的产出以省内生产的形式流入商品市场，同时其获得的要素报酬则分配给要素市场。

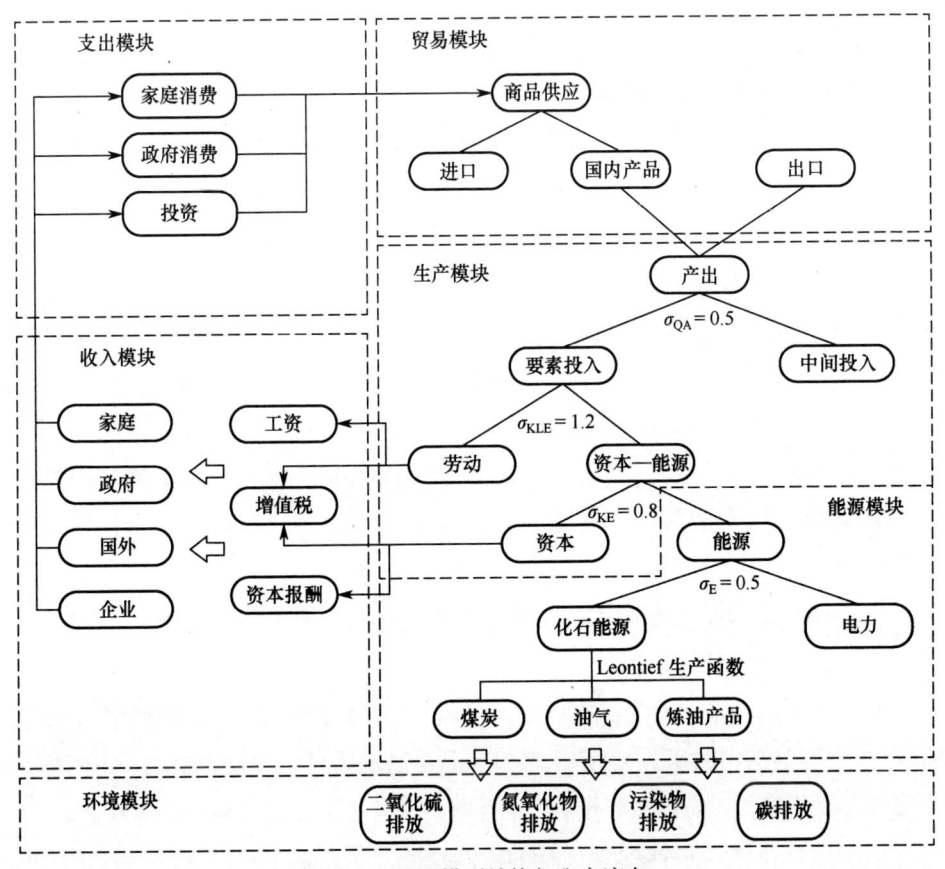

图 4-1 CGE 模型结构与账户流向

在商品市场中，除省内生产的商品外，还存在与国外市场及国内省外市场的进出口贸易和省际贸易。商品市场的产出最终供给消费、投资、净出口和省际净流出四类需求。

在要素市场中，要将要素报酬支付给国民账户的各个主体，这些主体包括居民账户、政府账户、企业账户、国外账户和国内省外账户。各账户之间存在

· 151 ·

各种支付环节,且各账户满足收入与支出平衡的原则。

各账户对商品的需求构成总需求。根据需求总量和需求结构,构成最终使用需求,CGE 模型由此完成宏观上的闭合。

各行业的能源投入会产生排放。根据相应的排放系数即可测算行业经济变化与能源替代对排放的影响。

2. 社会核算矩阵

(1) 社会核算矩阵的框架。

社会核算矩阵(Social Accounting Matrix,SAM)是在投入产出表的基础上,通过加入不同的机构账户进行扩展,从而编制成的方阵。SAM 反映了一定时期内经济系统的主要交易流向,并且记录了各经济主体之间的交易数额。由于社会核算矩阵是社会经济体系各部门的统一核算体系,因此能够保证数据的全面性和一致性。通过对投入产出表进行扩充,社会核算矩阵能够同时表现生产部门之间、非生产部门之间,以及生产部门与非生产部门之间的经济关系,包括投入产出、增加值形成和最终支出等。由于社会核算矩阵能够便捷地实现账户分解与聚合,因此在实际运用过程中,可以依据研究问题的专门需要将相关的生产部门、商品部门、机构部门进行分解或聚合,使模型更具针对性。

社会核算矩阵是一个对称的方阵,主要包括商品账户、活动账户、要素账户、机构账户、国外账户等。

商品账户刻画了国内商品市场交易行为。商品账户用于购买国内生产的产品(包括来自贸易部门的服务)、购入进口商品及缴纳关税;其收入来源于中间投入消费、居民消费、政府消费和投资。商品账户的平衡意味着商品市场出清。

活动账户反映了厂商的生产行为。活动账户用于购买维持生产活动的中间投入及雇佣生产要素,并向政府支付间接税;其收入来源于国内市场的买卖及出口。活动账户的平衡意味着厂商零利润。

要素账户反映了作为生产要素的劳动力和资本(有时土地也作为一种生产要素)的流向。要素账户的收入主要包括厂商为生产活动支付的工资和租金,以及国外部门支付的要素出口收入。要素账户的收入将在居民和企业间进行分配。

第4章 储能产业发展的中长期综合影响评价

机构账户由居民账户、企业账户和政府账户组成,反映了国内社会机构之间的经济往来。居民的收入包括要素收入和来自政府、企业或国外的转移支付,其支出主要包括消费支出和所得税,余额作为居民储蓄进入资本账户。企业的收入同样包括要素收入和来自政府或国外的转移支付,其支出则用于直接税支付和对外转移支付,余额作为企业储蓄进入资本账户。政府的收入包括各种税收及来自国外的转移支付,其支出主要用于政府采购,以及向居民和企业进行转移支付,其余额作为政府储蓄进入资本账户。机构账户的平衡意味着机构的收支平衡。

国外账户主要反映了本国与世界其他国家和地区之间的经济往来。国外账户的收入来源于本国进口的支出(本国进口的支出是其他国家的收入),其支出则用于购买本国出口的产品、购买本国的要素,以及对本国的各种转移支付,其余额作为国外储蓄进入资本账户。

社会核算矩阵的构成如表4-1所示。

表4-1 社会核算矩阵的构成

		活动		要素市场		机构				投资	汇总
		商品	生产	劳动	资本	居民	企业	政府	国外		
活动	商品	—	中间投入	—	—	居民消费	—	政府消费	出口	资本形成	总需求
	生产	国内产出	—	—	—	—	—	—	—	—	总产出
要素市场	劳动	—	劳动者报酬	—	—	—	—	—	—	—	劳动要素收入
	资本	—	资本收益	—	—	—	—	—	—	—	资本要素收入
机构	居民	—	—	劳动者报酬	居民财产收入	—	居民经营收入	政府对家庭的转移支付	—	—	居民总收入
	企业	—	—	—	企业资本收益	—	—	—	—	—	企业总收入
	政府	进口税	国内生产税	—	—	个人所得税	企业所得税	—	—	—	政府总收入
	国外	进口商品	—	—	国外投资收益	—	—	出口退税	—	国外净储蓄	外汇支出
投资		—	—	—	—	居民储蓄	企业储蓄	政府储蓄	—	—	总储蓄
汇总		总供给	总投入	劳动要素支出	资本要素支出	居民支出	企业支出	政府支出	外汇收入	总投资	—

（2）社会核算矩阵的编制。

传统的社会核算矩阵虽然能够全面地对一国的经济情况进行核算，但其缺陷在于：无法体现能源战略调整对社会经济各方面的具体影响。鉴于本部分旨在考察我国储能产业发展的影响，社会核算矩阵应当进行进一步扩展，从而使其能够容纳能源、环境和经济之间的相互作用情况，因此，有必要详细划分能源部门，并引入环境反馈因素。

底层数据库的更新是提高模型有效性的前提，也是后续其他更新和改进的基础。为提升模型的实用性和准确性，本书利用 2017 年全国投入产出表进行社会核算矩阵更新。值得注意的是，虽然国家统计局已经公布 2018 年全国投入产出表，但由于 2017 年才是投入产出的调查年份，且 2018 年与 2017 年的表格数据差异不大，所以将 2017 年全国投入产出表作为基础数据。

由于 CGE 模型计算难度大、运算效率相对较低，所以社会核算矩阵中的部门聚合不应过度追求细分，而应当适应数据可获得性、数据可靠性，以及研究问题的需要等多种因素。一般来说，轻微的数据误差有可能通过过细的部门划分而被放大，从而形成与经济现实的巨大偏差，也会使模型求解的困难度增加。充分考虑以上内容，本研究在综合考虑中国行业划分特点和研究需要的基础上，将 2017 年全国投入产出表中的 149 个部门最终拆分合并为 54 个部门，相关部门信息如表 4-2 所示。

表 4-2 行业部门划分

序号	部门名称	序号	部门名称
1	农林牧渔产品和服务	12	化学产品
2	煤炭	13	水泥
3	石油开采	14	非金属矿物制品
4	天然气开采	15	钢铁
5	矿采选产品	16	有色金属
6	食品和烟草	17	金属制品
7	纺织业	18	通用及专用设备
8	木材加工品和家具	19	汽车制造业
9	造纸印刷和文教体育用品	20	其他交通运输设备
10	精炼石油和核燃料加工品	21	电机
11	煤化工	22	输配电及控制设备

第 4 章 储能产业发展的中长期综合影响评价

（续表）

序 号	部 门 名 称	序 号	部 门 名 称
23	电线、电缆、光缆及电工器材	39	批发和零售
24	电池	40	公路运输
25	其他电气机械和器材	41	其他交通运输、仓储和邮政
26	通信设备、仪器仪表、计算机和其他电子设备	42	管道运输
27	其他制造业	43	住宿和餐饮
28	输配电	44	信息传输、软件和信息技术服务
29	煤电	45	金融
30	气电	46	房地产
31	水电	47	租赁和商务服务
32	核电	48	研究和试验发展及综合技术服务
33	风电	49	水利、环境和公共设施管理
34	光伏	50	居民服务、修理和其他服务
35	供热	51	教育
36	燃气生产和供应	52	卫生和社会工作
37	水的生产和供应	53	文化、体育和娱乐
38	建筑	54	公共管理、社会保障和社会组织

在上述行业部门的拆分与合并中，行业部门合并主要是指对相关行业的行与列进行整合；而行业部门拆分则需要根据各部门的产出实际情况，以及其他部门对待拆分部门的投入情况进行拆解。拆分工作主要涉及两部分。

一是在 2017 年全国投入产出表中，"石油和天然气开采产品"是一个独立的部门，在本研究中将其拆分。在进行列拆分时，根据石油和天然气 2017 年的产量与平均价格，测算出二者总产出价值；之后根据石油和天然气产出价值的比例，对"石油和天然气开采产品"进行拆分。相应地，两个部门的投入数量也根据各自占原部门的比重进行拆分。在对行进行拆分的时候，2017 年全国投入产出表中每行的各个单元对应的是其他部门对于该部门的投入。因此，可以根据各部门对于石油和天然气的投入量进行两个部门的拆分。由于原油在大部分情况下无法直接使用，且各个部门使用的都是原油经过加工后的精炼石油产品，所以在计算的时候先计算各个部门对原油的投入，之后在石油和天然气的总投入基础上减少原油投入，由此可以得到天然气的投入量。

二是在 2017 年全国投入产出表中，不同电源的发电，以及输配电和供热都合并在电力、热力生产和供应部门中，为了满足在动态模型中进行电源结构调整，以及储能在电源侧和电网侧应用价值测算的需要，本研究将"电力、热力生产和供应"部门拆分为独立的输配电部门，即煤电、气电、水电、核电、风电和光伏 6 个发电部门，以及 1 个供热部门。在进行列拆分时，首先根据各个行业的产值，测算出多个行业的总投入数量。其中，输配电行业的总投入根据《国家能源局关于 2017 年度全国电力价格情况监管通报》（以下简称《电力价格监管通报》）中的购销价差，以及全社会用电量数据进行计算；不同电源的总投入根据国家统计局公布的各类电源发电量数据，以及《电力价格监管通报》中的不同电源平均上网电价数据进行计算。在扣除了这些部门的投入后，得到的就是供热行业的投入。当然，在计算过程中，需要注意在"电力、热力生产和供应"部门中，若将电网购电作为该行业的自投入，则在进行列拆分时就会出现重复计算的问题，因此在拆分时需要先将自投入部分剔除出来。

基于拆分后的投入产出表，就可以进行社会核算矩阵的编制了。社会核算矩阵中各账户的流向主要来自《中国统计年鉴 2019》中的资金流量表（非金融交易，2017 年）。

（3）社会核算矩阵的平衡。

限于统计误差，初始构建的社会核算矩阵可能存在数据不平衡的问题。因此，在基于社会核算矩阵进行 CGE 模型模拟前，首先需要对社会核算矩阵中的账户进行平衡。跨熵法（Cross-Entrophy Method，CEM）是常见的平衡方法，其来源于香农的信息理论。由于跨熵法可以利用包括先验参数在内的所有可得信息，因此要求的统计假设较少，在运用时不必明确设定似然函数，由此保证了良好的客观性。同时，跨熵法还能够在数据缺失的情况下进行估计，适用于部门划分较多、社会核算矩阵较复杂的情况。鉴于这些优点，本章采用跨熵法来平衡社会核算矩阵。社会核算矩阵的平衡及文中基于 CGE 模型的定量模拟都在 MATLAB 中实现，求解 CGE 模型采用的算法为混合互补规划。

4.1.2 耦合储能的生产函数

模型的消费函数与常规的 CGE 模型假设一致，即采用嵌套的 CES 生产函数进行表达，用来刻画消费者偏好。由于电力系统在未来能源生产和消费中将发挥越来越关键的作用，因此，对于生产部门的生产活动，可利用多层嵌套的 CES 生产函数和 Leontief 生产函数进行刻画，如图 4-2 所示。模型针对电力生产部门和非电力生产部门进行了更为细致的刻画。针对常规数据库中的电力部门进行扩展，将其拆分为输配电、煤电、气电、水电、核电、风电及光伏，以反映不同发电技术的能源利用特征。针对非电能源部门，模型将其拆分为煤炭、煤炭加工、天然气、石油加工和热力，进一步地，天然气被拆分为天然气开采和燃气供应。此外，模型还对储能部门的嵌入进行了设定，分别考虑在表前储能与在表后储能的应用影响。

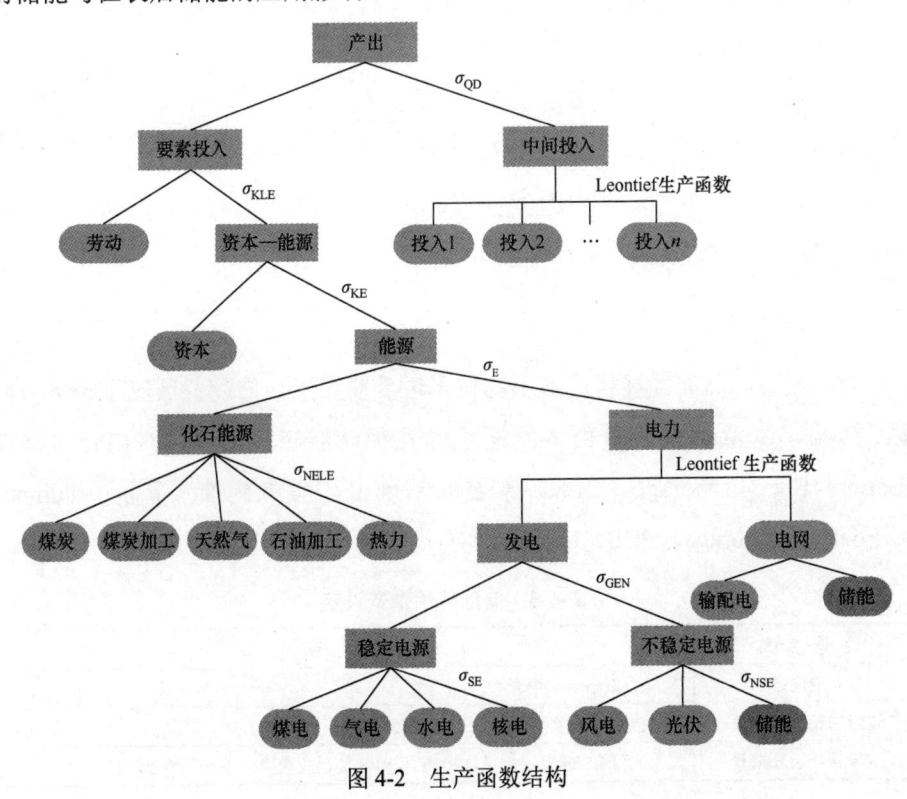

图 4-2 生产函数结构

4.1.3 模型动态化

1. 递归动态

本章的目标是关注政策的长期效果，因此多期的模拟对于整体经济影响的评估更为重要。常见的模型动态化方式为跨期动态（Inter-temporal Dynamic）和递归动态（Recursive Dynamic）两种。对于跨期动态模型而言，其主要通过各行为主体对所有将来各期的价格预期进行的决策构建行为方程；递归动态模型则通过刻画多期间的相互影响函数，反复迭代计算，从而求解并实现模型的动态化。两种模型相比，前者较为复杂且对数据要求较高；而后者相对简单，对数据要求也较低。另外，递归动态模型对行为主体理性的假定并非像跨期动态模型那样绝对化。因此，本章使用递归动态模型。

采用递归机制，通过资本积累、劳动供给的增长实现模型的动态化，如式（4-14）和式（4-15）所示。

$$K_{at+1} = (1-\delta)K_{at} + I_{at} \tag{4-14}$$

$$L_{at+1} = (1+ng) \times L_{at} \tag{4-15}$$

其中，K_{at} 表示 a 部门在 t 时期的资本存量，δ 为折旧率，I_{at} 为对 a 部门 t 时期的投资，n 为人口增长率，g 为技术进步率。

2. 储能应用情景设定

为模拟不同储能发展模式或不同技术进步情景下，储能发展对于经济与环境的影响，本章设定了如表 4-3 所示的几种储能应用情景，在电化学储能（Battery Energy Storage，BES）部署的基础上，考虑到抽水蓄能（Pumped Hydroelectric Storage，PHS）应用的影响。

表 4-3 储能应用情景设定

情景名称	说明
基准情景	按自然增长的情景
储能增长标准情景	根据国家能源集团预测数据进行设定
BES 保守增长情景	降低 BES 的发展规模，2060 年 BES 装机规模仅为三伏天情景下的一半

第 4 章 储能产业发展的中长期综合影响评价

（续表）

情景名称	说　明
BES 积极增长情景	增加 BES 的发展规模，2060 年 BES 装机规模较基准情景增加 50%
PHS 保守增长情景	降低 PHS 增长规模，2060 年 PHS 装机规模仅为基准情景的一半
PHS 积极增长情景	增加 PHS 的增长规模，2060 年 PHS 装机规模较基准情景高出 50%
仅发展 BES 情景	2025 年前 BES 和 PHS 按标准情景增长，2025 年以后仅新增 BES，PHS 的市场空间由 BES 替代
仅发展 PHS 情景	2025 年前 BES 和 PHS 按标准情景增长，2025 年以后仅新增 PHS，BES 的市场空间由 PHS 替代

根据 2020—2025 年电化学储能装机规模与成本变化目标，测算出电化学储能成本随累计装机规模变化的学习率，并假设学习率在未来保持不变。根据测算，储能技术进步的学习率为 15%，对应的电化学储能装机规模每扩大一倍，成本约下降 10%。抽水蓄能的基本原理与水电十分类似，是较成熟的技术。因此，此处假设抽水蓄能的成本在未来不发生变化，同时结合抽水蓄能的技术特点，假设其主要应用场景是在电网侧进行调峰。

在不同的储能应用情景中，电化学储能的装机容量增长如图 4-3 所示。其中，在储能增长标准情景下，2060 年电化学储能的装机容量将达到 1 063 吉瓦。在仅发展 BES 情景下，2025 年之后抽水蓄能的增量市场份额将由电化学储能代替，到 2060 年电化学储能的装机容量将达到 1 410 吉瓦。

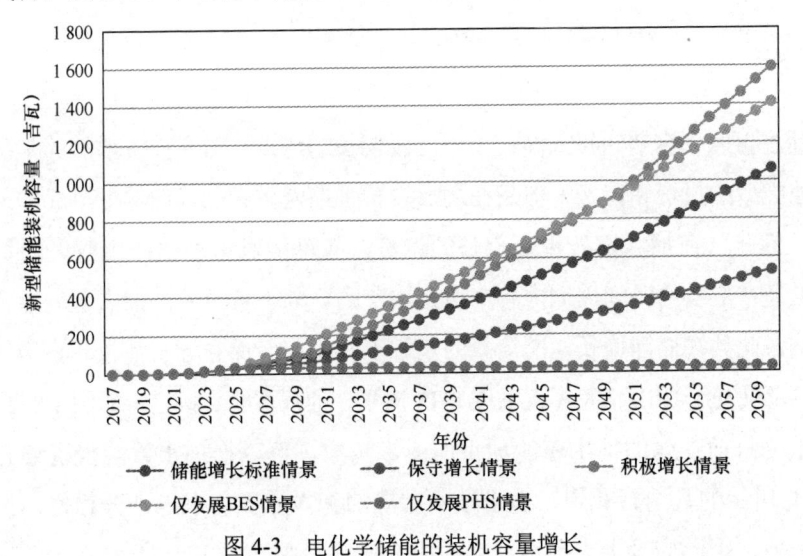

图 4-3　电化学储能的装机容量增长

储能规模化发展政策体系、商业模式与综合影响

考虑到电化学储能的学习效应,其成本结构设定如图 4-4 所示。此处假设各项成本构成也同步变动。到 2025 年,电化学储能的成本将降至 1 200 元人民币/千瓦时;到 2030 年,进一步降至 950 元人民币/千瓦时;之后由于电化学储能装机规模基数较大,所以成本下降更为困难,到 2060 年,成本在 700 元人民币/千瓦时左右。根据成本结构中的不同类型,可以测算电化学储能投资对于上游行业需求的影响。其中,电池成本对应电池部门的需求,PCS(储能变流器)、BMS(电池管理系统)和 EMS(能量管理系统)成本对应输配电及控制设备的需求,建设成本对应建筑业需求,其他成本对应电线、电缆、光缆及电工器材需求,运维成本对应劳动投入需求。

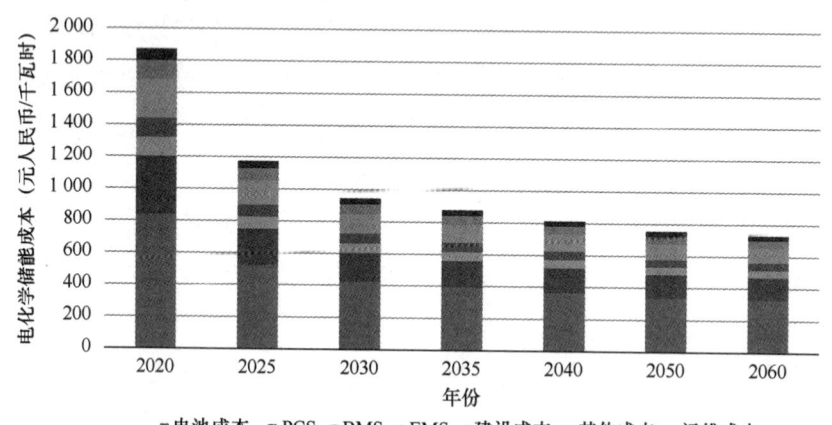

图 4-4 电化学储能成本结构设定

抽水蓄能具有初始投入高、投资回收期长的特点,即在投资增加的年份会挤占其他类型的投资和消费,但是在之后较长时期内会通过降低输配电成本来提供价值。因此,在抽水蓄能投资增长的年份,有可能对总产出产生较大的负面影响,但是在更长的时间周期内总产出是增长的。为了考察不同抽水蓄能增长情景的影响,此处在储能增长标准情景的基础上,增加了保守增长情景和积极增长情景,以及仅发展 BES 情景和仅发展 PHS 情景。抽水蓄能装机设定如图 4-5 所示。

根据目前在建的抽水蓄能项目的成本构成,可以把抽水蓄能投资划分到如表 4-4 所示的几个行业中。由于抽水蓄能的基本原理与水电十分相似,技术也较为成熟,因此假设未来抽水蓄能的成本保持不变。

第 4 章 储能产业发展的中长期综合影响评价

图 4-5 抽水蓄能装机设定

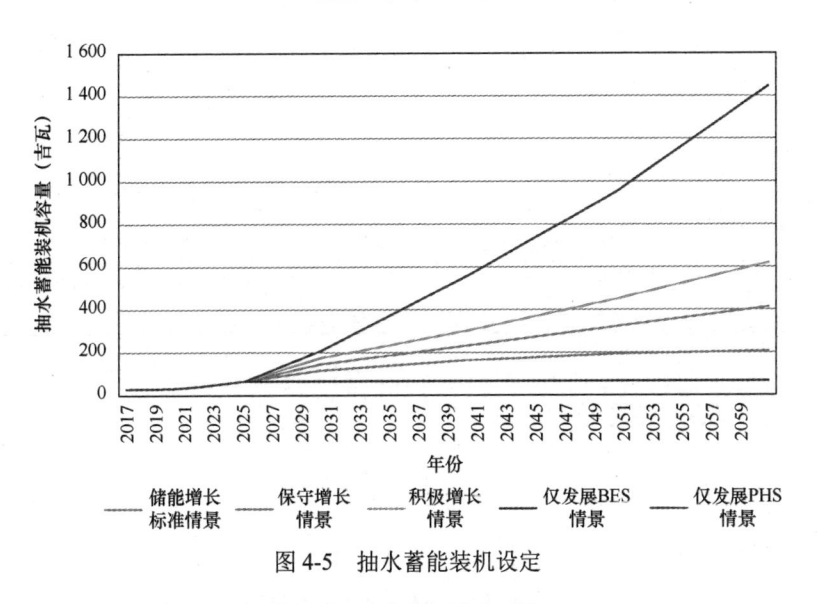

表 4-4 抽水蓄能成本结构

行　　业	成本占比	行　　业	成本占比
建筑业	56.09%	电池	2.73%
电机	2.81%	其他电气机械和器材	6.68%
输配电及控制设备	7.73%	金属制品	3.77%
电线、电缆、光缆及电工器材	6.11%	金融	14.08%

4.2 基准情景结果

4.2.1 基准情景参数设置

模型的基准情景参数设置如表 4-5 所示。其中，劳动力增长率根据联合国人口预测数据进行设定；GDP 增长率假设全要素生产率维持在 2017 年水平，之后根据人口和资本存量变化计算得到。

表 4-5 模型的基准情景参数设置

参　数	设　定　值
劳动力增长率	根据联合国人口预测，预计 2025—2030 年、2030—2035 年、2035—2040 年、2040—2045 年和 2045—2050 年的劳动力增长率分别为-2.00%、-4.38%、-4.77%、-3.04%和-3.75%

(续表)

参　数	设　定　值
GDP 增长率	2030—2040 年、2040—2050 年、2050—2060 年的 GDP 增长率分别为 3.0%、2.0%、1.2%
电源结构与成本	未来煤电占比将不断下降，电力供应过渡到以风电和光伏为主。2030 年风光发电量占总发电量的比重为 32.5%，2060 年风光发电量占总发电量的比重为 65.2%
风电光伏消纳成本	根据 Agora 的报告，风电光伏系统的平能成本为 11 欧元/兆瓦时，输电成本与配电成本分别为 5 欧元/兆瓦时和 6 欧元/兆瓦时

4.2.2 基准情景模拟结果

图 4-6 展示了 2017—2060 年的 GDP 与分行业构成的变动。在基准情景下，2060 年 GDP 将增长至 329 万亿元人民币。其中，未来经济增长的主要动力是服务业的发展。到 2060 年，服务业增加值占 GDP 的比重将上升至 64.4%；2040 年以后，建筑业和制造业的增加值基本平稳，但是占 GDP 的比重在不断下降。

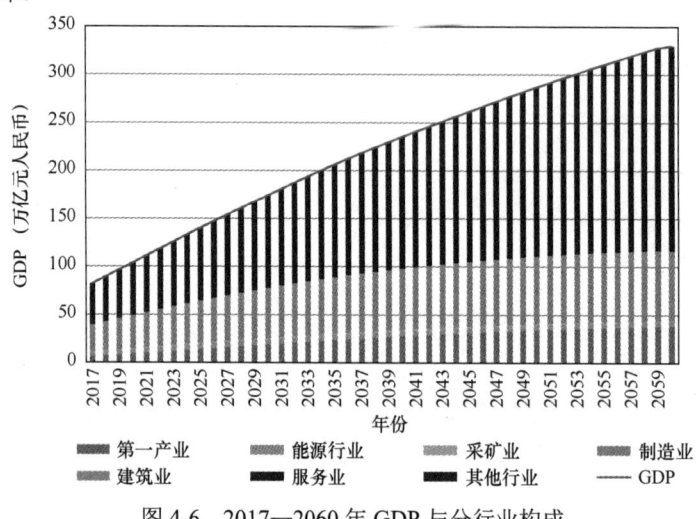

图 4-6　2017—2060 年 GDP 与分行业构成

图 4-7 展示了能源消费量与能源消费结构。能源消费量呈现先上升、后下降的趋势。其中，煤炭、石油、天然气和一次电力的消费总量等于一次能源消费量。一次能源消费量在 2030 年将达到峰值（57.4 亿吨标煤）。同时，能源消费结构向清洁化转型明显，煤炭消费量在 2025 年以后将逐步下降，石油和天然

第 4 章 储能产业发展的中长期综合影响评价

气消费量在 2025 年以后基本保持平衡，而一次电力消费量及其在能源消费结构中的比重则不断提升。

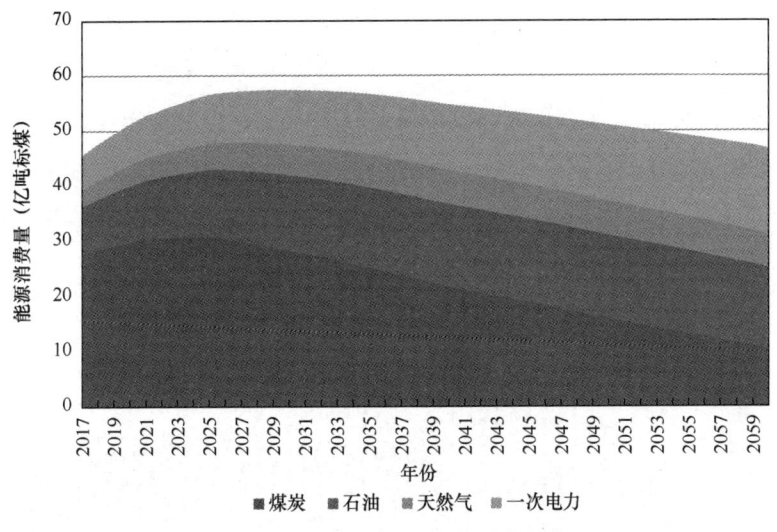

图 4-7 能源消费量与能源消费结构

发电量与结构变化如图 4-8 所示。到 2060 年，发电总量将达到 16.7 亿千瓦时。其中，煤电发电量为 9 630 万千瓦时，煤电主要作为灵活性电源支撑电力系统；风电和光伏发电量占发电总量的比重将达到 65.2%。

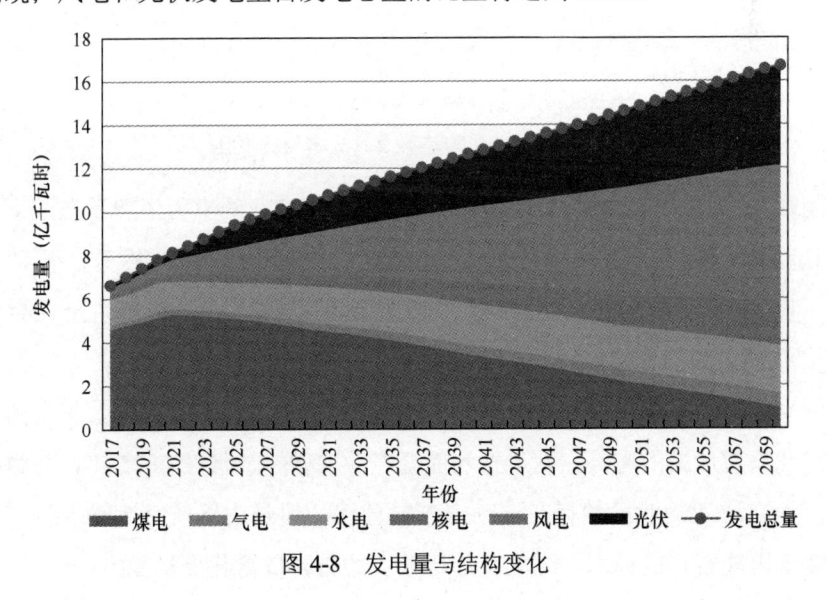

图 4-8 发电量与结构变化

图 4-9 展示了发电成本趋势及其成本结构变化。随着风光发电量占发电总量的比重不断增加，风光消纳成本在供电成本中的占比逐渐提升。2020 年，我国的供电成本为 0.55 元人民币/千瓦时，其中，煤电成本在供电成本中的占比达到 46.5%；输配电成本次之，占比为 27%。到 2060 年，煤电成本在供电成本中的占比将大幅下降，风电和光伏发电虽然在发电结构中的比重不断上升，但是由于其平准化度电成本不断下降，因此其占发电成本的比重在 2040 年以后相对稳定。此外，随着风电和光伏发电在发电结构中的比重不断提升，风光消纳成本也不断增加。

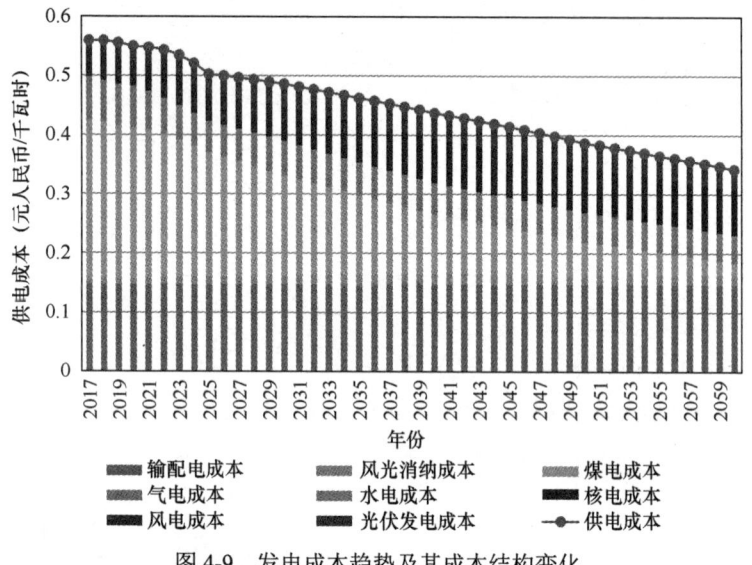

图 4-9 发电成本趋势及其成本结构变化

图 4-10 展示了电力消费结构变化。其中，制造业的电力消费量在未来将保持平稳趋势，而服务业和居民生活消费的电力消费量则不断提升。特别是到 2060 年，随着需求侧的电能替代，居民生活消费的电力消费量占全社会用电量的比重将上升到 37.1%。

图 4-11 展示了分行业的碳排放结构。2017—2060 年，我国二氧化碳排放总量呈现先增后减的态势，制造业和能源产业的碳排放量在 2025 年以后将持续下降；而交通运输业虽然存在电动汽车的替代，但是由于航空运输等领域目前仍然缺乏电能替代的技术，因此交通运输业的碳排放量将保持稳定。

第4章 储能产业发展的中长期综合影响评价

图 4-10 电力消费结构变化

图 4-11 分行业的碳排放结构

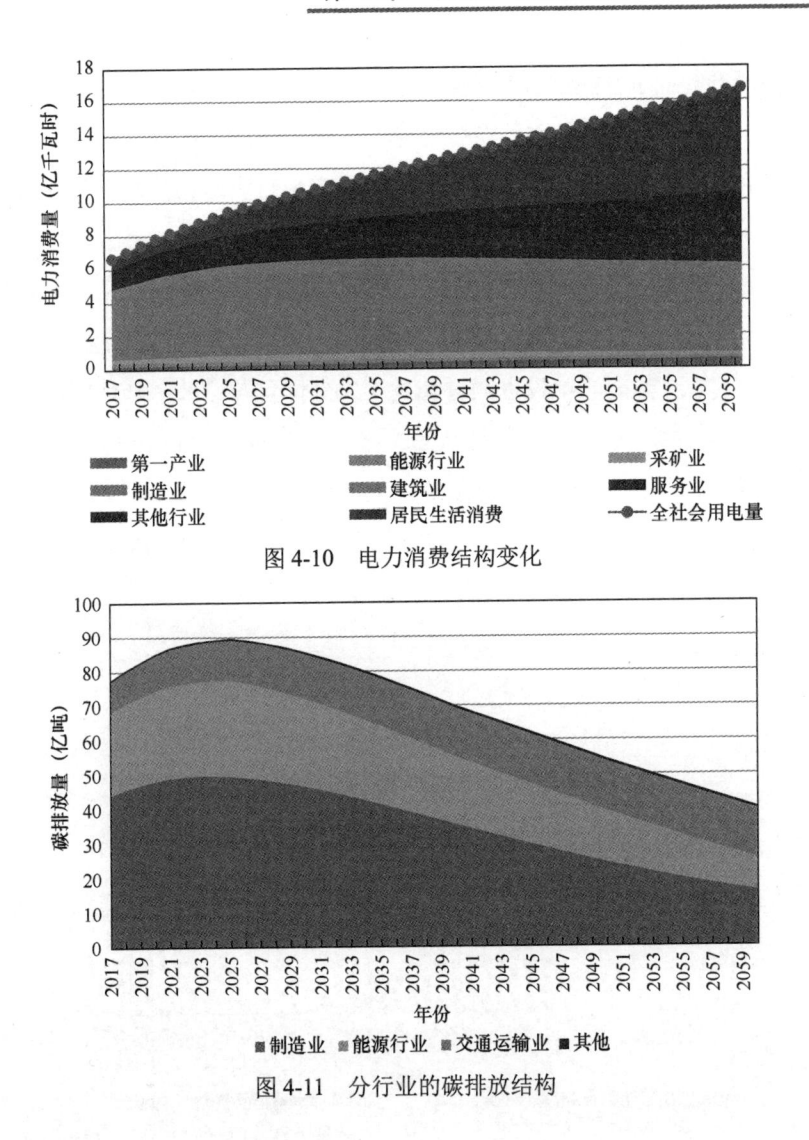

4.3 储能发展影响评价

4.3.1 规划情景下储能发展影响

抽水蓄能建设往往需要经过从前期规划到建设再到验收的过程，整体周期较长，一般为 5~7 年。因此，在模型中选择 5 年作为抽水蓄能的建设周期，即在

储能规模化发展政策体系、商业模式与综合影响

某个年份投产的抽水蓄能装机的投资成本会被分摊到投产前的 5 年中。储能增长标准情景下电化学储能和抽水蓄能的投资额、折旧与运行成本如图 4-12 所示。根据相关规划，在 2030 年前抽水蓄能装机容量增长较快，其投资额的峰值出现在 2025 年，相应的年投资额达到 1 175 亿元人民币；而之后随着抽水蓄能装机容量增长放缓，其投资额出现下降趋势。然而，随着抽水蓄能累计装机容量的增长，相应的折旧成本也会增加，为了替换折旧而需要增加的投资额也会增加。到 2060 年，抽水蓄能的年投资额增加到 1 233 亿元人民币；电化学储能的投资额则将持续增长；随着累计装机容量的增长，其折旧与运行成本也将持续增加。到 2060 年，抽水蓄能和电化学储能的年度总投资额将达到 2 136 亿元人民币，每年的总折旧与运行成本为 2 373 亿元人民币，这部分成本也将对供电成本产生影响。

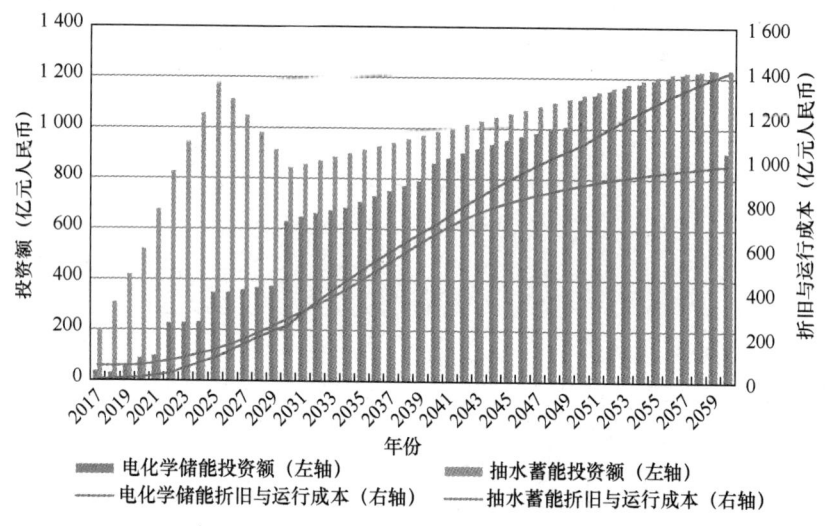

图 4-12 储能增长标准情景下电化学储能和抽水蓄能的投资额、折旧与运行成本

长期而言，储能的成本需要摊入供电成本中，但是储能的应用同样能够降低电网扩容需求，并降低风光消纳成本。储能增长标准情景下储能成本、收益及整体供电成本变化如图 4-13 所示。到 2060 年，储能的折旧与运行成本将供电成本增加 0.014 元人民币/千瓦时，但储能应用将能够使供电成本下降 0.031 元人民币/千瓦时，最终综合供电成本将下降 0.017 元人民币/千瓦时。

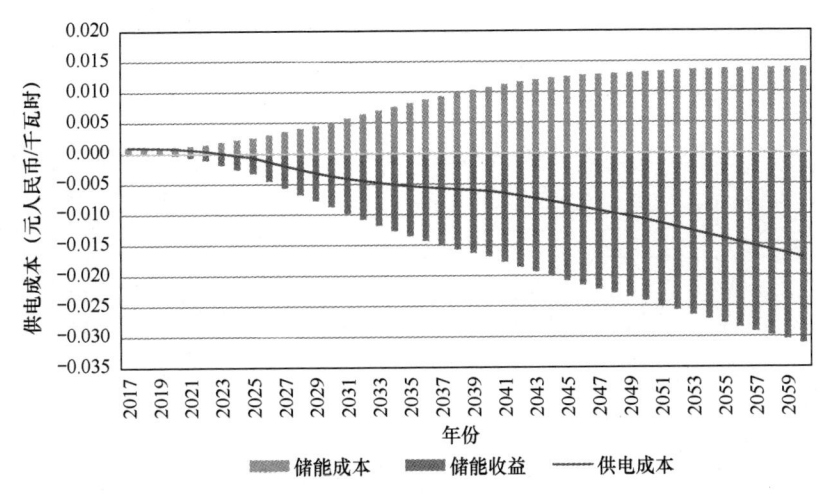

第 4 章 储能产业发展的中长期综合影响评价

图 4-13 储能增长标准情景下储能成本、收益及整体供电成本变化

储能的投资需要占用总产出的一部分资源，但是投入使用后可以通过降低供电成本使总产出增加。图 4-14 给出了储能增长标准情景下 GDP 及其构成相比于基准情景的变化。此处 GDP 的数值为剔除了储能投资后的数值。在储能发展的早期，由于其技术成本较高，且相应的投资需要在未来多年内回收成本（通过多年的折旧回收），因此储能投资对总产出存在负面影响。到 2026 年，这种负面影响最大，当年 GDP 下降了 1 261 亿元人民币；而之后随着储能应用带来的正收益显现，GDP 缺口逐渐缩小。从 2035 年开始，储能应用带来的收益开始超过投资成本和折旧与运行成本带来的负面影响，总产出开始高于基准情景，之后储能应用带来的收益开始不断上升。到 2060 年，总产出相比于基准情景增加了 4 586 亿元人民币。

2035 年以前，除建筑业外，其他各个行业的增加值均出现下降。这主要由于总产出的下降使得大部分行业收入减少；而建筑业产出的上升则得益于抽水蓄能建设带动的需求。2035 年之后，除能源行业外，大多数行业的增加值均出现上升。能源行业增加值减少主要是由于储能的应用降低了风光消纳成本，使得整体供电成本下降，相应地，电力行业的增加值也开始减少。由于未来经济结构中服务业的占比最高，因此 GDP 上升后居民收入上升，会带动服务业的增加值不断增长。

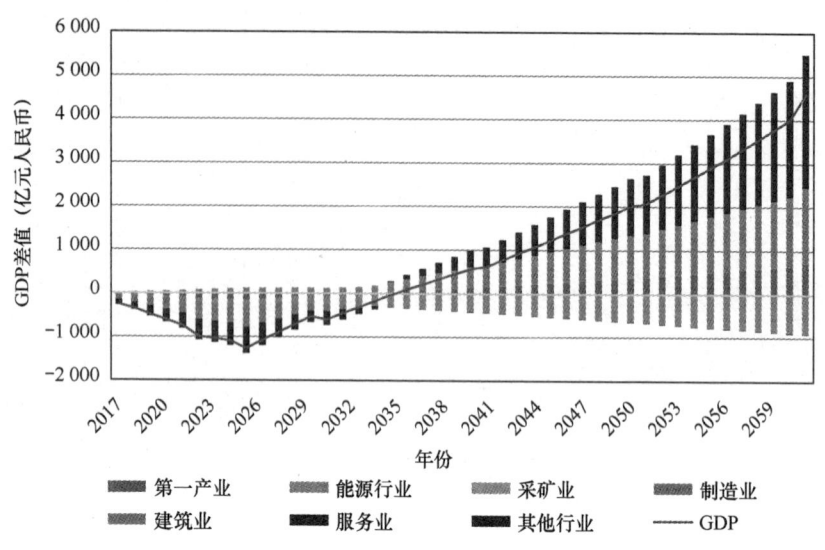

储能规模化发展政策体系、商业模式与综合影响

图 4-14 储能增长标准情景下 GDP 及其构成相比于基准情景的变化

  储能投资一方面会刺激相应的上游产业增长，另一方面能够降低风光消纳成本与输配电网成本。表后的储能配置还能够通过能量时移将更多的电力消费转移到谷时段，这些都会使用电量增长。图 4-15 给出了不同行业用电量相比于基准情景的变化。其中，居民生活消费用电量增长最多，其次是服务业和制造业。居民生活消费用电量的增长主要得益于居民收入水平的提高；而服务业和制造业用电量的增长除了受产出扩张的影响，峰谷价差套利带来的电能相对成本下降也是很重要的原因。

  储能发展同样会对碳排放产生影响，这一方面是由于储能投资本身会带动储能相关上游产业产品需求的增长，导致产业结构出现变化；另一方面储能的应用会对供电成本产生影响，进而导致能源消费结构出现调整。储能增长标准情景下储能发展对于碳排放的影响结果如图 4-16 所示。在储能发展的初期，由于新型储能和抽水蓄能会带动上游电池材料、整装电池、电气设备和建筑业产出的增长，同时由于储能累计装机规模较小，对供电成本影响有限，因此会导致碳排放量略上升。但之后储能的发展降低了综合供电成本，促进了清洁电力代替化石能源电力，因此碳排放量下降。到 2060 年，储能的应用将能够使每年的碳排放量下降 3 336 万吨。

图 4-15 不同行业用电量相比于基准情景的变化

图 4-16 储能增长标准情景下储能发展对于碳排放的影响结果

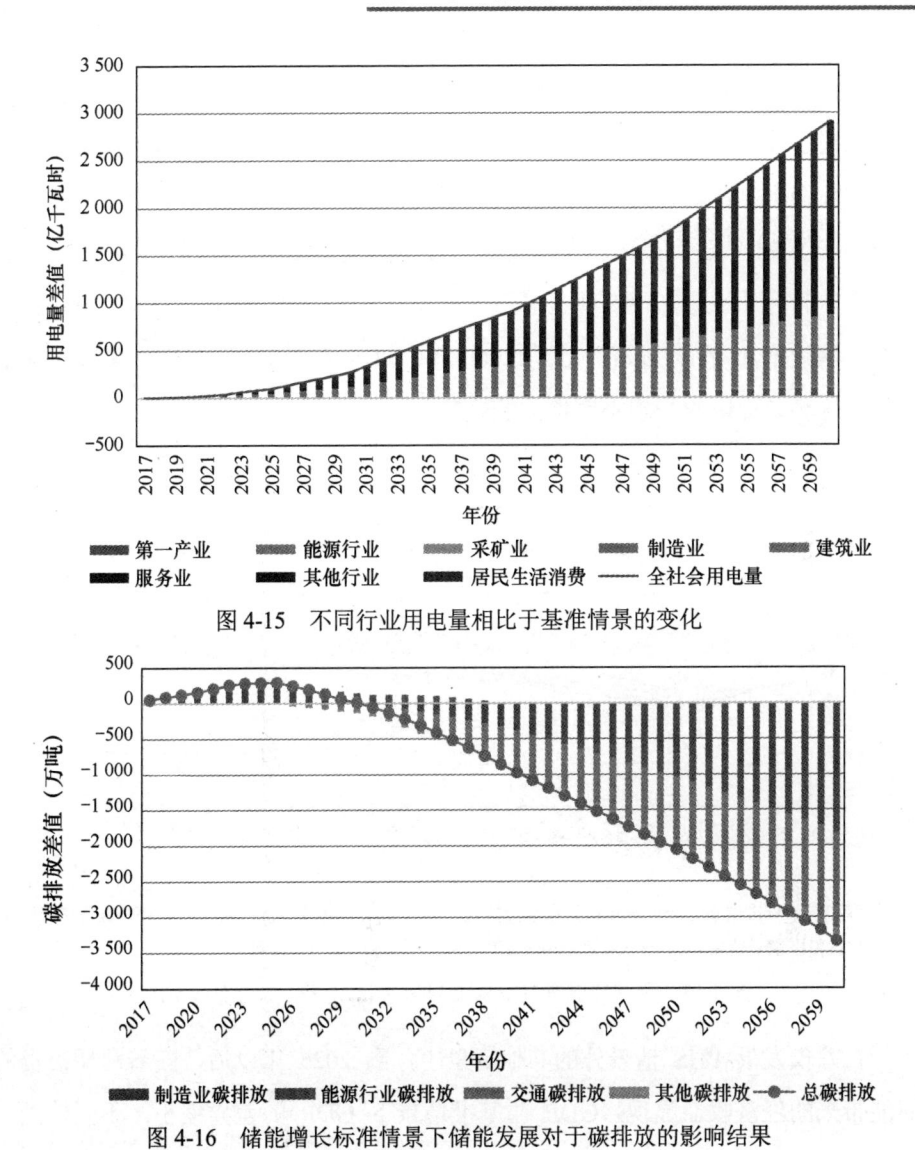

4.3.2 多情景下储能发展影响评价

1. GDP 变动

不同储能发展情景下 GDP 相比于基准情景的变化如图 4-17 所示。在短期内，储能投资会对其他行业产生挤出效应，并使得 GDP 相对于基准情景下降。

另外，投资规模越大，GDP 下降越多。由于抽水蓄能投资规模大、回收期长，因此在投资建设的年份挤占的资源更多，PHS 投资相较于 BES 会对 GDP 产生更大的负面影响。具体而言，在同时发展 BES 和 PHS 的各个情景下，这种负面影响在 2025 年达到最大。在仅发展 BES 情景下，BES 投资对 GDP 的负面影响最小，且趋于平缓，没有明显峰值；而在仅发展 PHS 情景下，为了替换折旧而需要持续增加 PHS 投资，故到 2060 年，PHS 投资对 GDP 始终呈现负面影响，且这种负面影响呈现不断增大的趋势。

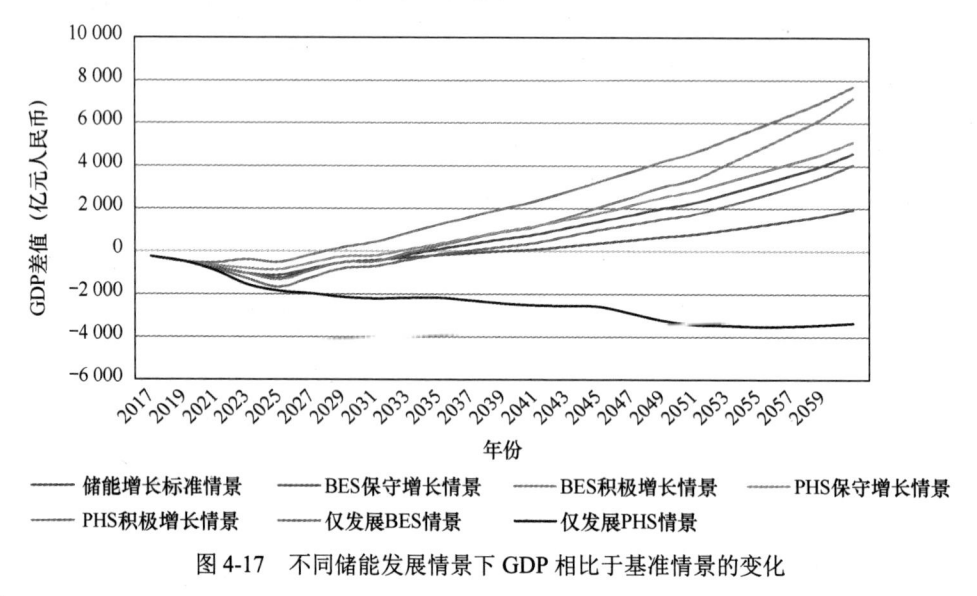

图 4-17 不同储能发展情景下 GDP 相比于基准情景的变化

在除仅发展 PHS 情景外的其他情景中，到 2025 年以后，随着前期投资的储能带来的经济收益显现，GDP 与基准情景下 GDP 的差异缩小。不同情景下储能投资对 GDP 的影响变化如表 4-6 所示。储能投资对 GDP 的影响在 2028—2039 年转为正面影响，拐点年份受到 BES 投资规模和 PHS 投资规模的影响。BES 投资规模越大，拐点出现越早；相反，PHS 投资规模越大，拐点出现越晚。在仅发展 PHS 情景下，到 2060 年拐点仍未出现也印证了这一点。同时，从 2060 年呈现的最大正面影响来看，BES 投资规模越大，2060 年 GDP 增加值越多；PHS 投资规模越大，2060 年 GDP 增加值越少。

第 4 章　储能产业发展的中长期综合影响评价

表 4-6　不同情景下储能投资对 GDP 的影响变化

单位：亿元人民币

情景名称	负面影响最大的年份	负面影响最大值	从负面影响转为正面影响的年份	正面影响最大值（均在 2060 年）
储能增长标准情景	2025 年	1 261.3	2035 年	4 586.3
BES 保守增长情景	2025 年	1 117.7	2039 年	1 947.7
BES 积极增长情景	2025 年	1 318.5	2034 年	7 151.2
PHS 保守增长情景	2025 年	854.1	2033 年	5 118.4
PHS 积极增长情景	2025 年	1 668.6	2037 年	4 054.2
仅发展 BES 情景	2020 年	607.2	2028 年	7 699.9
仅发展 PHS 情景	2056 年	3 512.4	—	—

2. 供电成本变动

不同储能发展情景下整体供电成本的变化如图 4-18 所示。在不同储能发展情景下，储能应用降低电网扩容需求与减少风光消纳成本的收益均大于其成本。储能应用后，总供电成本相比于基准情景均有不同程度的下降。储能投资规模越大，供电成本下降越多。在仅发展 PHS 情景下，供电成本下降最多，达 0.023 元人民币/千瓦时。

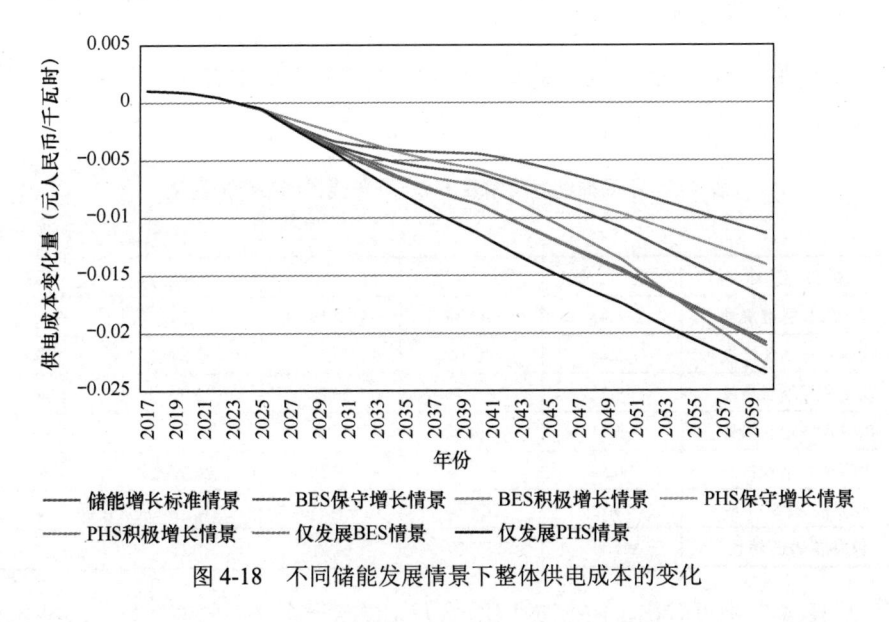

图 4-18　不同储能发展情景下整体供电成本的变化

3. 用电量变化

不同储能发展情景下用电量相比于基准情景的变化如图 4-19 所示。其中，除仅发展 PHS 情景外，各情景用电量均呈现不断增长的趋势。BES 投资规模的增加会显著增加社会用电量，而 PHS 投资规模对社会用电量的影响不显著。

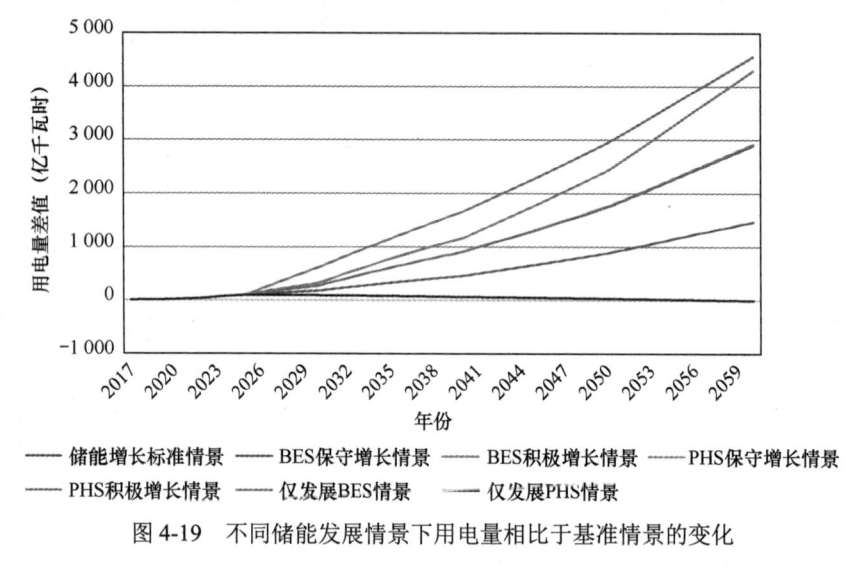

图 4-19 不同储能发展情景下用电量相比于基准情景的变化

4. 能源消费变化

储能的应用能够大大减少煤炭、石油等化石能源的消费量，提高一次电力的消费量。不同储能发展情景下 2060 年能源消费量的变化如表 4-7 所示。

表 4-7 不同储能发展情景下 2060 年能源消费量的变化

单位：百万吨标煤

情景名称	煤炭	石油	天然气	一次电力	总计
储能增长标准情景	−6.43	−15.88	−4.89	27.04	−0.16
BES 保守增长情景	−3.44	−9.18	−2.85	13.63	−1.84
BES 积极增长情景	−9.31	−22.40	−6.88	39.97	1.38
PHS 保守增长情景	−6.31	−14.72	−4.49	27.16	1.64
PHS 积极增长情景	−6.55	−17.03	−5.29	26.92	−1.95
仅发展 BES 情景	−6.23	−16.69	−4.97	42.44	14.55
仅发展 PHS 情景	−1.11	−8.46	−2.84	−0.11	−12.52

从表 4-7 中可看出，BES 的应用能大大提高一次电力的消费量，填补化石

能源消费量减少的空缺，BES 投资规模越大，化石能源消费量减少得越多，一次电力消费量增加值也越大。相比之下，PHS 投资规模对一次电力消费量几乎无影响，在 PHS 投资比例较大的情景下，能源消费量相较于基准情景有所下降，这也从侧面反映出 BES 在帮助可再生能源消纳方面的能力远优于 PHS。

不同储能发展情景下能源消费量的变化如图 4-20 所示。在同时发展 BES 和 PHS 的储能发展情景下，能源消费量相较于基准情景几乎没有变化，即增加的一次电力消费量可以补偿化石能源消费量的减少。总体来看，BES 投资规模越大，能源消费量也越大；PHS 投资规模越大，能源消费量越小。

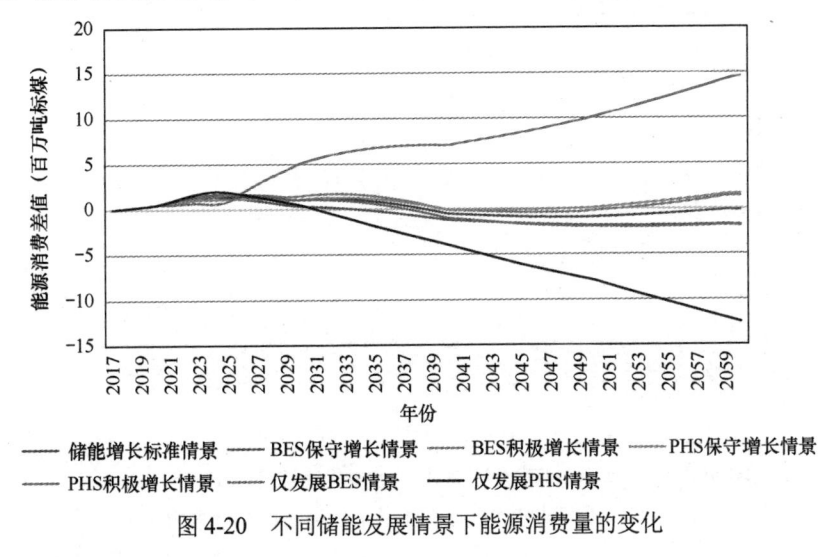

图 4-20 不同储能发展情景下能源消费量的变化

5. 碳排放变化

不同储能发展情景下储能发展对碳排放的影响如图 4-21 所示，碳排放均呈现先略微增长、后下降的趋势。不同储能发展情景下储能发展对碳排放的影响如表 4-8 所示，在短期内，由于储能的部署过程存在碳排放，因此其对碳排放的影响呈现增加趋势，在 2025 年达到最大值。由于 PHS 在建设过程中会排放大量二氧化碳，因此在 PHS 投资规模更大的场景中，短期内碳排放增加量也较多。在 2030 年后，储能逐渐发挥出减排的作用，且该作用不断增大。从图 4-21 中可看出，BES 和 PHS 的应用从长期来看均可以减少碳排放，但 BES 在减排效果上优于 PHS。

表 4-8 不同储能发展情景下储能发展对碳排放的影响

单位：万吨

情景名称	碳排放增加量最多的年份	碳排放增加最大值	从增排转为减排的年份	减排作用最大值（均在 2060 年）
储能增长标准情景	2025 年	294.2	2030 年	3 564.4
BES 保守增长情景	2024 年	288.7	2030 年	2 007.8
BES 积极增长情景	2025 年	308.0	2031 年	5 075.7
PHS 保守增长情景	2023 年	225.1	2030 年	3 363.5
PHS 积极增长情景	2025 年	386.2	2031 年	3 765.2
仅发展 BES 情景	2020 年	159.0	2033 年	3 643.1
仅发展 PHS 情景	2025 年	451.5	2034 年	1 494.2

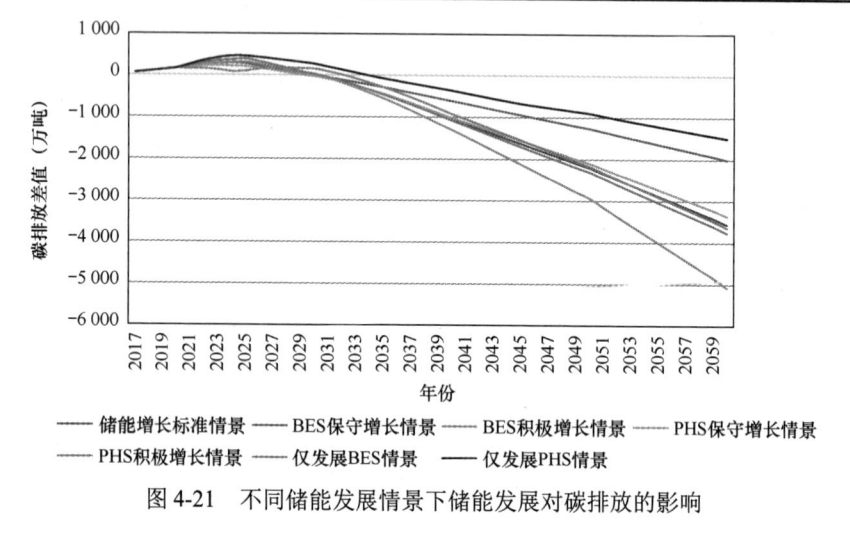

图 4-21 不同储能发展情景下储能发展对碳排放的影响

6. 各行业产出变化

不同储能发展情景下各行业产出相比于基准情景的变化如图 4-22～图 4-28 所示。总的来看，在 2035 年以前，建筑业得益于抽水蓄能建设带动的需求，出现较为明显的产出增加趋势，其他行业由于总产出的下降，大部分行业的产出相较于基准情景减少。2035 年之后，除能源行业外，大多数行业的产出相较于基准情景增加，且增加值均逐渐上升，其中制造业的产出增加幅度最大。能源行业的产出相较于基准情景减少，且减少值逐渐增大，主要由于储能的应用降低了风光消纳成本，使得整体供电成本下降。不同储能发展情景下产出发生明显变化的行业在 2060 年的产出情况如表 4-9 所示。

第4章 储能产业发展的中长期综合影响评价

表 4-9 不同储能发展情景下产出发生明显变化的行业在 2060 年的产出情况

单位：亿元人民币

情景名称	制造业	能源行业	建筑业	服务业
储能增长标准情景	4 560.3	−3 124.2	716.1	398.1
BES 保守增长情景	2 006.1	−2 523.2	619.6	−278.2
BES 积极增长情景	7 078.9	−3 766.9	807.1	1 022.6
PHS 保守增长情景	5 120.0	−2 065.8	332.47	835.92
PHS 积极增长情景	4 000.5	−4 182.6	1 099.7	−39.6
仅发展 BES 情景	7 731.5	−2 171.6	168.7	1 070.5
仅发展 PHS 情景	−3 365.3	−7 299.2	2 495.1	−3 102.9

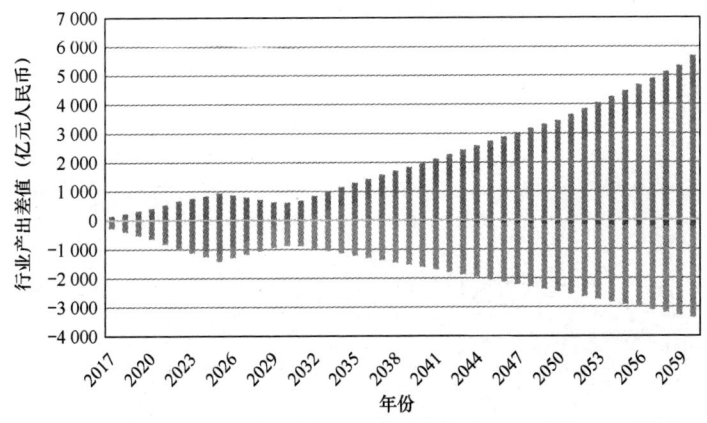

图 4-22 储能增长标准情景下各行业产出变化

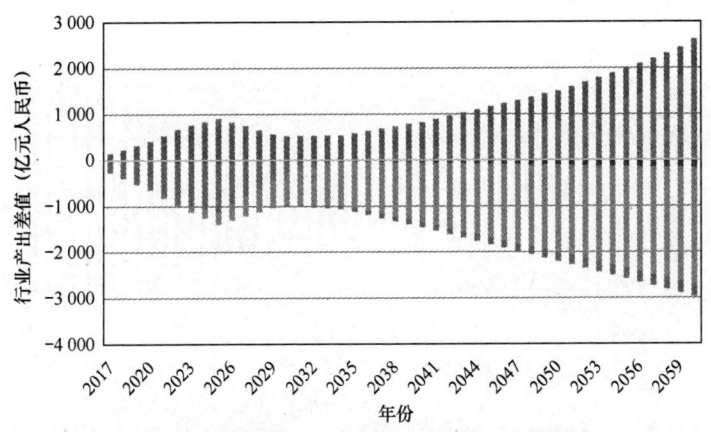

图 4-23 BES 保守增长情景下各行业产出变化

· 175 ·

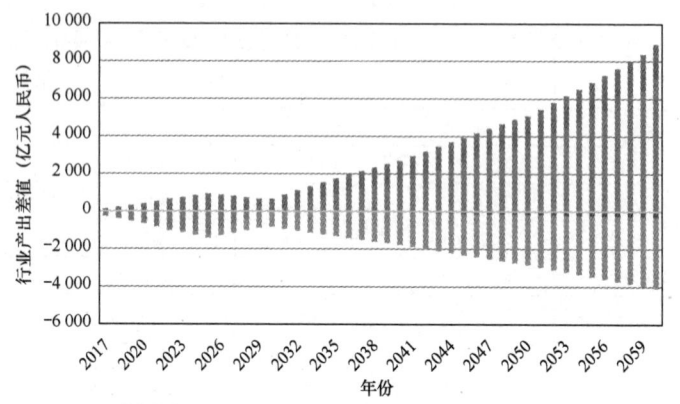

图 4-24 BES 积极增长情景下各行业产出变化

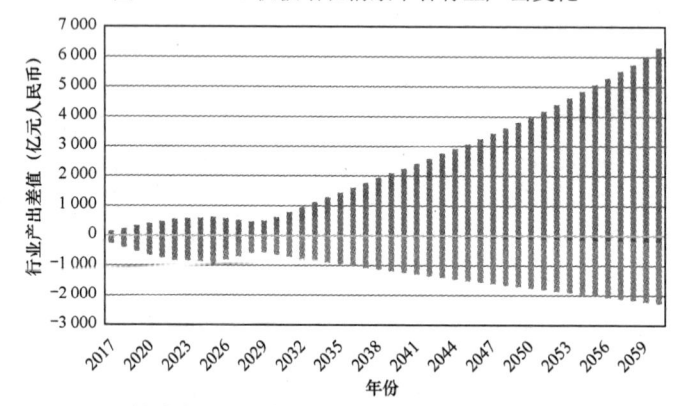

图 4-25 PHS 保守增长情景下各行业产出变化

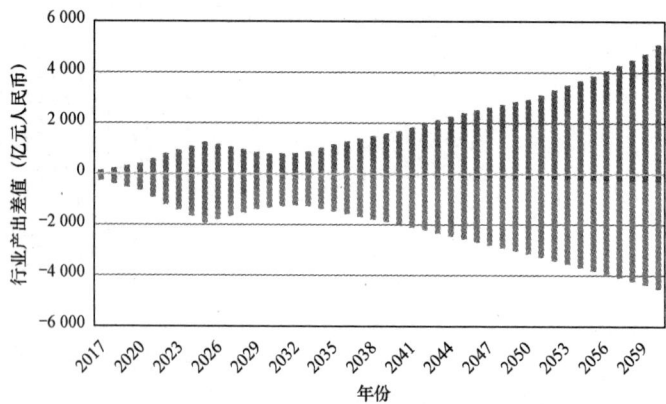

图 4-26 PHS 积极增长情景下各行业产出变化

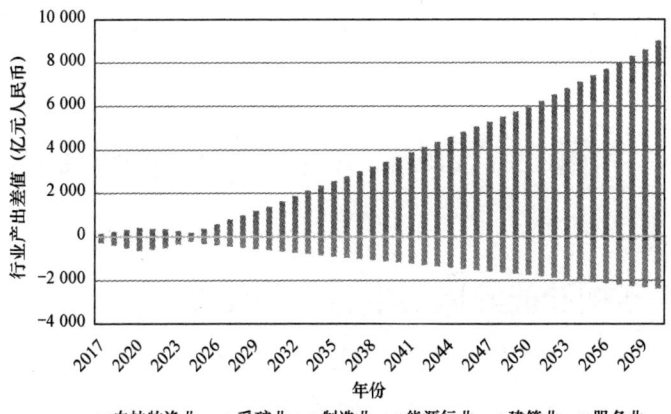

第 4 章 储能产业发展的中长期综合影响评价

图 4-27 仅发展 BES 情景下各行业产出变化

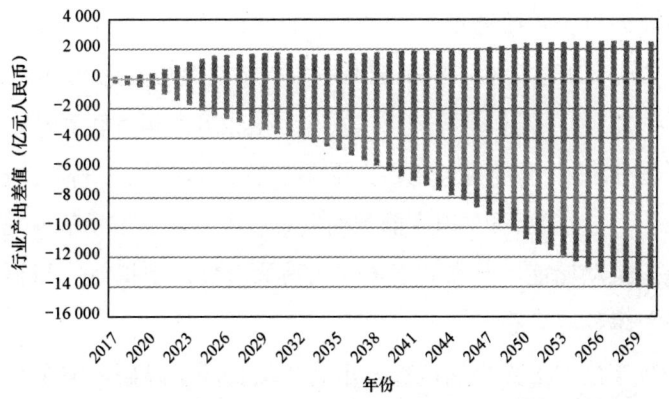

图 4-28 仅发展 PHS 情景下各行业产出变化

第 5 章 储能发展的政策体系与市场化机制设计

5.1 促进新型储能发展的电力市场体系

在电力系统中，储能可以发挥削峰填谷、调频、备用等作用，实现优化电力生产、提升电力系统稳定性、降低发电成本的作用。在国外成熟的电力市场机制中，储能的投资主要通过参与电力市场进行回收。具体而言，主要的回收方式包括参与现货市场套利、提供辅助服务，以及参与容量市场等。

2021 年 12 月，国家能源局正式发布《电力并网运行管理规定》和《电力辅助服务管理办法》，明确将电化学、压缩空气、飞轮等新型储能纳入并网主体管理。2022 年 11 月 25 日，国家能源局发布《电力现货市场基本规则（征求意见稿）》，提出推动储能、分布式发电、负荷聚合商、虚拟电厂和新能源微电网等新兴市场主体参与交易。

现有的政策框架虽然为储能参与电力市场扫除了障碍，但是在储能具体的部署方式及收益来源的多元化方面，仍有进一步改进空间。

5.1.1 以现货市场的发展引导储能投资优化布局

现货市场的价格差是储能实现日常收益的主要来源。目前，全国现货市场建设正在加速推进，省级现货市场试点也取得了一定的进展，自 2022 年年底开始，第一批现货市场试点将进入长周期不间断运行阶段。《电力现货市场基本规则（征求意见稿）》为后续现货市场向全国推广做了铺垫。随着现货市场覆盖范围的不断扩大，储能的市场化收益机制也日渐清晰。当然，需要注意到，电能在不同时间、不同地域的价值存在很大的差异，而现货市场价格正是电能价值的反映。在目前运行的现货市场中，不同地区的峰谷价差存在较大的差异。山东、广东等地区现货市场的峰谷价差经常达到 1 元人民币/千瓦时以上，而蒙西、青海等地区的现货市场价格波动则较为平稳。目前电源侧储能的装机主要是为满足新能源配储需求而进行投资的，配置的主要目的是进行风光消纳，储能容量未能实现完全利用，储能投资未能充分发挥提升电力系统运行效率的作用。建议未来调整储能配置的要求，根据不同地区现货市场峰谷价差情况，确定相应的储能配置比例要求。此外，在促进储能发展的同时，提升储能的配置效益。

5.1.2 探索建立跨区域储能容量交易市场

2022 年 9 月 1 日，山东省印发了《关于促进我省新型储能示范项目健康发展的若干措施》，提出本着"公平开放"的原则，示范项目储能容量应在山东省电力交易中心统一登记并开放，由省内新能源企业租赁使用。2022 年 12 月 7 日，广西壮族自治区发展改革委公开征求《加快推动广西新型储能示范项目建设的实施意见》，建议建立新型储能容量租赁制度，鼓励市场化并网新能源项目在全区范围内以容量租赁模式配置储能需求。2022 年 12 月，山西省能源局发布《2023 年全省电力市场交易工作方案》，提出要研究出台新型储能共享容量租赁交易机制。新型储能容量租赁制度允许新型储能项目投资建设企业通过容量租赁费回收建设成本并获得合理收益，同时新型储能项目投资建设企业完全享有租赁容量的收益权，可以参与其他类型的电力市场。该机制能够较好地化解新能源配储投资运行低效的现状，通过市场化手段激励市场主体进行储能投资。未来，应加快推进各地区进行储能容量交易，同时探索建立全国性的储能容量交易市场，允许跨省跨区进行储能容量租赁交易，以促进储能投资向边际收益高的应用场景集中。

5.1.3 完善容量补偿机制，逐步建立储能容量市场机制

容量补偿机制是目前各地区采取的主要模式。该机制在政府相关部门的指

导下，通过对单位容量补偿标准和发电机组可补偿容量的核算，对发电容量成本进行合理补偿。目前，各地区对于燃气发电机组实施的"容量补偿+电能量市场收入"的两部制电价政策就是一种容量补偿机制。2021 年 5 月，国家发展改革委印发的《关于进一步完善抽水蓄能价格形成机制的意见》指出，现阶段，要坚持以两部制电价政策为主体，进一步完善抽水蓄能价格形成机制，以竞争性方式形成电量电价，将容量电价纳入输配电价回收，同时强化与电力市场建设发展的衔接，逐步推动抽水蓄能电站进入市场。因此，抽水蓄能在容量市场中起到至关重要的作用，目前，也通过容量补偿机制来回收固定成本。2021 年 7 月，《国家发展改革委 国家能源局关于加快推动新型储能发展的指导意见》提出建立电网侧独立储能电站容量电价机制。目前，广东和浙江两省也建立了针对新型储能的容量补偿机制，明确了新型储能的容量电价通过输配电价回收的机制。

然而，目前大部分地区对于新型储能的容量补偿态度并不一致，大部分地区仍未出台针对新型储能的容量补偿标准。此外，容量补偿需要通过输配电价进行疏导，随着未来新型储能规模的发展，未来有可能导致终端电价出现明显上升。同时，新型储能的技术成本不断变化，多种技术路线的经济性存在差异，采用固定的容量补偿标准有可能引发补偿不足或补偿过当的问题。因此，需要找到兼顾新型储能发展与平衡电价上涨的方法，有效确定新型储能的补偿标准。可以尝试探索建立储能容量市场机制，各地区可以根据当地电力平衡需求，确定新型储能的需求规模，之后通过容量拍卖的方式，竞拍新型储能的容量。通过竞争性的方式，形成新型储能的容量价格，确定合理的容量电价标准。

5.1.4 加快电力辅助服务市场建设，建立联合出清模式

电力辅助服务对于缓解短期的能源电力供应紧张发挥的作用有限。但是，在中长期，随着"双碳"目标的不断推进，风电和光伏等新能源供应占总发电量的比重不断增加，电力系统的消纳压力也在不断增加。需要加快电力辅助服务市场的建设，增强长期新能源供应的消纳能力，以增加电力资源的供应。

目前的政策虽然已明确按照"谁提供、谁获利；谁受益、谁承担"的原

第5章 储能发展的政策体系与市场化机制设计

则,确定各类电力辅助服务品种补偿类型,逐步建立电力用户参与的电力辅助服务分担共享机制,但是电力辅助服务市场建设的方向仍未明确,电力辅助服务在未来较长的时期内仍然可能以补偿的方式进行投资回收。储能作为独立的市场主体,通常采用与电网企业签订双边合同的模式,为电网系统的正常工作进行调频和调峰,以此获得相应的服务费用。同时,目前各地区试点的现货市场大多采取顺序出清的模式,储能往往无法同时参与现货市场与电力辅助服务市场,制约了储能资源的应用,同时制约了现货市场中报价的容量。未来可以探索调频与现货市场联合出清的模式,提高新型储能资源的利用效率。

5.1.5 完善需求响应机制

需求响应资源作为重要的灵活调节资源,可以与新能源消纳实现高效联动,从而在提升新能源渗透率、提升全社会能效水平方面发挥重要作用。部署在电网侧与用户侧的新型储能资源,同样可以通过参与需求响应获得收益。目前,可调节负荷价格机制已经在多个省(自治区、直辖市)展开试点执行,如江苏、浙江、上海等。

价格形成机制主要有两种。一是固定价格机制,江苏采用指导价格的方式,根据需求响应的类型、响应速度等因素,事先确定需求响应补偿标准。二是市场化的价格机制。上海、山东、浙江等均采取市场化申报的方式,基于不同的需求响应类型,按照"单边报量报价、边际统一出清"或"双边报量报价,边际统一出清"的方式确定需求响应补偿标准。在价格水平方面,各地普遍采取"阶梯式"的价格机制,即基于不同的需求响应类型,根据不同的响应速度、响应时长、响应程度确定不同水平的补偿标准。然而,目前需求响应补偿标准较低,如山东对参与需求响应的主体按 3 档分别给予不同的容量补偿和能量补偿,其中容量补偿分别为不超过 2 元人民币/千瓦·月、3 元人民币/千瓦·月、4 元人民币/千瓦·月。宁夏削峰响应按照 2 元人民币/千瓦时的标准发放补贴。国外需求响应补偿标准要远高于我国,如在 PJM 发布的 "2020 Demand Response Operations Markets Activity Report"中,需求响应的成本为

1 830 美元/兆瓦时。在现行的需求响应补偿标准下,新型储能的收益能力有限,只能作为成本回收的补充来源。

此外,目前需求响应资金来源缺乏保障性。例如,江苏与上海的需求响应资金来源于实施季节性电价或尖峰电价的增收部分,浙江和山东的需求响应资金来源于跨区域协作可再生能源电力现货交易中购电差价的盈余,只有广东采取向全体用户分摊的方式获取需求响应资金,河南也提出将开展需求侧管理工作的合理支出计入供电成本。未来,要加快新型储能在需求响应中的应用,仍需要进一步合理设定需求响应补偿标准,同时明确需求响应资金的来源。

5.2 推动储能应用场景与商业模式创新

5.2.1 加速大型能源基地储能部署

建设大型风电光伏基地是"十四五"时期新能源发展的重点,而消纳和送出能力不足是制约新能源大基地建设的两大因素。源网荷储模式是建设新能源大基地的主要方式之一,对符合条件的产业项目配套建设一定规模的新能源,并配置储能等调节性资源,从而实现新能源的就地消纳,降低能耗水平和用电价格,并减少新能源对电网的冲击。储能作为建设新能源大基地的重要调节性资源,通过储能平滑风电、光伏发电出力的波动性、间歇性和随机性,实现电力供需的实时平衡;同时缓解输电堵塞,减少弃风弃光,提升外送通道利用率,实现源网荷储的协调互动。近期,多个地区新能源大基地的储能项目正开展建设工作。以青海为例,根据青海省发展改革委印发的《2022年青海省新能源开发建设方案》,拟开工建设7个第二批风光大基地项目,新能源规模为700万千瓦,配置储能、光热等调节性资源。储能的经济性也仍是新能源大基地建设面临的主要难点,特别是在当前光伏成本居高不下,以及部分地区风光资源有限的情况下,新能源年发电小时数偏低,储能的成本疏导机制仍未有效突破,制约了新能源大基地项目的推进及收益,需要推动长期、稳定、可复制的盈利模式的探索。

5.2.2 完善分布式"光伏+储能"示范政策

储能与分布式电源、智能微网等合作，实现了能量的相互流通，形成了闭合的循环网络，因此推动了更加多元的电力消费和交易方式的发展。江苏是分布式光伏的主要市场，该省出台分布式配储政策的区域集中在苏州市和昆山市，两市在文件中均提出，鼓励装机容量 2 兆瓦以上的光伏项目，按照不低于装机容量 8%配建储能。浙江出台分布式配储政策的区域集中在柯桥区、永康市、嘉善县、诸暨市，其中，柯桥区、永康市均提出，非户用分布式光伏电站按照发电装机容量10%建设储能设施，柯桥区则要求储能存储时长在 2 小时及以上。随着制度的不断完善，分布式光伏配储将在市场结构与市场体系中占据重要地位，并进一步推动能源资源配置的优化，从而使得各类能源资源得到充分利用并提高清洁能源的消纳水平。分布式光伏配储将在华东、华中等地区进行试点实施，并以大型工商业为中心向四周辐射建立分布式光伏配储模式，由于这两个地区的电价水平较高、消纳水平较强，因此分布式光伏配储模式更易推广。

5.2.3 拓展用户侧储能应用场景

推动储能技术在工商业用户侧领域的应用场景拓展，需要集中关注用户分时电价管理、容量费用管理和电能质量管理 3 个方面。对于用户分时电价管理，在进行分时电价的售电市场，用户可基于分时电价体系对用电负荷进行调节，利用储能设备在不改变用户行为的前提下，帮助用户降低整体用电成本。容量费用管理是指电力用户采取管理措施，在尽量不影响正常生产工作的情况下，降低最高用电功率，从而降低容量费用。电能质量管理是指利用储能设备帮助电力用户平滑电压、频率波动，减少谐波干扰，从而提高用户电能质量。此外，储能设备也可以作为电力用户的备用电源，在电网供电不足时向用户供电，提升供电可靠性。根据用户侧储能系统的特点，用户侧储能投资的人力、物力成本较高，且主要依靠峰谷价差回收成本，由此造成投资的回报周期较长。为了降低用户侧储能系统投资的风险，电网企业在申报、建设、验收等环节简化流程，并且适当扩大峰谷价差，为用户制定合理的供电、调频、调峰等定价机制，使得用户通过储能系统获取收益的手段不再单一，提高用户侧储能系统投资的积极性。

5.2.4 探索共享储能盈利新模式

共享储能是未来储能商业模式创新的方向，作为独立储能运营的一类商业模式，独立储能电站可以作为独立主体参与电力市场。共享储能由第三方或厂商负责投资、运维，秉承"谁受益、谁付费"的原则向承租方收取租金。共享储能可以向多个新能源场站收取租赁费用，从而降低场站配储投资压力，同时增加储能投资方收入来源。共享储能模式的优势在于其可以促进新能源电量消纳、提高项目收益率，以及促进储能运营商获得独立的辅助服务提供商身份。当前，共享储能模式的主要盈利手段有调峰服务补偿、峰谷价差套利、容量租赁、容量补偿等收费方式。目前，国家多份文件指出鼓励探索共享储能模式，甘肃、宁夏、山东、湖南等10余个省（自治区、直辖市）也发布了支持共享储能的文件。此外，部分省（自治区、直辖市）出台共享储能建设的具体规划，如河北规划到"十四五"期末新建27个500万千瓦的共享储能电站。在政策的积极指引下，据不完全统计，2022年新增共享储能项目的装机规模达17.15吉瓦/38.01吉瓦时，共计新增储能项目127个。

5.3 完善新型储能产业链发展支持政策

新型储能产业链的发展不仅涉及自身的系统集成与制造，而且与上游的电池材料生产、电池制造、电池管理系统（BMS）、能量管理系统（EMS）、储能

第5章 储能发展的政策体系与市场化机制设计

变流器（PCS）等环节，以及下游的安装运行环节有着紧密的联系。建议从以下4个方面着手，完善新型储能产业链发展支持政策。

5.3.1 加强新型储能产业链的研发资助

一是加大基础研究投入和人才培养。新型储能技术融合了多种学科，单一专业的人才往往难以处理储能技术的复杂问题，而复合型人才的培养是打开局面的关键，因此需要政府、企业、科研机构等多方共同参与。建议国家成立专门机构负责统筹协调管理部门、行业机构、科研院所等，设立专项资金，加强储能理论等基础性研究，重视交叉学科人才的培养，通过不同的创新型储能项目带动新型储能产业链的整体发展，深化储能企业与相关学校的合作，在实践中创造出储能行业的新活力，培育出全方位的储能高端人才。

二是以示范等形式带动应用技术发展。储能行业以示范等形式作为驱动力，推动应用技术发展并引领行业创新进步。通过智能电网、分布式能源、工业节能和电动汽车等领域项目，展示先进的储能技术在实际应用中的效益和潜力，储能行业将促进技术的成熟和商业化，并激励其他企业和领域加大在储能领域的投资与研发，从而在储能技术上取得更大的突破与创新。通过示范项目推动储能技术在各个领域，如工业领域、交通运输领域及住宅和商业建筑领域等的应用。储能行业还将积极促进与政府、学术界和其他相关行业的合作，共同推动储能技术的创新发展，以实现可持续能源的更广泛应用和清洁能源的高效利用。

三是激励企业创新，推动产学研融合。在储能行业中，激励企业创新与积极推动产学研融合是至关重要的环节，以便促进技术进步和行业的可持续发展。通过鼓励企业投入更多的资源和精力在研发与创新上，推动储能技术的不断突破和改进。同时，加强与高校和储能企业的紧密合作，将学术界的知识与行业需求相结合，加速新技术的孵化和转化。产学研融合不仅有助于培养储能领域的专业人才，而且能加速研究成果的商业化，将创新应用到市场中。通过产学研融合，建立更广泛的合作网络，促进信息共享和技术交流，从而推动整个储能产业链的协同发展，鼓励企业与学术界和研究机构建立更紧密的伙伴关系，共同探索新的科技前沿。

5.3.2 增强新型储能产业链保障能力

一是强化国内的供应链，保障国内产能供应。新型储能产业链的核心组成部分是储能电池组、BMS、EMS、PCS。其中，储能电池组是储能系统最主要的组成部分，成本占比最高，所以新型储能产业链要以保障电池供应链为核心。目前，我国电池产能位居全球第一，而发展更强大、更安全的电池供应链需要获得可靠的电池原材料和组件供应。首先应鼓励电池技术研发，减少电池制造对稀缺材料的依赖；同时，应通过支持采矿技术研发，提高关键电池矿物（锂、镍和钴）的安全生产能力和可持续生产能力；在此基础上，建立稳定、可靠的国内和国际原材料供应渠道。国内锂资源多数分布在青海、西藏、新疆、四川、江西、湖南等地区。在我国已探明的锂资源储量中，盐湖资源约占总储量的 70%。由于新型储能目前主要的技术路线是磷酸铁锂电池，所以结合我国资源分布现状及基础设施条件，建议在四川等地区建立电池与储能产业集群，提升产业链供应的保障能力。

二是加快全球资源布局，增强产业链掌控力度。2021 年年初至今，由于市场需求旺盛，电化学储能上游材料价格大幅上涨，碳酸锂和氢氧化锂价格涨幅达 800%以上，电解液等材料价格涨幅也在 200%以上。同时，碳酸锂进口量上涨 61.7%，资源对外依存度不断提升。全球锂资源主要分布在智利、澳大利亚、阿根廷等国家，我国企业对于原材料矿产资源的控制程度不高，造成我国无法有效稳定原材料价格，并对储能长期发展造成不利影响。建议通过设立储能资源投资基金、提供融资优惠利率等方式，鼓励国内企业积极进行全球布局，增强对南美等地区锂资源的投资。同时，对锂、钴等储能上游资源设立战略储备机制，根据市场价格波动进行储备和释放，平抑原材料价格波动对产业链的不利影响。

5.3.3 加快完善资源回收体系，促进电池梯次利用

一是加快建立关键材料回收和循环利用体系。资源回收不仅可以缓解材料的稀缺性，有利于可持续发展，还可以构建更安全、更有弹性的可循环国内原材料供应链。美国在"国家锂电蓝图2021—2030"中提到，为实现锂电池报废再利用和关键原材料的规模化回收，美国建立了一个完整的具有竞争力的锂电池回收价值链。《欧盟电池和废电池法规》规定，到2030年，钴、铅、锂、镍再生原材料含量占相应金属供应量的比重分别达到12%、85%、4%、4%；到2035年，提升至20%、85%、10%、12%。我国虽然在《"十四五"工业绿色发展规划》中提出，到2025年，建成较为完善的动力电池回收利用体系，但在政策的具体落地方面仍存在欠缺。因此，建议建立储能电池关键资源回收利用体系：首先，加快完善电池组的设计标准，提高回收和再利用的能力；其次，构建电池回收的合理回报机制，在电池销售时附加征收回收处理费用，并在完成回收利用后进行返还；再次，加快建立关键资源回收利用产业，由于电池被归类为危险废物，运输电池的成本在回收成本中占很大比重，因此亟须开发收集、分类、运输、加工回收电池材料的新方法，并通过产业发展形成规模经济，以降低成本；最后，完善资源再利用的标准，需要开发加工技术将这些材料重新引入供应链，特别是要提高钴、锂、镍等关键材料的回收率。未来，随着电池存量的增加，可以要求电池厂商按一定比例使用回收资源，从而促进回收资源市场的发展。

二是完善电池梯次利用体系建设。随着电动汽车数量的增加，退役的锂离子动力电池数量也大幅增加。近年来，增加的动力电池主要为磷酸铁锂电池。随着循环次数的增多，电池容量略微下降，但下降的速度较为缓慢。当电池容量降低至80%时，从汽车上退役下来的磷酸铁锂电池仍有较多循环次数，可以应用于储能系统。在全球范围内，多国都在积极开展有关动力电池梯次利用的研究。许多发达国家，如美国、德国和日本等已经有成功的案例和商业项目。然而，动力电池作为储能系统进行梯次利用也面临着安全隐患。2021年9月，国家能源局印发的《新型储能项目管理规范（暂行）》提出，新建动力电池梯次

利用储能项目,必须遵循全生命周期理念,建立电池一致性管理和溯源系统,梯次利用电池均要取得相应资质机构出具的安全评估报告。已建和新建的动力电池梯次利用储能项目须建立在线监控平台,实时监测电池性能参数,定期进行维护和安全评估,做好应急预案。

随着未来电池性能的提升,动力电池作为储能系统进行梯次利用的价值也将越来越高。但要完善电池梯次利用体系建设,有以下几个方面仍有待提升:一是需要建立较为完善的退役电池评估、分类、管理标准体系,明确可利用的电池资源数量;二是要开展储能应用的动力电池梯次利用示范项目建设,完善相关的管理与运行经验;三是建立退役电池梯次利用的激励政策,并出台激励措施鼓励电池回收利用。

5.3.4 推动储能与可再生能源配额及绿色电力证书的结合

随着近年来我国可再生能源市场的不断扩大,上网电价补贴(FIT)制度造成可再生能源补贴压力逐渐增大,我国可再生能源激励政策正逐步向可再生能源配额制(RPS)过渡。自 2021 年起,陆上风电和光伏不再享受国家可再生能源补贴。与 RPS 实施较为成功的欧美国家相比,我国的电力现货市场仍处于发展的初级阶段,在电力市场化改革的进程中,可以考虑引入 RPS 机制。此外,目前我国的风光配储政策无法为可再生能源企业提供良好的收益机制,且强制配储增加了可再生能源的发展成本,不利于能源转型的推进。参考韩国等国家的发展经验,可以将储能与可再生能源配额相结合。对于经过认证、满足一定消纳比例的新能源配储装置,提供更多的可再生能源配额与绿色电力证书,提升新能源企业配置储能的收益能力。

5.4 促进储能发展的财税支持政策

财税支持政策对于加速储能的初期发展,以及加速储能从商业化过渡到规

第 5 章 储能发展的政策体系与市场化机制设计

模化具有重要的作用。目前，美国、德国、日本、韩国等国家都采取投资税收抵免或直接补贴等方式加速储能的部署。例如，美国从 2006 年开始，就对私营单位、住宅侧用户安装光伏系统，同时为配备储能的用户提供 30%的税收抵免。美国的《通胀削减法案》（IRA）中，首次将独立储能纳入 ITC 税收抵免补贴范围，并将抵免划分为"基础抵免+额外抵免"。其中，基础抵免额度由之前的 26%上升至 30%，补贴退坡延期至 2033 年。美国各州政府也出台了相应的财税支持政策。2018 年，美国马萨诸塞州明确提出为光伏配套的储能提供最高 0.06 美元/千瓦时的发电补贴。从 2009 年开始，加利福尼亚州将储能加入自发电激励计划（SGIP）的补贴范围，并在 2021 年 12 月进一步明确储能安装补贴标准为 0.18~0.5 美元/千瓦时。2016 年年初，德国联邦经济和能源部发布了新一轮"光伏+储能"补贴计划，补贴总额约为 3 000 万欧元。韩国对工商业储能投资提供电费补贴和功率补贴。自 2014 年起，日本经济产业省启动了用于锂离子电池储能系统的补贴计划。在这个计划中，家庭用户可以获得高达 100 万日元的补贴上限，而商业用户的补贴上限则高达 1 亿日元。

在我国，目前北京、四川、安徽、广东深圳等地区对储能投资提供了一定的补贴。但是，国内储能补贴政策大多针对充放电量进行补贴，补贴标准并未统一，同时资金保障性也较差。与之相对应的，美国、德国等国家已经建立了系统性的储能投资激励政策，如对储能投资提供投资税收抵免与投资补贴。目前，储能成本相对较高，用户投资的积极性相对较低，因此在国内主要通过支持政策等来促进储能项目的建设。考虑到新型储能作为一项新兴的技术仍处于商业化运行初期，且正处于向规模化发展转变的重要阶段，因此，进行适当的补贴对于加速产业发展布局、催化产业成熟、增加电力系统灵活性具有重要意义。建议借鉴国外储能补贴政策的成功经验，结合我国新能源配套、电网侧及用户侧等不同应用情景，加大先进储能技术研发资助力度，发布对符合先进技术标准的储能装机给予投资补贴、税收抵免等的财税支持政策，充分调动储能投资的积极性。同时，为实现补贴资源的合理利用、兼顾财政承受能力，应明确补贴配额方案与退出路径，逐步提升获得补贴的技术要求，并降低补贴标准。

虽然近年来我国储能装机规模快速增长，但是目前储能投资项目的收益率仍然较低，特别是电源侧风光配储的储能投资较低。由于收益机制不明确，所以储能增长对于新能源发电的收益能力也造成了负面影响。建议积极探索支持新型储能发展的金融模式，创新绿色金融产品，拓宽企业质押融资渠道，采取对储能示范项目进行融资支持、提供政策性贷款或财政贴息、发行储能绿色债券等方式，推动储能产业发展的各项部署，促进储能产业的高质量发展。

5.5 关于促进储能发展的政策建议

5.5.1 主要结论

在应对气候变化、能源低碳转型和经济结构转型的背景下，电力系统面临着新的挑战。一方面，可再生能源渗透率的提升对电力系统的稳定性和可靠性造成冲击；另一方面，随着第三产业和居民用电量占全社会用电量的比重提升，电力系统需求侧负荷特性不断恶化。储能技术的应用是解决相关问题与挑战的关键。本节聚焦储能规模化应用的政策机制、商业化模型，以及"能源—经济—环境"影响展开研究，研究思路按照"国外现状研究—国内现状研究—商业模式分析—经济环境影响评价—政策体系建议"展开。具体研究结论如下。

1. 全球储能市场发展迅速，发达国家正在加速部署

储能扮演着智能电网、高占比可再生能源系统，以及能源互联网的重要组成部分和关键支撑技术的角色。随着各国政府相继出台支持储能产业的政策，储能市场的投资规模不断扩大，产业链的发展也逐渐完善，商业模式日益多样化，储能应用场景加速拓展。全球储能部署目前正经历迅速增长的阶段。截至2021年年底，全球已经投入运营的电力储能项目的累计装机容量达到209.4吉瓦。其中，抽水蓄能占比高达86.2%；而新型储能技术的部署也在迅速增长，是未来的主要增长点。

第5章 储能发展的政策体系与市场化机制设计

当前，美国是全球最大、增速最快的储能市场之一。2021年，美国储能装机容量占全球储能装机容量的比重达到34%。其中，加利福尼亚州是美国最大的储能市场，其装机容量占美国储能装机容量的比重超过60%。美国储能市场的快速扩大，主要受到几个方面因素的影响：①可再生能源的快速增长是美国储能市场发展的根本动力；②电网结构的分离及由此导致的停电事故多发，激励了美国储能市场的发展；③政策激励刺激了美国储能产业发展；④成熟的电力市场体系促进了储能良性发展。

欧洲是仅次于美国和中国的全球第三大储能市场，欧洲储能市场自2016年以来，装机规模持续增长，并且呈现快速增长态势。2021年，欧洲新增的储能投产总装机容量达到2.2吉瓦，主要来自前置储能和家庭用途储能，值得注意的是，家庭用途储能表现出色，其装机容量超过1吉瓦，且连续多年保持40%以上的增速。英国由于辅助服务机制最为成熟，所以在表前储能市场占据领先地位，据BNEF统计，截至2020年累计装机规模为1.3吉瓦/1.6吉瓦时。由于欧洲各国居民用电价格较高，同时补贴政策主要针对用户侧"光伏+储能"应用场景，因此表后储能应用发展迅速。

澳大利亚储能的增长主要源于表前辅助服务和能量时移需求，而表后储能需求主要来自分布式光伏配储需求。目前，澳大利亚用户侧光伏的累计装机容量约为14.7吉瓦，大部分为户用光伏。2010—2020年，韩国累计装机容量为3.79吉瓦，其储能装机需求集中在表前能量时移和表后工商业储能。韩国应用于能量时移与工商业储能的储能装机容量占储能总装机容量的比重分别达到56%和31%。韩国的能量时移装机容量自2013年以来持续保持高速增长，2013—2020年年均复合增长率（CAGR）达到104%，工商业储能受火灾事件及补贴退坡影响，2019年后装机规模增速放缓。在商业运营方面，韩国"新能源+储能"市场主要以发电运营商采购储能系统与新能源配合为主。日本储能市场增长的主要原因是，电力行业的改革拆分措施导致众多企业进入市场，进而推动了储能技术在电力行业中的广泛应用。目前，日本居民住宅使用的储能装机容量占储能总装机容量的比重超过50%。光伏电站与储能系统协同发展，电网公司为了保证电网运行的稳定性，也在大型储能电站上进行投资。

2. 新型储能的重要性日益显现，各国政策力度不断加强

新型储能作为战略性新兴产业，其发展在各国都得到了重视。以美国为代表的部分国家把新型储能的发展上升到国家战略的高度进行政策支持。具体来看，各国储能发展政策的特点如下。

在美国，政策与市场双重驱动，储能规模化应用成熟。美国储能市场发展的时间较早，目前是全球最大的新型储能市场之一。美国通过一系列法案，保障了储能在电力市场中的主体地位，并为储能在市场中开辟出了一条便捷的道路。2020年，美国能源部发布"储能大挑战路线图"，提出到2030年确立并维持美国在储能利用和出口方面的全球领导地位的目标，旨在建立弹性、灵活、经济、安全的能源系统，在储能技术应用领域实现美国创新、美国制造、全球部署的战略目标。美国的"国家锂电蓝图2021—2030"提出，要建立可持续的美国国内锂电池供应链，发展满足日益增长的储能市场需求的制造基地。2022年8月美国通过的《通胀削减法案》将独立储能纳入税收抵免补贴范围。

在欧洲，德国和英国引领发展，表前表后共同推进。欧盟于2019年出台"清洁能源计划"，提出将大力支持家用储能市场发展，消除发展中可能存在的财务障碍。各国近年来也出台了多样化的政策支持储能发展，相关政策可以分为三类。一是为储能的研究与应用提供补助。德国从2012年开始已累计为储能系统商业化应用提供了2亿欧元的资助，同时为户用光伏安装储能设备提供了上限5 000万欧元的补贴，德国有多个州也为储能装机提供了容量补贴；英国于2020年提供了1 000万英镑支持储能的部署；意大利为配置储能的光伏发电系统提供了高达3 000欧元的返利，最高可补偿储能系统购买及部署成本的50%。二是放宽储能参与电力市场的限制。英国从2016年开始允许包括电化学储能在内的新兴储能参与容量市场竞拍，并在2017年制订智能系统和灵活性计划，将储能定义为发电资产的一部分，消除了储能参与电力市场的各种障碍。法国、意大利、奥地利等多个国家都已允许或正在试点储能参与辅助服务。三是为储能提供税费优惠。德国免除了部分表前储能的电网电价和税收，比利时也免征了储能的部分电费，法国将电力公共服务的储能用于抵消一部分成本，

第5章 储能发展的政策体系与市场化机制设计

意大利、荷兰等国家取消了对大规模储能系统的双重征税，瑞典等国家则对储能装机提供税收抵免。

澳大利亚主要通过投入公共资金支持储能技术示范，并通过示范项目验证技术性能和适用场景。各州政府则扮演着制定实质性的储能项目资金支持和激励政策的主要角色。这些政策包括资金补贴政策等，对于推动各州内储能项目的实施起到了关键作用。韩国储能市场装机集中于工商业与表前能量时移，二者均受到政策驱动。工商业储能政策主要表现为补贴政策，大大增加了工商业储能投资的内部回报率（IRR）；表前能量时移装机则受益于长期可再生能源配额制目标的制定，可再生能源证书的政策激励长期驱动韩国储能装机的发展。日本将电化学储能技术纳入五大技术创新领域，提出重点研发低成本、安全可靠的先进储能电池技术，从资金、技术等多个方面制定储能政策，综合发力促进储能产业的快速发展。

各国电力市场情况各异，它们对储能发展的支持方式既有共通之处，也有结合各自国情及市场特点的"独特之处"。国外在市场机制建设、补贴模式设计、配置主体要求等方面的经验对于我国完善储能政策的设计有一定的启示性意义。

第一，电力辅助服务市场是储能成本回收的重要途径。英国、PJM、加州、德国等电力市场的表前储能收益主要来源于电力辅助服务。电力辅助服务市场的建设对储能发展发挥着重要的作用。以 PJM 电力市场为例，如果它们按照实际电力负荷的比例将频率调整和备用辅助服务的责任分配给负荷服务提供商，那么这将导致电力辅助服务费用被完全传递给最终电力用户。英国电力系统的电力辅助服务费用由电网公司和电力用户共同承担，储能通过参与固定频率响应月度招标获得电力辅助服务合同，按投标价格进行结算。

第二，公用事业公司是储能配置的重要主体。在国外政策驱动型的储能发展案例中，输配电网等公用事业公司是储能配置的责任主体。电力监管部门确定区域电网的储能装机总要求，之后公用事业公司通过自营或第三方购买的方式获得储能装机容量。同时，电源出力、分时负荷、节点潮流，以及交易价格等数据也向市场主体开放，允许市场主体进行优化决策。

第三，财政激励是促进储能发展的重要政策手段。美国、日本、韩国等国家都采取投资税收抵免或直接补贴的方式，对储能投资给予财政激励。例如，美国各州政府对于储能发展的财政激励政策大多采用税收抵免的方式，即对于储能投资提供一定的免税额度。投资税收抵免可在联邦或州一级，通过支持市场需求和提高储能与传统资源相比的成本竞争力来增进储能的广泛部署。

第四，容量市场对储能的发展有重要的推动作用。英国、美国加州的储能项目投资主体可以与公用事业公司签订长期容量电价合约，以获取固定补偿。通过该机制，储能投资能够获得确定性的收益。例如，英国容量市场的建设对储能的发展发挥着重要的推动作用。

第五，分布式光储发电是表后储能应用的重要模式。2008年，美国加州在自发电计划中加入了储能，对用户安装储能系统进行了补贴。2016年，美国国税局（Internal Revenue Service，IRS）发布的投资税收抵免政策也对用户侧光伏配储进行了补贴。由于欧洲各国居民用电价格较高，同时补贴政策主要针对用户侧"光伏+储能"应用场景，因此表后储能应用发展迅速。

第六，完善电力现货市场建设与分时电价机制。电力现货市场是可再生能源电站配置储能的主要盈利来源。以美国得州为例，其是全美第二大储能装机区域。得州的储能投资主要通过电能量市场的电价机制来获利。

第七，加强储能产业链的发展，推动技术成本下降。例如，美国的"储能大挑战路线图"提出在储能技术应用领域实现美国创新、美国制造、全球部署的战略目标，并计划以2020年为基础，到2030年长时储能成本降低90%。美国的"国家锂电蓝图 2021—2030"则提出从上游矿产资源，中游锂电材料、电芯制造和电池包制造，到下游锂电池回收全产业链的锂电发展规划。

3. 源网两侧随机性加强，我国储能市场增长迅速

由于我国经济的快速发展，我国对于能源的需求也与日俱增，其中，抽水蓄能电站是我国主要的储能设施，我国对其的需求也在不断增加。截至2022年10月，我国已核准抽水蓄能电站共计35个项目，装机容量合计4 509.8万千瓦，项目投资额合计约3 451亿元人民币。目前，我国已经形成较为完备的规

第 5 章　储能发展的政策体系与市场化机制设计

划、设计、建设、运行管理体系。在新型储能方面，我国电化学储能市场发展迅速，累计装机容量已居世界前列。2022 年，压缩空气、液流电池、飞轮储能等新型储能技术相继迸发出新的力量，其中压缩空气首次实现了全国乃至全球百兆瓦级规模项目的并网运行。2022 年前三季度，全国新增投运新型储能项目装机容量 963.7 兆瓦，同比增加 120%，其中锂电储能占绝大多数。

我国储能发展的重要原因是源网两侧的随机性在不断加强。一方面，在风光渗透率提升的背景下，电源侧储能需求增多。电网系统正在经历着从传统能源向新能源的转型，在享受着新能源的清洁、低成本的同时，电网灵活性降低的问题也愈发突出。2022 年第三季度，"风电+光伏"在我国发电量中的占比已达到 13.9%，预计到 2025 年此比重将提升至 16.5%左右。风电、光伏的装机结构占比在 2022 年第三季度也已接近 30%。由于风电、光伏发电的输出依赖可预测性较差的自然资源，因此出力波动性较大，与用电负荷的相关性较低，需要搭配具有调频、调峰性能的机组，以避免对电网造成冲击。我国电网的灵活性资源不足决定了电网需要依靠配置储能提升灵活性；而电池储能具备响应速度快、配置方式灵活的优点，对电网灵活性的提高具有至关重要的作用。另一方面，在电力负荷特性变化下，需求侧储能的需求增多。随着经济发展水平的提升，第三产业和居民用电比例持续增加，负荷特性出现新的特点。第三产业和居民用电具有负荷率低、季节性强的特点，其对空调采暖和制冷的需求使得电力负荷在四季分布不均，主要集中在夏冬两季，导致电力的峰谷负荷差逐渐拉大，电力供需呈现出"平时充裕、尖峰紧张，整体平衡、局部紧张"的新特征。目前，我国第三产业与居民用电量占全社会用电量的比重仅为 30.7%，与发达国家普遍 60%~70%的比重仍有差距。随着我国经济结构逐步向发达国家靠近，我国电网将呈现峰值负荷不断升高、平均负荷率[①]不断下降的特点。需求侧新型储能的大规模应用能够有效平滑用电负荷，是解决电力系统需求侧问题的重要方向。

---

① 平均负荷率=平均负荷/峰值负荷。

4. 储能政策体系逐步形成，源网荷多侧应用场景明确

对于我国储能发展的政策环境，我国"双碳"目标明确要求，到 2030 年，在能源消费结构中非化石能源消费比重达到 25%左右，风电和太阳能发电总装机容量达到 12 亿千瓦以上。可再生能源的快速增长给储能的发展提出了现实要求。近年来，国务院、国家发展改革委和国家能源局印发了一系列文件，提出要加大储能发展力度，促进储能由研发示范向商业化初期过渡，同时积极探索储能应用场景，推动储能由商业化初期向规模化发展转变，并扫除新型储能参与电力市场交易的障碍。目前，我国在电源侧、电网侧和用户侧都制定了相应的政策推动储能发展。

在电源侧，鼓励"火电+储能"与"可再生能源+储能"并行发展。在"火电+储能"领域，2019 年，国家电网公司办公厅印发《关于促进电化学储能健康有序发展的指导意见》，提出支持常规火电配置储能提升调节性能和运行灵活性，促进电网安全高效运行。在"可再生能源+储能"领域，为了解决弃水、弃风、弃光等现象，国家发展改革委和国家能源局在 2020 年相继出台一系列政策文件，对新能源配储相关领域提出要求和建议，以促进清洁能源高质量发展。在地方层面，目前已有 23 个省（自治区、直辖市）对新建的光伏和风电项目发布强制或建议可再生能源电站配储的政策，配置比例为 5%~30%，配置时长为 2 小时。部分地区甚至要求存量项目在一定时间期限内增加储能配置。此外，部分地区也针对电网侧和用户侧储能制定补贴政策，补贴类型涉及固定投资、运营及自主研发等多个方面，通过多种方式推动储能的商业化应用。

在电网侧，国家鼓励为调峰、调频与电力辅助服务提供应用空间。2022 年 5 月，《国家发展改革委办公厅 国家能源局综合司关于进一步推动新型储能参与电力市场和调度运用的通知》指出，新型储能可作为独立储能参与电力市场。国内各省（自治区、直辖市）也相继针对调频辅助服务和调峰辅助服务出台了相关价格政策，广东率先实行将储能、抽水蓄能电站和需求响应等电力辅助服务市场的费用，由直接参与市场交易和电网企业代理购电的全体工商业用户共同分摊。浙江提出过渡期间为储能调峰项目（年利用小时数不低于 600 小

第 5 章 储能发展的政策体系与市场化机制设计

时)给予容量补偿。青海、江西等也出台政策对新型储能投资提供支持。

在用户侧,分时电价和需求响应补偿等政策提升储能盈利空间。用户侧储能将是未来储能应用的重要领域。2021 年 7 月,《国家发展改革委关于进一步完善分时电价机制的通知》提出,完善峰谷电价机制,建立尖峰电价机制,健全季节性电价机制。该政策的实施缩短了储能投资的回收期,提升了用户侧储能投资的收益能力。此外,目前的两部制电价机制使大工业用户可以利用储能同时进行容量电费管理和电量电费管理,能够提升用户储能投资回报水平。目前,山东、浙江、上海、江苏、天津等多个省(自治区、直辖市)进行了需求响应试点,丰富了新型储能的收益来源。

5. 机遇与挑战并存,商业化发展障碍仍需要克服

作为推动我国能源结构调整的关键支撑技术,储能的发展已受到政府机构、行业协会、大型能源企业、电网公司、系统集成商、检测认证机构等业界力量的重视。储能技术的不断进步和创新也为能源结构调整提供了强有力的支持。然而,储能作为新兴技术仍然需要克服一系列挑战。技术研发、成本降低、安全性、可持续性,以及市场规模扩大都是需要解决的问题。政府、行业协会和企业应共同努力,通过政策支持、研究投资和市场激励措施,推动储能技术的商业化发展,以实现我国能源结构调整的目标,更好地满足未来能源需求,减少碳排放,保护环境。目前,储能商业化发展存在以下问题。

第一,风光等新能源并网消纳压力大,储能高效利用和大规模推广难。我国的储能部署与调度运行机制兼容性不强,设施利用率较低。一方面,储能建设布局缺乏更具科学性的规划和评估,"一刀切"的行政性要求无法充分考虑局部的电网调节需求,部分储能资源无法发挥应有的作用,若大范围快速部署,则可能造成短期内的资源浪费。另一方面,调度系统无法对部分已部署储能实现高效调度,原因在于:①受现行政策影响,大部分储能资源不是电网资产,不纳入直接调度范围;②新能源项目配套储能的运行状态未接入调度系统,且并网协议中未收集储能的信息,调度系统无法调用发电侧的储能资源;③发电侧和用户侧的储能规模远小于火电、抽水蓄能等资源,电网集中调度的工作量

储能规模化发展政策体系、商业模式与综合影响

大且绩效差。随着未来小型电源、分布式电源和储能资源的接入,如何整合分布式资源以响应系统需求将成为调度机制改革的难点。

第二,储能收益机制不健全、储能应用的成本仍较高。虽然我国储能在电力系统发、输、配、用等环节的应用规模不断扩大,但仍未形成稳定的收益模式。新型储能的发展受政策影响大,商业模式不清晰、盈利困难。随着分时电价政策的推行,部分储能项目可利用分时电价差实现一定的盈利,但电源侧和电网侧的储能项目仍缺乏盈利模式,社会投资新型储能项目的积极性较差。此外,受市场需求急剧增加、上下游产能扩展周期不匹配、一些公司库存积压,以及期货市场不规范等多种因素影响,碳酸锂、电解镍、电解钴等锂离子电池原材料的价格持续上涨,导致新型储能项目的整体经济性下降,并对新型储能商业化进程造成阻碍。

第三,储能系统集成设计参差不齐,储能建设标准体系尚未健全。当前,储能产业最紧要的问题是如何建立高安全、低成本、智能化和模块化的储能系统。行业内存在以动力电池代替储能电池、非专业集成、堆砌化的"系统拼凑"、非一体化设计、未全面测试验证等问题,不仅造成系统效率低下,还暗藏安全隐患。我国储能技术的发展存在不均衡的情况,仍需要在核心技术方面取得重要突破,特别是在电解液、离子交换膜等关键技术领域,我国与国际领先水平相比仍然存在一定的差距。此外,我国储能技术的发展缺乏国家级的上层规划和指导,这对储能产业的市场化发展产生了不利影响。当前,储能领域面临多个方面的挑战。首先,系统集成设计、EMS(能源管理系统)、BMS(电池管理系统)、日常管理技术等与储能相关的标准尚未完善,而且储能系统并网验收标准存在缺陷。其次,我国在储能领域的先进技术相对较少,需要进行更多的研究来深入了解储能转化的相关机制、技术及系统。在基础性和关键共性技术方面,尤其是在软件设计、设计标准和理念方面,我国还有许多工作要做,以提高我国在储能领域的地位。

第四,有利于储能发展的电力市场机制尚未形成,盈利模式尚不清晰。当前,美国、澳大利亚和欧盟等国家和地区已经将新型储能发展作为经济发展的新驱动力之一,在市场机制设计方面为新型储能的发展创造了良好的市场环

境；而我国的试点现货市场仍然以发电侧单边交易为主导，价格帽设置较低，这导致价格信号难以传递到用户侧，从而无法有效激发和引导市场行为。目前，竞争性电力市场运行机制在我国的发展并不完善，因此各种电力辅助服务的价格难以合理地确定下来。这导致储能系统的价值和收益难以与市场实际运行对接。在电力保供的压力下，跨省跨区的交易也存在一定的壁垒。这些都对新型储能的应用造成了负面影响。

第五，电化学储能电站事故频发，安全运行能力有待提升。近年来，国内外电化学储能电站事故频发，暴露出电化学储能电站安全运行管理能力的不足。山西、江苏、北京、江西、海南等地区都出现了电池起火爆炸事故，并造成人员伤亡。国外电化学储能电站事故同样频频发生。例如，韩国从 2018 年至 2023 年已发生 23 起电化学储能电站火灾事故；2022 年，美国亚利桑那州和加利福尼亚州也均出现了火灾爆炸事故。目前电化学储能电站发生的事故主要包括火灾、爆炸、中毒、触电等。引起火灾的主要原因包括锂离子电池过充过放、短路、受挤压、内部反应等。储能行业正处于高速发展阶段，但其运行安全问题不容忽视。因此，确保储能系统的安全性和可靠性至关重要，需要采取适当的安全措施和监测机制以减小事故风险。

6. 储能技术的应用场景多样，不同场景的应用价值存在差异

储能技术的应用场景多样，在电源侧、电网侧和用户侧均有应用，在不同应用场景下，储能技术在市场上体现的价值也有所不同。

在电源侧，储能技术主要应用于发电侧领域和辅助服务领域。储能技术应用在发电侧领域，具有提高机组效率和动态响应、取代机组或者延缓新建机组，以及提升机组运行灵活性的特性。储能技术帮助提高发电机组效率和动态响应效率，主要指的是储能装置按照日前发电曲线和调度中心的实时指令进行充放电，调节整个发电机组的总输出，使发电机组运行在接近额定功率的状态下。储能技术帮助取代机组或者延缓新建机组，主要指的是在负荷较低时，发电机组为储能系统充电，在尖峰负荷时，储能系统向发电机组供电，相当于利用高效的储能系统取代了低效的尖峰负荷机组。储能技术帮助提升机组运行灵

储能规模化发展政策体系、商业模式与综合影响

活性，主要指的是储能设备厂商可以与传统火电企业结合，利用储能技术从爬坡速率和调峰深度两个方面增强火电机组运行灵活性，既可实现电力和热力供应的解耦，又能使火电机组更好地满足电网 AGC 调峰指令、调频指令等。电力辅助服务是为了确保电力系统的安全、稳定运行，以及保证电能质量而提供的服务。电力辅助服务由发电企业、电网经营企业和电力用户共同提供，分为两大类：基本辅助服务和有偿辅助服务。基本辅助服务是指为维护电力系统正常运行而提供的服务，不进行经济补偿；而有偿辅助服务则是指发电机组在基本辅助服务之外提供的其他服务，包括自动发电控制（AGC）、有偿调峰、备用、有偿无功调节和黑启动等。在电力市场建设初期，有偿辅助服务采取补偿机制，即提供这些服务的单位会得到经济补偿。随着电力市场体系的完善，电力系统的服务提供者通过市场竞争来获取相应的报酬。总的来说，电力辅助服务的分类和机制旨在维护电力系统的稳定性与可靠性，确保电能的高质量供应，这也反映了电力市场在不断发展中对于服务提供机制的不断优化和完善。

在电网侧，储能技术的应用场景包括无功支持、缓解线路阻塞、延缓输配电扩容升级等。无功支持（电压支持）是指在输配电线路上通过注入或吸收无功功率来调节输电电压。当线路负荷超过线路容量，即发生线路阻塞时，储能系统充电，将无法传输的电能储存于储能设备内；当线路负荷低于线路容量时，储能系统向线路放电。储能设备往往可以通过较小的装机容量有效提高电网的输配电能力，从而延缓新建输配电设施的需求，延长现有输配电设施的工作寿命，提高现有输配电资产的利用效率。

在用户侧，储能技术的应用场景主要集中在用户分时电价管理、容量费用管理和电能质量管理 3 个方面。其中，用户分时电价管理和容量费用管理的实现依赖电力市场中存在的分时电量和容量电价体系。在进行分时电价的售电市场中，用户可基于分时电价体系对用电负荷进行调节。利用储能设备可在电价较低时充电、电价较高时放电，从而在不改变用户行为的前提下，帮助用户降低整体用电成本。容量费用管理指电力用户采取管理措施，在尽量不对正常生产工作造成影响的情况下，降低最高用电功率，进而减少容量费用。电动汽车有序充电和设置储能设备是实现容量费用管理的有效方法，用户可根据电动汽

第5章 储能发展的政策体系与市场化机制设计

车的用电特性,在其用电高峰时段释放充电需求以达到降低用电功率峰值的目的。电能质量管理涉及电力系统发、输、配、用各个环节,在用户侧,利用储能设备能够帮助电力用户平滑电压、频率波动,减少谐波干扰,从而提高用户电能质量。此外,储能设备还能够作为供电的备用电源,在电网能量缺乏时向用户供电,确保了供电的可靠性。

共享储能是新型储能规模化应用的商业模式,涵盖电源侧、电网侧和用户侧等多个领域。共享储能可以看作一种独立的储能运营商业模式。在这种模式下,独立储能电站具有独立性,因为它能够以自己的主体身份直接与电力调度机构签订并网调度协议,不受地理位置的限制,并且它作为一个独立的实体参与电力市场。共享储能是由第三方或厂商负责投资、运维,并作为出租方将储能系统的功率和电量以商品形式租赁给目标用户的一种商业模式,秉承"谁受益、谁付费"的原则向承租方收取租金。共享储能的特点是向多个新能源场站收取租赁费用,租金成本通常低于场站自行建设储能的成本,从而降低场站配储投资压力,同时增加储能投资方的收入来源,为其提供稳定的现金流。

7. 储能在不同时期对经济的影响存在差异,长期来看对经济与环境有正向影响

随着储能的不断发展,在一般情景下,根据模型计算,到2060年,抽水蓄能和电化学储能的年度总投资额将达到 2 136 亿元人民币,每年的折旧与运行成本为 2 373 亿元人民币,这部分成本将对供电成本产生影响。储能的成本需要摊入供电成本中,但是储能的应用同样能够降低电网扩容需求、减小风光消纳成本。到2060年,储能的折旧与运行成本将使供电成本增加0.014元人民币/千瓦时,但储能应用将能够使供电成本下降 0.031 元人民币/千瓦时,最终综合供电成本将下降0.017元人民币/千瓦时。

储能的投资需要占用总产出的一部分资源,但是投入使用后可以通过降低供电成本使总产出增加。在储能发展的早期,由于其技术成本较高,且相应的投资需要在未来多年内回收成本(通过多年的折旧回收),因此储能投资对总产出存在负面影响。到 2026 年,这种负面影响最大,当年 GDP 下降 1 261 亿元人民币。之后随着储能应用带来的正收益显现，GDP 缺口逐渐缩小。从 2035 年开始，储能应用带来的收益开始超过投资成本和折旧与运行成本带来的负面影响，总产出开始高于基准情景，之后储能应用带来的收益开始不断上升。到 2060 年，总产出相比于基准情景增加了 4 586 亿元人民币。

储能投资一方面会刺激相应的上游产业规模增长，另一方面能够降低风光消纳成本与输配电网成本。表后的储能配置还能够通过能量时移将更多的电力消费转移到谷时段，这些都会导致用电量增长。其中，居民生活消费用电量增长最多，其次是服务业和制造业。居民生活消费用电量的增长主要得益于居民收入水平的提高；而服务业和制造业用电量的增长除受产出扩张的影响外，峰谷价差套利带来的电能相对成本下降也是很重要的原因。

储能发展同样会对碳排放产生影响，一方面是由于储能投资本身会带动相关上游产业规模的增长，导致产业结构出现变化；另一方面储能的应用会对供电成本产生影响，进而导致能源消费结构出现调整。在储能发展的初期，由于新型储能和抽水蓄能会带动上游电池材料、整装电池、电气设备和建筑业产出的增长，同时由于储能累计装机规模较小，对供电成本影响有限，因此会导致碳排放量略上升。但之后随着储能的发展，综合供电成本降低，促进清洁的电力替代化石能源电力，因此能够使碳排放量下降。到 2060 年，储能的应用将能够使每年的碳排放量下降 3 336 万吨。

不同发展情景也存在差异。在仅发展新型储能的情景下，未来 GDP 相比于基准情景增加得最多，不同发展情景的碳排放量也存在差异。在仅发展抽水蓄能（PHS）的情景下，由于需要产生建筑业投入，因此碳排放量下降得最少。在加速发展新型储能的情景下，碳排放量下降得最多。

8. 储能发展处于重要机遇期，亟待构建整体的政策体系

目前，中央和地方能源主管部门密集出台了一系列支持新型储能的相关政策，明确了新型储能在电力市场中的主体地位，提出了新型储能从商业化向规模化发展转变的目标。通过电源侧的风光发电强制配储要求，以及在需求侧拉大峰谷价差提供储能应用价格空间，新型储能迎来发展的重要机遇期。然而，

第5章 储能发展的政策体系与市场化机制设计

目前关于储能的政策仍然较为分散，仍需要形成完整的政策体系。

第一，构建促进新型储能发展的电力市场体系。首先，需要以现货市场的发展引导储能投资优化布局。建议未来调整储能配置的要求，根据不同地区现货市场峰谷价差情况，确定相应的储能配置比例要求。如此，可以在促进储能发展的同时，提升储能的配置效益。其次，需要探索建立跨区域储能容量交易市场，应该加快推进各地区的储能容量交易，同时探索建立全国性的储能容量交易市场，允许跨省跨区进行储能容量租赁交易，以促进储能投资向边际收益高的应用场景集中。再次，需要完善储能容量补偿机制，逐步建立储能容量市场机制。各地区可以根据当地电力平衡需求，确定新型储能的需求规模，尝试探索建立储能容量市场机制。此外，需要加快电力辅助服务市场的建设，建立联合出清模式。未来可以探索调频与现货市场联合出清的模式，提高新型储能资源的利用效率。最后，需要完善需求响应机制，未来要加快新型储能在需求响应中的应用，仍需要进一步合理设定补偿水平，同时明确需求响应补偿的资金来源。

第二，推动储能应用场景与商业模式创新。首先，需要加速大型新能源基地储能部署。储能的成本疏导机制仍未有效突破，制约了大型新能源基地项目的推进及收益，需要推动长期、稳定、可复制的盈利模式的探索。其次，需要完善分布式"光伏+储能"示范政策。建议优先在华东等电力保供压力较大的区域推广分布式光伏配储模式。以大规模的工商业分布式光伏、储能为切入点，逐步培育新的应用场景。最后，需要拓展用户侧储能应用场景，优化用户侧储能参与分布式电力供应、电网频率调整，以及高峰负荷调节等电力辅助服务的价格制度，拓展用户侧储能的经济利益来源，增强用户投资储能的积极性。

第三，完善新型储能产业链发展政策。需要加强产业链的研发资助，加大基础研究投入和人才培养，以示范等形式带动应用技术发展；激励企业创新，推动产学研融合；增强产业链保障能力，强化国内的供应链，保障国内产能供应；加快全球资源布局，增强产业链掌控力度；加快完善资源回收体系，促进电池梯次利用；加快建立关键材料回收和循环利用体系，完善电池梯次利用体系建设。另外，需要推动储能与可再生能源配额及绿色电力证书的结合。

第四，制定促进储能发展的财税金融政策。建议积极探索支持新型储能发展的金融模式、创新绿色金融产品、拓宽企业质押融资渠道，采取对储能示范项目融资支持、提供政策性贷款或财政贴息、发行储能绿色债券等方式，推动储能产业发展的各项部署，促进储能产业高质量发展。

5.5.2 政策建议

综合考虑国际成熟市场的储能发展经验、我国储能发展的需求与现状，以及储能发展对经济环境的长期影响，未来我国需要在成本回收模式、市场交易机制、政策驱动机制等方面协同推进，加速新型储能的部署应用。基于本书的研究结论，拟提出以下几条政策建议。

一是构建市场化消纳方式，优化风光配储机制。建议逐步取消风光强制配储要求，以市场化方式优化新能源电站储能配置；对风光并网电能质量提出明确标准，增加风光电站的电力辅助服务分摊责任；推动可再生能源参与现货市场交易，通过分时电价差激励合理配置储能；鼓励第三方储能与共享储能模式发展。此外，对于在新能源发电项目中配套建设新型储能设施，或者采用共享模式实施新型储能的项目，在项目核准、并网时序、保障利用小时数等方面应优先考虑。

二是理顺储能成本疏导模式，加快电网侧储能发展。根据电力辅助服务市场建设情况，分阶段构建电网侧储能成本回收模式。在竞争性电力辅助服务市场建成前，对电网侧新型储能采用两部制电价政策，电量电价可根据现货市场价格形成，或者基于分时价格曲线进行核定；容量电价采用竞拍等市场化机制形成，并加快将新型储能的容量电价纳入输配电价中。在电力辅助服务市场建设完善后，扩大有偿电力辅助服务范围，通过市场竞争的方式实现电网侧储能成本回收。

三是完善需求侧电价机制，鼓励用户侧储能应用。对于配置新型储能的电网代理购电用户，根据电力系统增容投资压力，签订长期分时电价合约。通过建立

第5章 储能发展的政策体系与市场化机制设计

尖峰电价机制，拉大峰谷价差，保障储能充放电小时数与运行收益。完善中长期交易峰谷分时电价机制，试点分时输配电价。明确需求响应补偿标准，根据现货市场价格波动增加需求响应频次，扩大需求响应的参与范围。

四是完善储能参与机制，增强储能布局灵活性。参考国际成熟市场经验，以电网公司为电网侧新型储能配置责任主体，科学评估新型储能输变电设施投资替代效益，设定总体的储能配置装机指标，并由电网公司根据各区域电力市场的运行状况灵活性分解指标。此外，为培育多元市场主体，电网公司在进行储能配置时，可以设定一定比例以招标方式向社会购买储能服务。同时，规定电力市场数据强制性披露，增强市场信息透明度，减少独立储能主体投资决策的信息不对称情况。

五是研究储能补贴政策，推动技术与市场发展。制定储能投资与研发税收抵免等优惠政策，加大先进储能技术研发资助力度，并对符合先进技术标准的储能装机示范性项目给予容量补贴和电量补贴。合理利用补贴资源，明确补贴配额方案与退出路径，逐步提升获得补贴的技术要求，并降低补贴标准。

六是加快全球资源布局，增强产业链掌控力度。通过设立储能资源投资基金、提供融资优惠利率等方式，鼓励国内企业积极进行全球布局，增强对南美等地区锂资源的投资。同时，对锂、钴等储能上游资源设立战略储备机制，根据市场价格波动进行储备和释放，平抑原材料价格波动对产业链的不利影响。

参 考 文 献

[1] 王冰，王楠，田政，等. 美国电化学储能产业政策分析及对我国储能产业发展的启示与建议[J]. 分布式能源，2020，5（3）：23-28.

[2] 孙威，李建林，王明旺，等. 能源互联网：储能系统商业运行模式及典型案例分析[M]. 北京：中国电力出版社，2017.

[3] 全球能源互联网发展合作组织. 大规模储能技术发展路线图[M]. 北京：中国电力出版社，2020.

[4] 华志刚. 储能关键技术及商业运营模式[M]. 北京：中国电力出版社，2019.

[5] 曾鸣，杨雍琦，刘敦楠，等. 能源互联网"源—网—荷—储"协调优化运营模式及关键技术[J]. 电网技术，2016，40（1）：114-124.

[6] Agora E. The integration cost of wind and solar power. an overview of the debate on the effects of adding wind and solar photovoltaic into power systems[R].Berlin:French Institute for Sustainable Development and International Relations, 2015.

[7] Akram U, Nadarajah M, Shah R, et al. A review on rapid responsive energy storage technologies for frequency regulation in modern power systems[J]. Renewable and Sustainable Energy Reviews, 2020, 120: 109626.

[8] Castillo A, Gayme D F. Grid-scale energy storage applications in renewable energy integration: A survey[J]. Energy Conversion and Management, 2014, 87: 885-894.

[9] Cui Q, Liu Y, Ali T, et al. Economic and climate impacts of reducing China's renewable electricity curtailment: A comparison between CGE models with alternative nesting structures of electricity[J]. Energy Economics, 2020, 91: 104892.

[10] Dai B, Ye L, Li Y, et al. Economic analysis of user-side electrochemical energy storage considering time-of-use electricity price[C]//2021 3rd Asia Energy and Electrical Engineering Symposium (AEEES). IEEE, 2021: 887-892.

[11] Davies D M, Verde M G, Mnyshenko O, et al. Combined economic and technological evaluation of battery energy storage for grid applications[J]. Nature Energy, 2019, 4(1): 42-50.

[12] Georgiou G S, Christodoulides P, Kalogirou S A. Optimizing the energy storage schedule of a battery in a PV grid-connected nZEB using linear programming[J]. Energy, 2020, 208: 118177.

[13] Kaldellis J K, Zafirakis D. Optimum energy storage techniques for the improvement of renewable energy sources-based electricity generation economic efficiency[J]. Energy, 2007,

32(12): 2295-2305.

[14] Lin B, Wu W, Bai M, et al. Liquid air energy storage: Price arbitrage operations and sizing optimization in the GB real-time electricity market[J]. Energy Economics, 2019, 78: 647-655.

[15] Lin B, Wu W. Cost of long distance electricity transmission in China[J]. Energy Policy, 2017, 109: 132-140.

[16] Lin B, Wu W. Economic viability of battery energy storage and grid strategy: A special case of China electricity market[J]. Energy, 2017, 124: 423-434.

[17] Lin B, Wu W. The impact of electric vehicle penetration: A recursive dynamic CGE analysis of China[J]. Energy Economics, 2021, 94: 105086.

[18] Liu Z, Lu T, Ye J, et al. Antiferroelectrics for energy storage applications: a review[J]. Advanced Materials Technologies, 2018, 3(9): 1800111.

[19] Wu W, Lin B. Benefits of electric vehicles integrating into power grid[J]. Energy, 2021, 224: 120108.

[20] Xu X, Bishop M, Oikarinen D G, et al. Application and modeling of battery energy storage in power systems[J]. CSEE Journal of Power and Energy Systems, 2016, 2(3): 82-90.

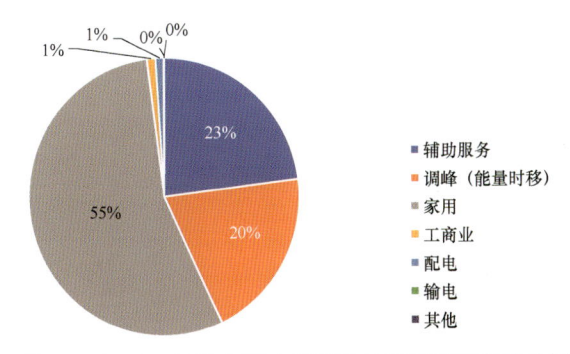

图 1-8 2010—2020 年澳大利亚累计储能装机容量份额

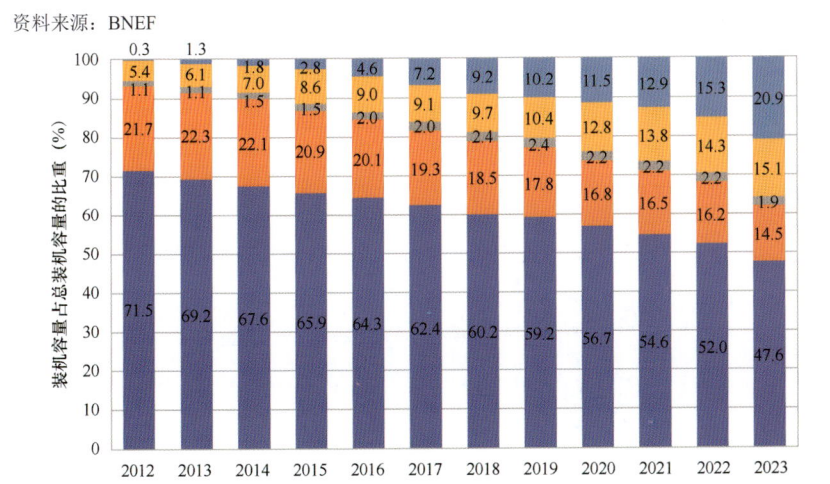

资料来源：BNEF

图 2-1 2012—2023 年我国发电装机容量结构

数据来源：CEIC 数据库

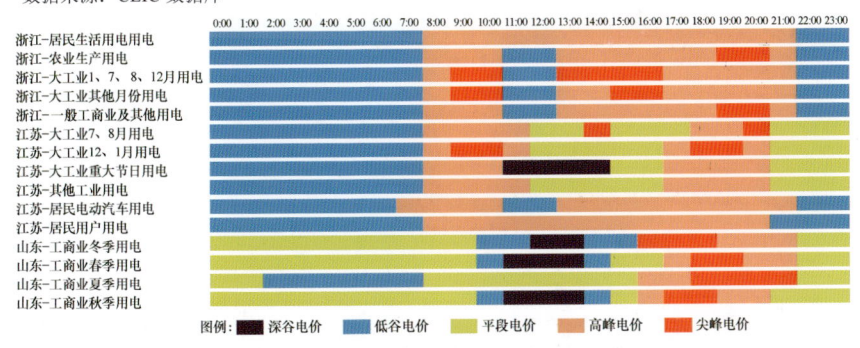

图 2-7 部分省份尖峰时段电价划分

资料来源：根据各省发展改革委发布的数据整理

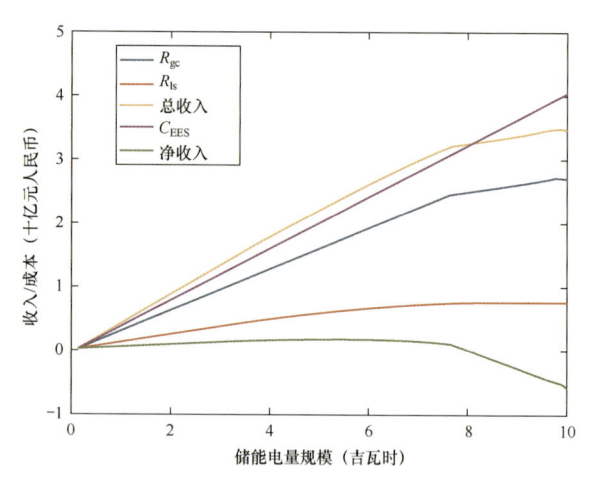

图 3-2　收入和成本差异随储能电量规模的变化

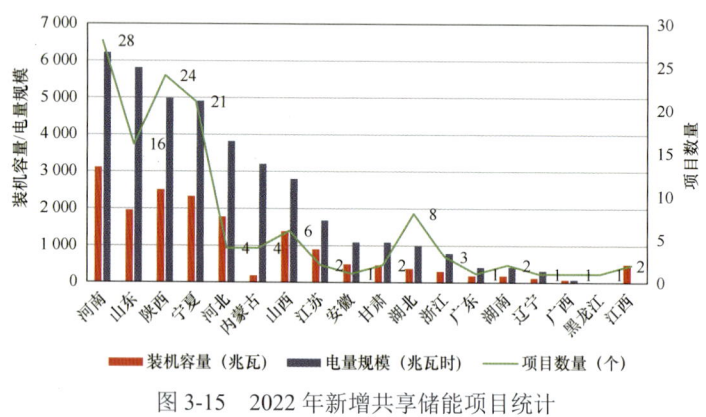

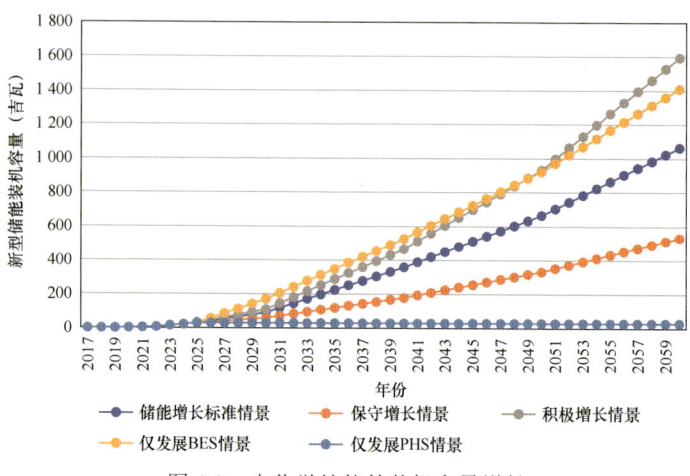

图 3-15　2022 年新增共享储能项目统计

图 4-3　电化学储能的装机容量增长

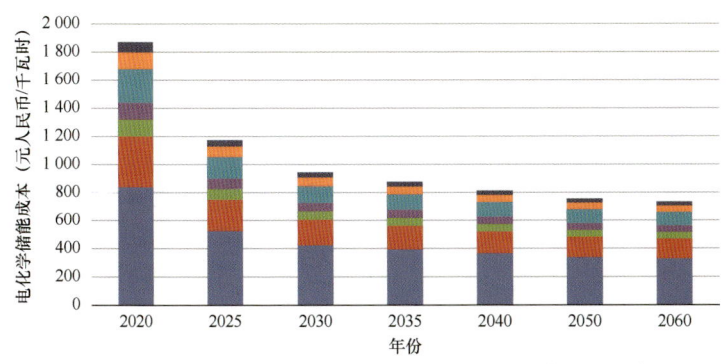

图 4-4 电化学储能成本结构设定

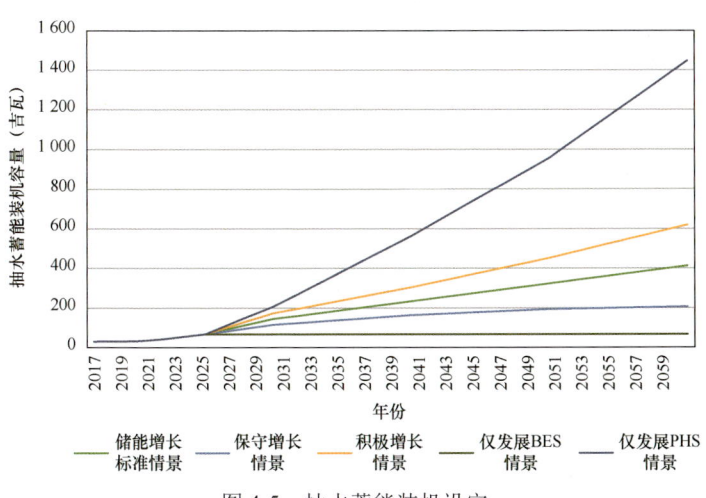

图 4-5 抽水蓄能装机设定

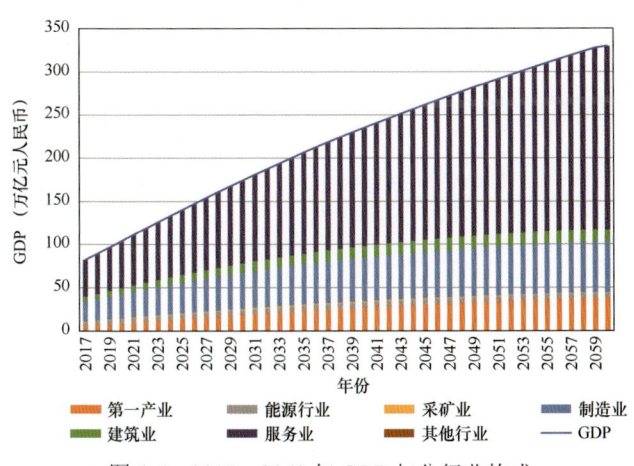

图 4-6 2017—2060 年 GDP 与分行业构成

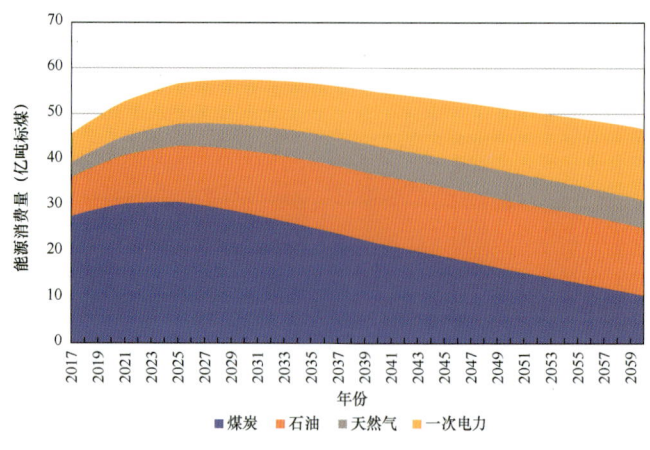

图 4-7 能源消费量与能源消费结构

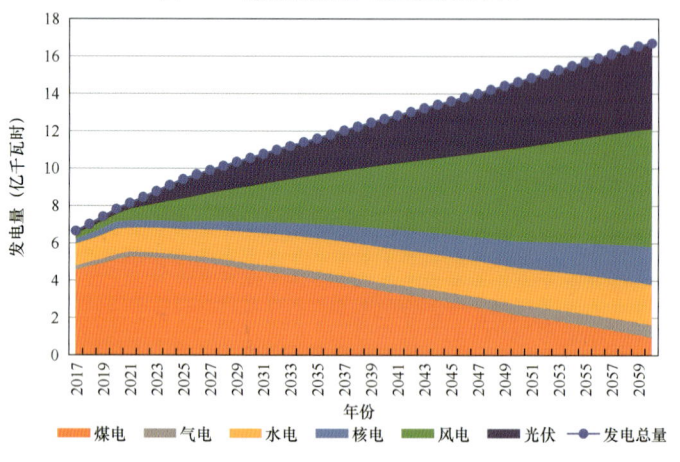

图 4-8 发电量与结构变化

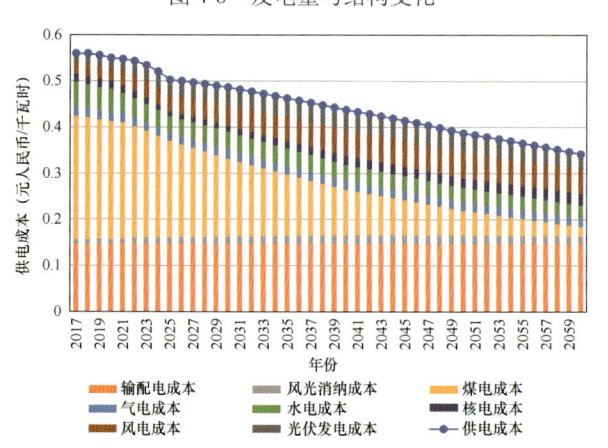

图 4-9 发电成本趋势及其成本结构变化

图 4-10 电力消费结构变化

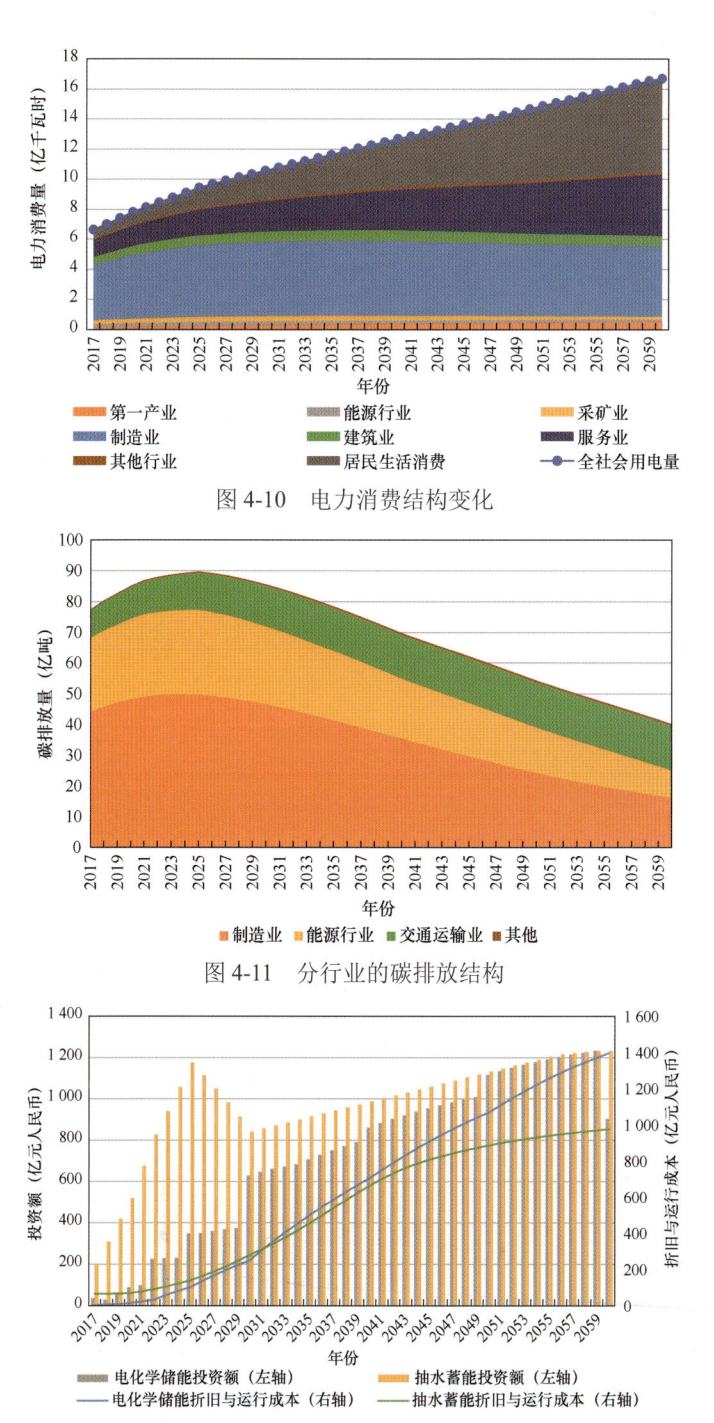

图 4-11 分行业的碳排放结构

图 4-12 储能增长标准情景下电化学储能和抽水蓄能的投资额、折旧与运行成本

图 4-13 储能增长标准情景下储能成本、收益及整体供电成本变化

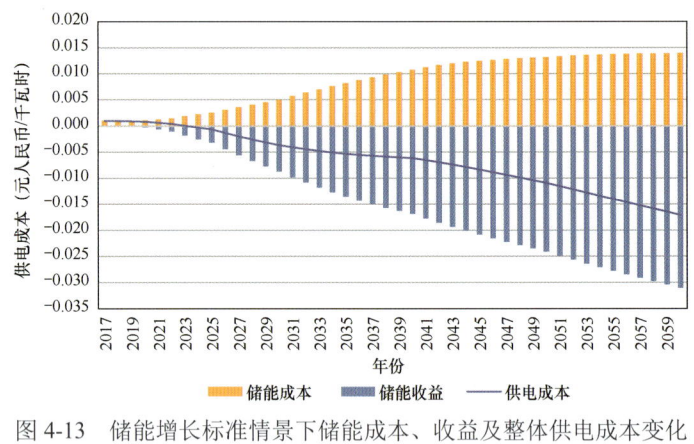

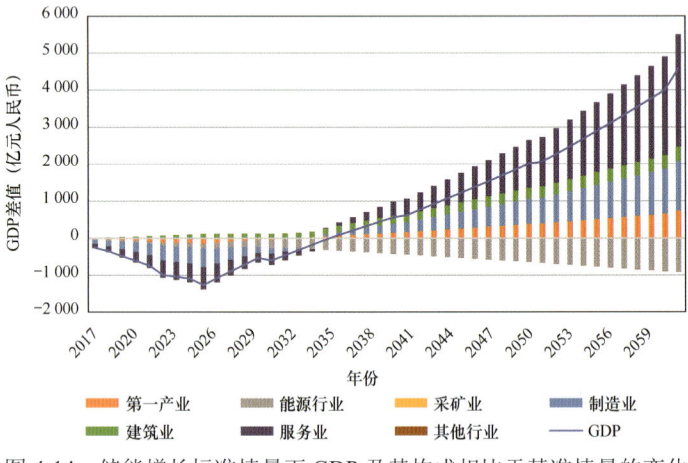

图 4-14 储能增长标准情景下 GDP 及其构成相比于基准情景的变化

图 4-15 不同行业用电量相比于基准情景的变化

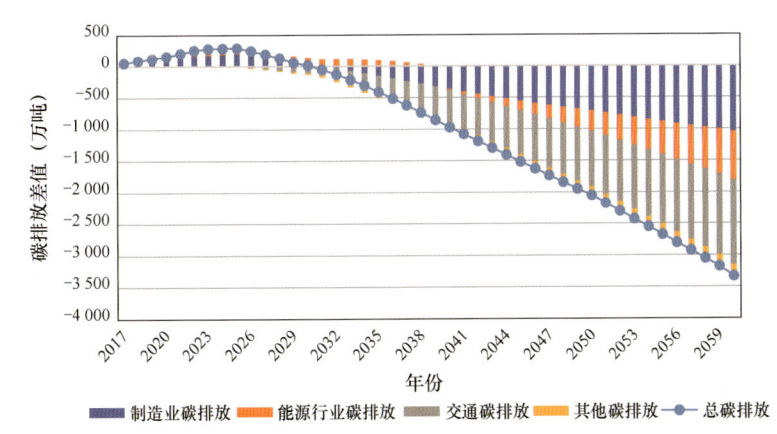

图 4-16　储能增长标准情景下储能发展对于碳排放的影响结果

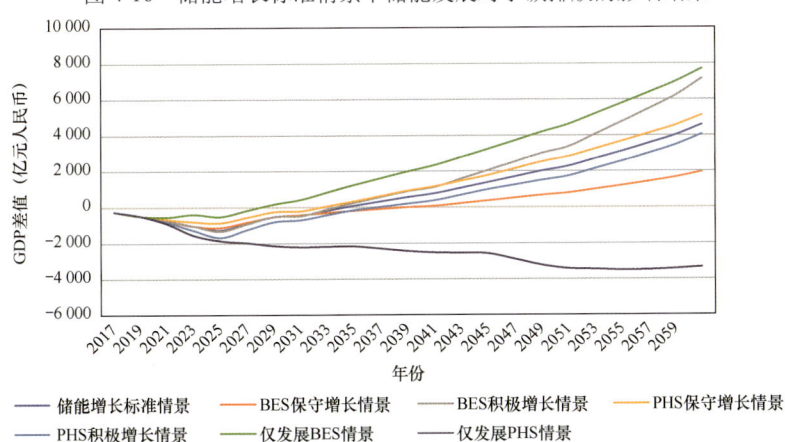

图 4-17　不同储能发展情景下 GDP 相比于基准情景的变化

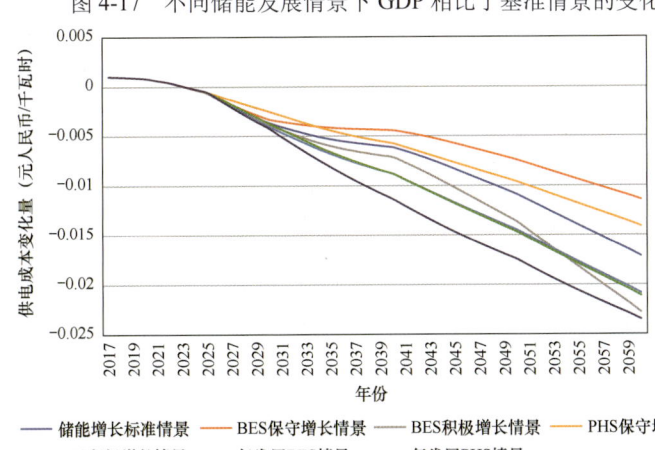

图 4-18　不同储能发展情景下整体供电成本的变化

图 4-19 不同储能发展情景下用电量相比于基准情景的变化

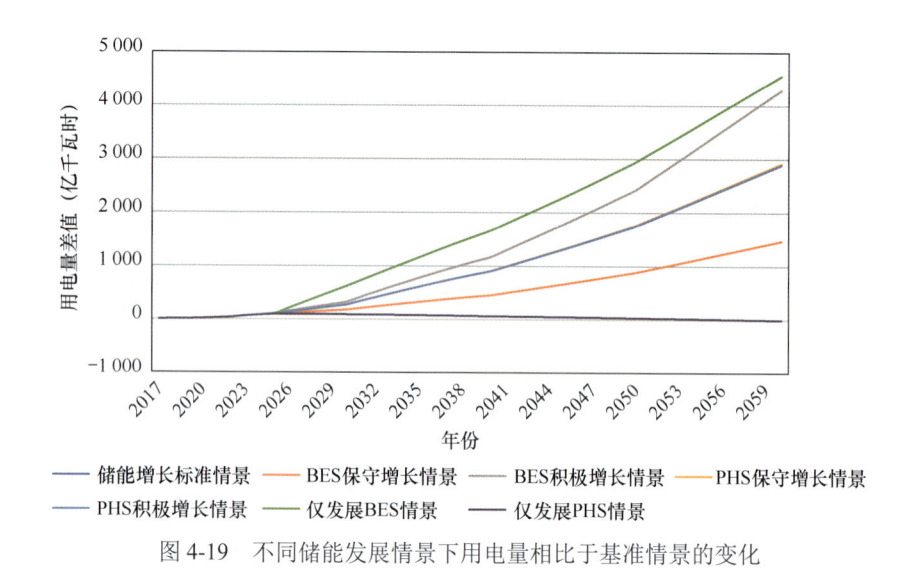

图 4-20 不同储能发展情景下能源消费量的变化

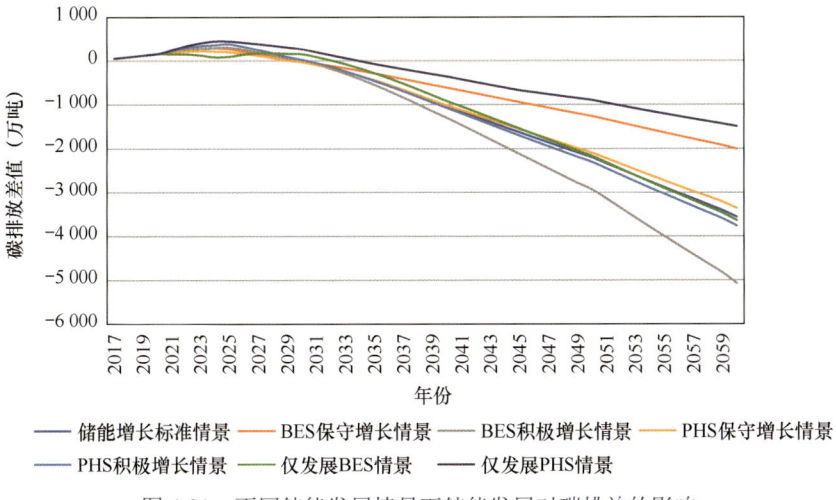

图 4-21 不同储能发展情景下储能发展对碳排放的影响

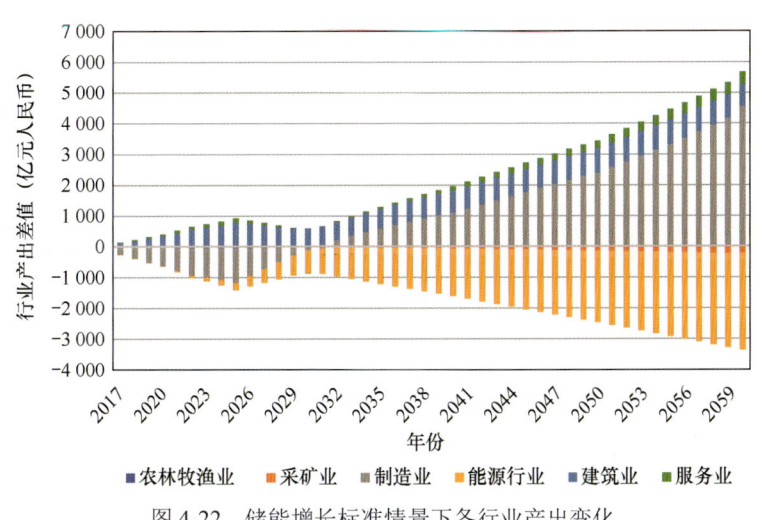

图 4-22 储能增长标准情景下各行业产出变化

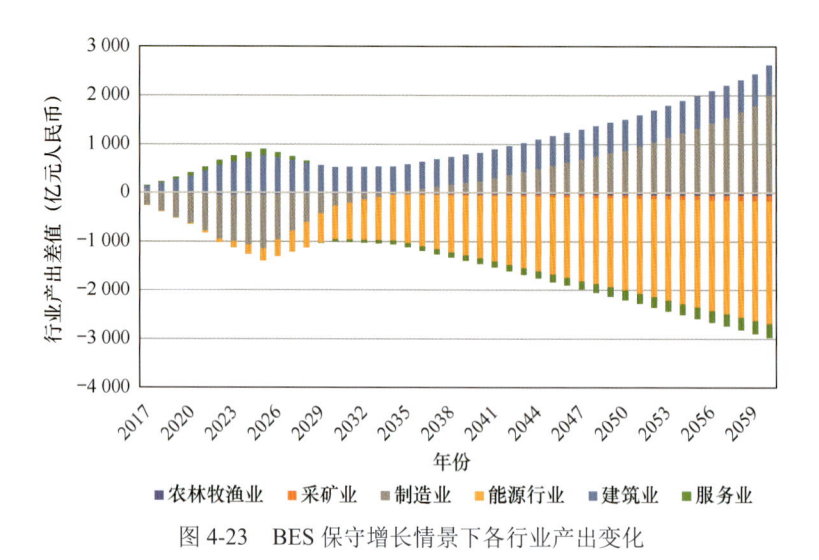

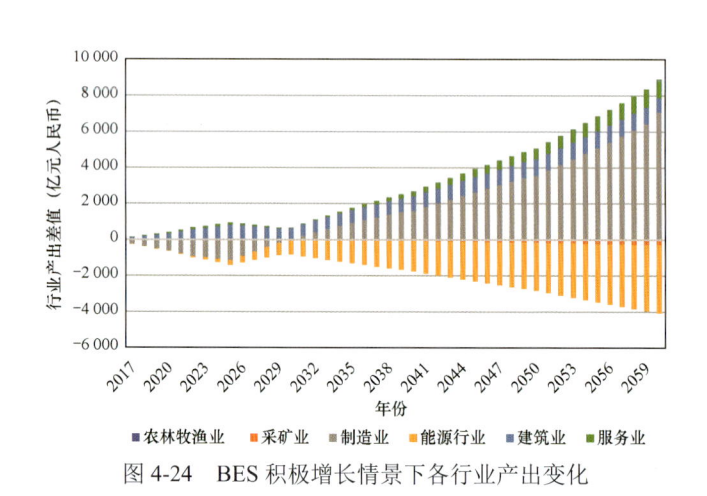

图 4-23　BES 保守增长情景下各行业产出变化

图 4-24　BES 积极增长情景下各行业产出变化

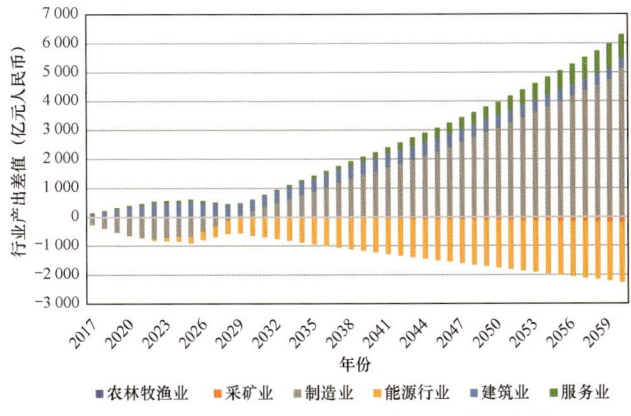

图 4-25 PHS 保守增长情景下各行业产出变化

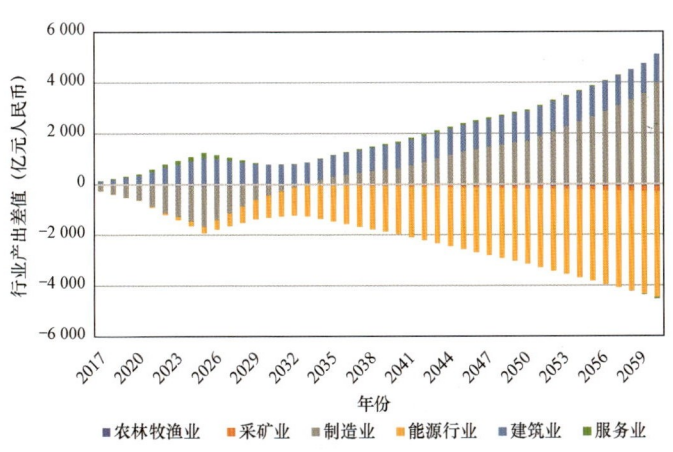

图 4-26 PHS 积极增长情景下各行业产出变化

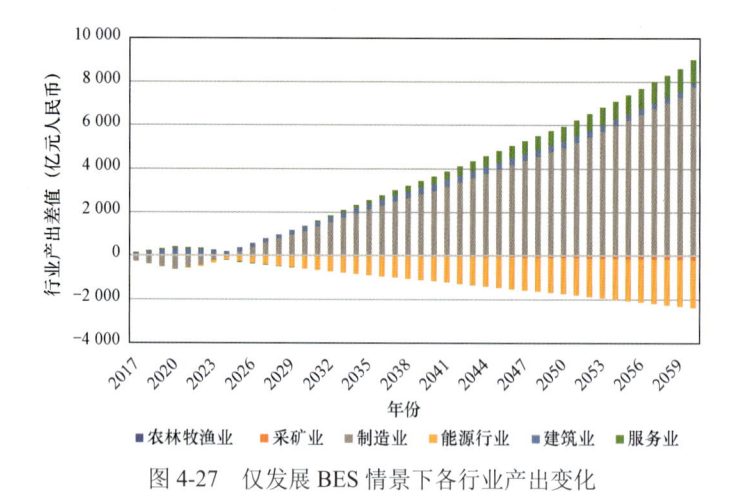

图 4-27 仅发展 BES 情景下各行业产出变化

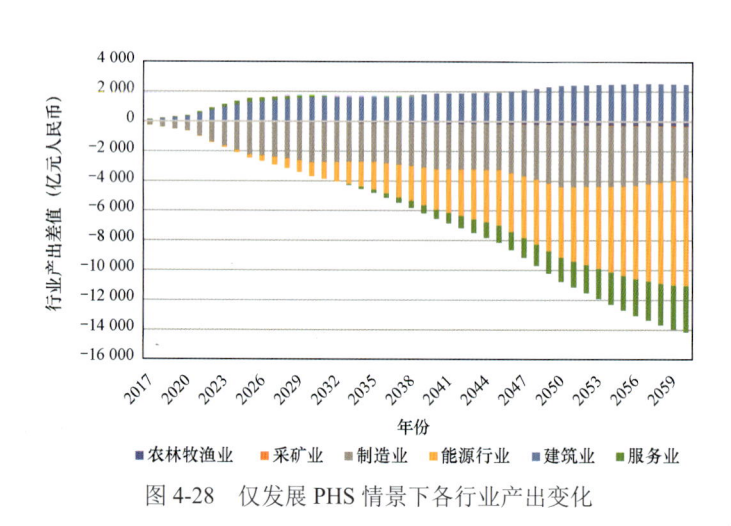

图 4-28 仅发展 PHS 情景下各行业产出变化